建材工业
智能制造数字转型
典型案例

建筑材料工业信息中心 ◎ 主编

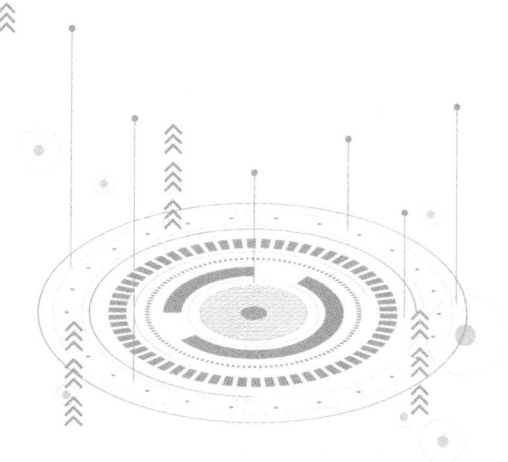

电子工业出版社
Publishing House of Electronics Industry
北京·BEIJING

编 委 会

主　编： 江　源

副主编： 白云峰　　胡雅涵　　刘声峰

委　员（排名不分先后）：

韩冬阳	谭东杰	寇贞贞	万佳艺	屈云燕
鹿晓泉	胡景楠	易　帅	李安朋	袁英敏
孙泽华	叶凌滔	崔　庆	肖　辉	王　焱
刘　涛	梁训美	王乔晨	詹家干	刘江南
孟　辉	李太功	王　彪	张　伟	陆　峰
周　强	谢峻峰	杨伯民	方　涛	叶　坤
陈炳金	范晓忻	柯彩萍	欧阳常崙	张玉雷
陈世伟	刘　昕	李　佳	胡　水	蒋德权
高先梨	张飞庆	苗少光	孙江先	梁泉辉
谭　征	陈　英	倪文勇	詹义龙	王　涛
常　郑	于亚东	穆加会	刘　成	李向春
李继庚	李志丹	郭建林	刘沐阳	工玉林
汪舒生	胥坤泉	刘　义	甘四兵	马　军
张丹桐	沈　雪	李洁芯	韩　婕	

序

　　制造业是立国之本、强国之基，关乎一个国家的综合实力和国际竞争力。党的十八大以来，我国制造业转型升级步伐明显加快，重点领域创新取得新突破，制造业发展取得历史性成就、发生历史性变革。党的二十大报告强调："坚持把发展经济的着力点放在实体经济上，推进新型工业化""推动制造业高端化、智能化、绿色化发展"，这些重要论述为推动制造业高质量发展指明了方向。

　　建材工业是国民经济的重要基础产业，是战略性新兴产业和国防军工发展的重要保障，对改善人居条件、治理生态环境和发展循环经济都具有重要支撑作用。党中央、国务院高度重视建材工业的发展。在国家一系列政策文件的引导和支持下，建材工业持续快速发展，在结构调整、技术进步、节能减排等方面取得了长足进步。但同时也存在创新能力不强、效率效益有待提高等问题，迫切需要加快向高质量发展转变，实现生产方式和企业形态的根本性变革。

　　数字化、网络化、智能化是建材工业发展的重要趋势，也是破解产业发展瓶颈的有效途径。近年来，工业和信息化部出台了《"十四五"原材料工业发展规划》《建材工业智能制造数字转型行动计划（2021-2023年）》等政策文件，明确开展试点示范、新模式应用推广、培育系统解决方案供应商、建立标准体系等重点工作，以此推动建材工业智能制造数字转型，促进建材工业与新一代信息技术在更广范围、更深程度、更高水平上实现融合发展。

　　在社会各界的共同努力下，按照行动计划要求，建材行业开展了信息化生态体系构建行动，实施了智能制造技术创新行动，组织了智能制造推广应用行动，并遴选了一批优秀案例。这些案例为建材工业智能制造提供了有益探索和可行道路，供管理部门、专家学者、广大企业等借鉴参考。希望大家借助书籍出版的契机，加强交流沟通，开展智能制造推广应用行动，实现生产方式和企业形态根本性变革，为建材工业高质量发展贡献力量。

展望未来，身处世界百年未有之大变局，应对日益复杂的国际环境，面对规模数量型需求扩张动力趋于减弱的新形势，面对碳达峰、碳中和的新任务，面对产业链、供应链安全稳定的新要求，面对人民群众对美好居住生活品质提升的新期盼，我国建材工业智能制造数字转型将迎来重大的历史发展机遇期。"长风破浪会有时，直挂云帆济沧海"，建材工业高质量发展任重道远，需要大家共同努力，抢占数字经济发展新机遇，勇担行业智能制造新使命，合力开创建材工业高质量发展新局面，为加快建设制造强国、数字中国作出新的贡献！

2023 年 2 月

前言

全球新一轮科技革命和产业变革深入发展，新技术不断突破，并与先进制造技术加速融合，为制造业高端化、智能化、绿色化发展提供了历史机遇。国际环境日趋复杂，全球科技快速发展，产业竞争更趋激烈，大国战略博弈进一步聚焦制造业。美国、德国、日本等工业发达国家均将智能制造作为抢占全球制造业新一轮竞争制高点的重要抓手。

党中央、国务院高度重视数字经济的发展。党的二十大报告提出："建设现代化产业体系。坚持把发展经济的着力点放在实体经济上，推进新型工业化，加快建设制造强国、质量强国、航天强国、交通强国、网络强国、数字中国。实施产业基础再造工程和重大技术装备攻关工程，支持专精特新企业发展，推动制造业高端化、智能化、绿色化发展。"智能制造作为制造强国建设的主攻方向，其发展水平关乎我国未来制造业的全球地位，对加快发展现代产业体系、巩固壮大实体经济根基、建设数字中国具有重要意义。"十三五"以来，我国智能制造数字转型取得长足进步，创新能力不断提升、支撑体系逐步完善、推广应用成效明显。通过加强顶层设计，开展试点示范、建设标准体系、培育系统解决方案供应商等工作，有力促进产业转型升级和新旧动能转换。

建材工业是我国国民经济和社会发展的重要基础性行业，是战略性新兴产业发展的重要保障，是改善人居条件、治理生态环境和发展循环经济的重要支撑。近年来，工业和信息化部等部门系统谋划和实施制造业智能化、数字化转型关键任务，推动建材工业智能制造生态体系构建、技术创新融合、数字化应用推广，一批企业在细分领域积累了成功经验。为进一步落实《建材工业智能制造数字转型行动计划（2021-2023年）》重点任务，2021年10月，工业和信息化部原材料工业司组织开展建材工业智能制造数字转型典型案例征集工作。经地方推荐，专家评审，共有涵盖智能工厂、数字矿山、单项应用、工业互联网场景、工业 App、系统解决方案、信息技术供应商 7 个方向 60 个案例入选典型案例。

本书选取了 50 个优秀案例汇编成册,其中智能工厂方向案例 15 个,单项应用方向案例 12 个,工业互联网场景方向案例 9 个,系统解决方案方向案例 7 个,工业 App 方向案例 4 个,数字矿山方向案例 2 个,信息技术供应商方向案例 1 个,涉及水泥、玻璃、陶瓷、玻纤、混凝土、机制砂石、木质建材、砖瓦领域等建材细分行业。本书按照案例特点,将内容分为应用篇、技术篇和生态篇。

应用篇:以促进推广应用为目标,发挥智能制造标杆企业示范引领作用,汇集智能工厂、数字矿山及取得突出成效的单项应用项目典型案例。

技术篇:以建材企业关键流程场景为切入点,聚焦技术创新和数据赋能,重点提炼优秀工业互联网场景和工业 App 典型案例。

生态篇:以满足建材工业信息化发展为前提,立足服务能力培育与生态构建,重点突出面向建材工业的智能制造数字转型系统解决方案和信息技术供应商。

本书汇集了建材工业智能制造数字转型先进经验和优秀模式,希望能够为建材企业学习、复制、迭代提供参考,进一步推动建材工业与新一代信息技术在更广范围、更深程度、更高水平上实现融合,加快迈向高质量发展。

由于编写时间仓促,本书难免有疏漏之处,敬请读者批评指正。

目录

壹 应用篇

智能工厂

玻璃纤维智能制造示范工厂
巨石集团有限公司..003

水泥生产管理智能工厂
遵义赛德水泥有限公司..012

建设智能化粉体材料绿色工厂
贵州正和天筑科技有限公司..021

绿色新型墙体材料智能工厂
茌平信源环保建材有限公司..028

建筑陶瓷工业互联网智能制造工厂
山东统一陶瓷科技有限公司..033

水泥全流程智能化绿色工厂
湖州槐坎南方水泥有限公司..038

吴忠赛马新型二代 5000t/d 水泥熟料及配套矿山开采智能工厂
吴忠赛马新型建材有限公司..047

节能门窗生产系统智能制造工厂
河北奥润顺达窗业有限公司..055

陶瓷卫浴智能工厂
唐山梦牌瓷业有限公司 061

华新水泥智能工厂
华新水泥股份有限公司 068

元筑低碳智能制造加气混凝土示范工厂
浙江元筑住宅产业化有限公司 076

宜兴新能源智能工厂
中建材（宜兴）新能源有限公司 082

辽宁山水工源绿色智能工厂
辽宁山水工源水泥有限公司 088

江西德安万年青水泥智能工厂
江西德安万年青水泥有限公司 094

宁化日昌升新材料智能工厂
宁化日昌升新材料有限公司 100

数字矿山

顺兴石场数字矿山
广州市顺兴石场有限公司 106

水泥用灰岩矿数字化矿山
葛洲坝老河口水泥有限公司 114

单项应用

大规模个性化定制在工程用高性能纤维复合材料工厂中的应用
山东路德新材料股份有限公司 121

水泥行业智能化实验室质量控制系统
上海美诺福科技有限公司 127

目录

基于数字孪生的智慧管理平台
　　江苏天辰智控科技有限公司 134

流向智能管控 SaaS 系统赋能水泥行业数字化转型升级
　　深圳市汉德网络科技有限公司 140

设备远程在线监测系统
　　邢台金隅冀东水泥有限公司 148

玻璃行业智能化冷端
　　中国建材国际工程集团有限公司 154

"1+N+N" 多场景服务平台
　　中国建材集团财务有限公司 159

云天软件集中式产供销一体化平台
　　杭州云天软件股份有限公司 165

设备管理及辅助巡检系统
　　安徽海螺信息技术工程有限责任公司 170

装配式建筑现场进度计划预测系统及预制构件生产信息化管理系统
　　湖北广盛建筑产业化科技有限公司 175

联合储库全自动智能行车项目
　　葛洲坝宜城水泥有限公司 179

数字化供应链管理应用
　　甘肃祁连山水泥集团股份有限公司 188

贰 技术篇

工业互联网场景

基于工业互联网平台的建材工业全生命周期数字化管理应用
　　天津水泥工业设计研究院有限公司 197

信义 XinYi 工业互联网平台
　　信义节能玻璃（芜湖）有限公司 204

水泥行业智能制造工业互联网平台
中材邦业（杭州）智能技术有限公司 210

基于私有云模式的水泥生产全过程大数据智能管控
临沂中联水泥有限公司 215

基于工业互联网的玻璃装备全生命周期数据管理中心
蚌埠凯盛工程技术有限公司 221

科顺全供应链协同生产运营平台示范项目
科顺防水科技股份有限公司 227

基于大数据的建材家居产业数字化转型创新应用
金电联行（北京）信息技术有限公司 234

基于水泥行业应用的凝智工业互联网平台 CIP
中国中材国际工程股份有限公司 240

变形积木智造管理系统
变形积木（北京）科技有限公司 246

工业 App

基于工业互联网的水泥智能生产管理 App
中建材信息技术股份有限公司 253

建材行业生产数据化运营 App
广州博依特智能信息科技有限公司 260

盼砼——混凝土智慧物流 App
重庆建工建材物流有限公司 266

乐石智慧制造管理系统 App
厦门乐石科技有限公司 272

叁 生态篇

系统解决方案

水泥智能工厂系统集成解决方案
丹东东方测控技术股份有限公司 280

宁夏建材智慧物流与共享供应链解决方案
宁夏建材集团股份有限公司 286

面向玻璃新材料的数智制造、协同生产解决方案
中建材智能自动化研究院有限公司 291

智慧矿山一体化解决方案
天瑞集团信息科技有限公司 300

工业玻璃（特种玻璃）柔性生产智能一体化系统解决方案
福州新福兴玻璃科技有限公司 307

可扩展组合式预制构件数字化生产线解决方案
上海建工建材科技集团股份有限公司 315

砼智造工业互联网解决方案
贵州兴达兴建材股份有限公司 323

信息技术供应商

智慧商砼站内协同平台
中联重科股份有限公司 330

壹 应用篇

智能工厂

01

玻璃纤维智能制造示范工厂

——巨石集团有限公司

企业简介

巨石集团有限公司位于浙江省桐乡市，是中国建材股份有限公司玻璃纤维业务的核心企业，以玻璃纤维及制品的生产与销售为主营业务。该公司在浙江桐乡、江西九江、四川成都、埃及苏伊士、美国南卡罗来纳州设有五个生产基地，在美国、加拿大、南非、法国、意大利、西班牙、日本、韩国、印度等地设立了14家海外销售公司，已建成玻璃纤维大型池窑拉丝生产线20多条，玻纤纱年产量达200万吨。公司玻纤产品品种较多、品类齐全，有100多个大类近1000个规格的品种，主要包括无碱玻璃纤维无捻粗纱、短切原丝、短切毡、方格布、电子布等玻纤产品。该公司拥有具备自主知识产权的大型无碱池窑、环保池窑的设计和建造技术。

案例实施情况

总体设计

巨石集团有限公司玻璃纤维智能制造生产线，总体设计以产品全生命周期的相关数据为基础，在计算机环境中，对整个生产过程进行仿真、评估和优化，并进一步扩展到整个产品生命周期的新型生产组织方式。以"年产30万吨玻璃纤维智能制造生产线扩建项目"为实体，项目实行一次规划、分期建设。该公司根据"横向到边、纵向到底"的架构设计，进行了基础数据的一致性管理；打通各层级系统间数据；设备自动化数采；研发、建立工艺模型；实现生产运营模拟仿真，优化生产运营。项目信息端横跨SAP、ERP、MES、SRM等系统，与海关、银行、保险、税务、物流等外部平台无缝衔接，实现运营、制造、控制一体化管理。

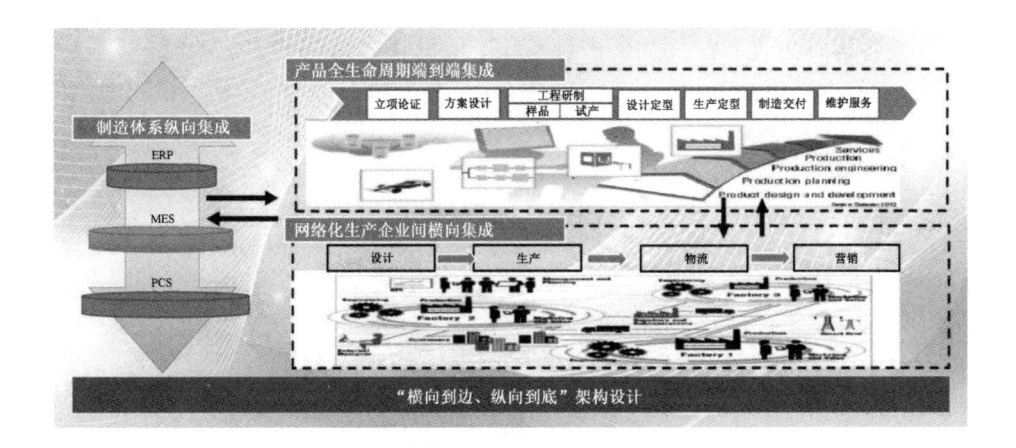

总体架构设计图

┅➡实施内容与路径

1. 系统模型建立与运行

该公司开展了包括工艺模拟、产品研发、设备运行建模、生产装备建模等多个方面的仿真模拟。

工艺模拟方面：从设计上采用了自行研发的工艺数字化中心系统，将各个工序的工艺进行模块式的建模维护。

研发结合工艺数据和小试产品进行结果验证，开展多层次试验，观测此工艺对其他玻纤性能指标的影响。

产品设计

玻璃纤维产品，以玻璃纤维的各项性能指标为主要产品价值。研发创新依托玻璃纤维国家级实验室，以虚拟工艺数据库为核心，将影响产品性能的指标进行分类定标下达试样工艺，结合之前的大数据工艺指标与检验记录投入模拟。

研发与检测

模拟生产结合工艺虚拟库大数据和小试产品结果检验。当设计指标与实际样品参数相符时，初步确认此次研发的可行性，建立真实工艺数据，并进入评审环节，此后开展多层次试验，观测此工艺对其他玻纤性能指标的影响。

研发模拟与试验说明图

设备运行方面：在正式生产环境中，依据正式量产的工艺参数，对比实时在线采集的生产数据，模拟校准与预警，修正个别精度与量产误差。

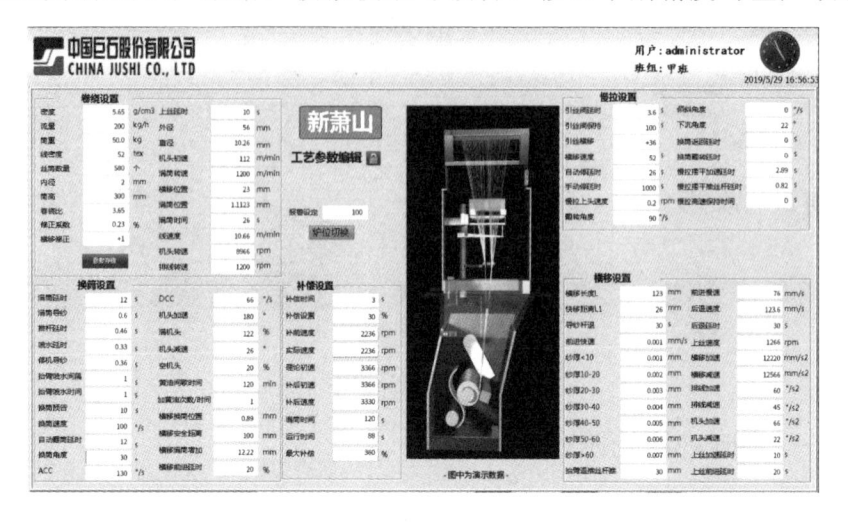

生产监控与模型执行图

生产装备配有大量数字传感设备，收集位置、温度、风速、流体等数据，结合仿真软件，进行在线监控和可视化展示。

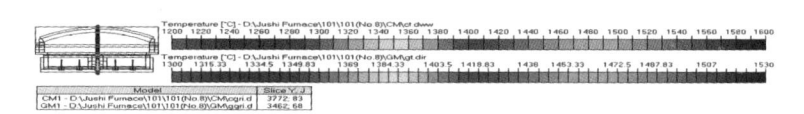

热力流体图

其他工序的主要设备，同样以传感器采集的数据为基础，构建模拟依据。以大型短切机为例，模拟的内容主要包括刀片与皮辊接触量、短切长度、喷雾压力等关键指标，以可视化界面进行展示。

2. 数据采集与监控系统建立与运行

数采建设以 MES 为核心，整合生产、执行、质量、工艺数据，向上与 ERP 等系统集成，向下与 SCADA 系统集成。SCADA 主职生产执行层，通过对玻纤生产工序的设备与通信改造，在车间集控室进行反向控制。MES 主职业务控制层，支持包括生产计划、执行进度、工艺标准、制造监控等功能。

3. 先进控制系统建设与运行

（1）工业大数据集中控制中心

工业大数据集中控制中心，通过对每个工序和作业点的可视化监控及生产实时数据的采集和分析，实现了集生产状态远程监控、产量报表自动生成、质量数据实时监视、订单实时跟踪等功能为一体的统一管控平台。

工业大数据集中控制中心

（2）工段分布式控制管理

与上述工业大数据集中控制中心进行对接，实现分工段详细控制，通过大屏对标看板，分析生产过程中的不足，营造工厂内部良性竞争环境，提高生产、制造、创新的积极性。

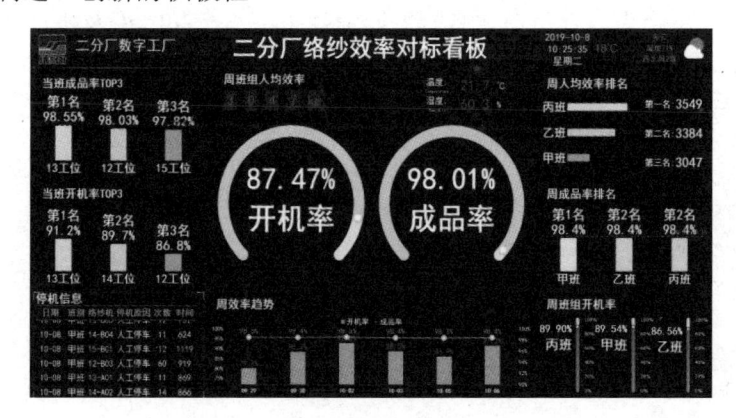

络纱效率对标看板

物料方面，通过对原料的数控管理，建立自动化投料模型，提高原料投入的合理性和科学性。

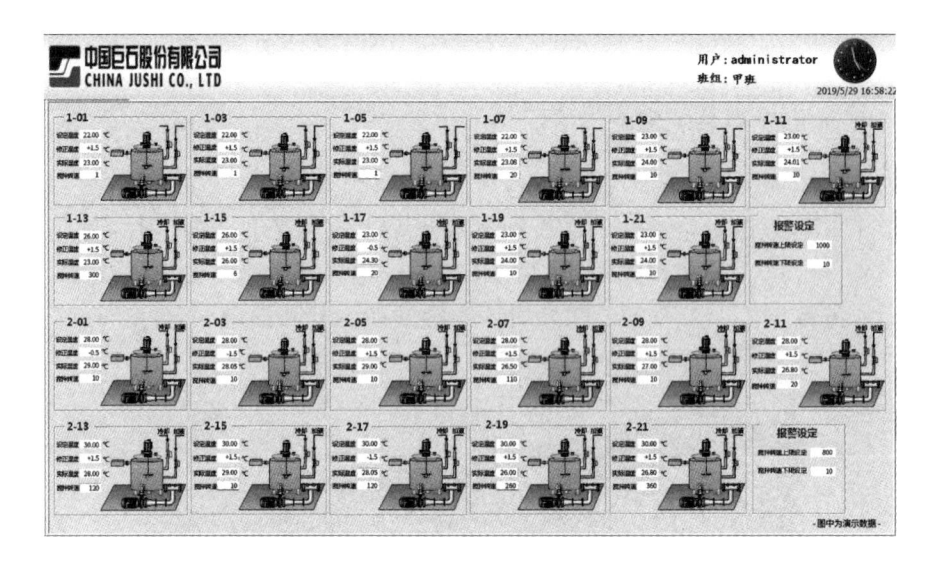

化工原料

4. 生产研发数字化协同建设与运行

（1）产品研发

玻璃纤维产品，以玻璃纤维的各项性能指标为主要产品价值。该公司依托玻璃纤维国家级实验室，以虚拟工艺数据库为核心，将各项影响产品性能的指标进行分类定标，下达试样工艺，结合检验记录投入模拟。

（2）计划调度

通过 ERP 系统实现生产计划与销售计划的协同、物料需求计划（MRP）、工艺控制、生产调度、生产领料、生产消耗报工、产品入库及生产进度信息跟踪等工作的系统管控。

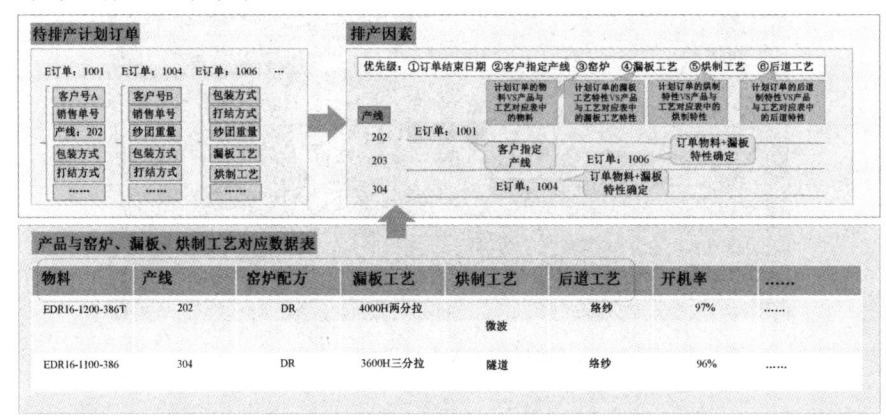

工艺计调排产协同图

(3) 生产制造

通过对 ERP 与工艺、MES、SCADA 等制造执行系统的集成，实现将工艺指导文件、生产配方的集中管理、统一下发，同时通过自动化改造，实现生产设备的反向控制，工艺参数及生产指令可自动下发到现场生产设备。

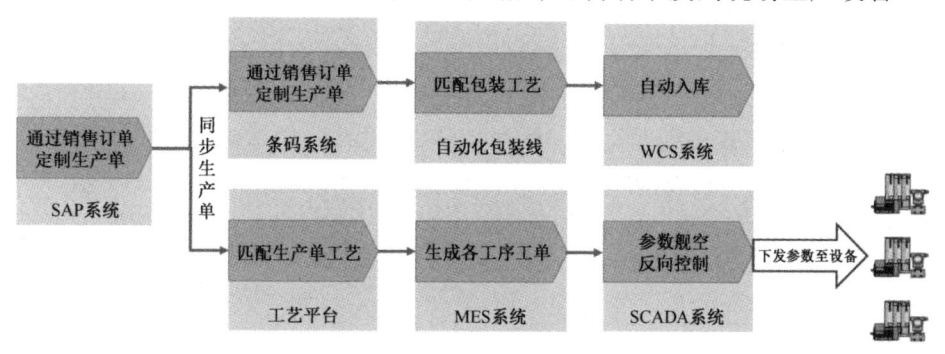

生产作业流程图

通过 SCADA 系统对生产数据的实时采集，建立数据分析模型，实现对生产作业、生产资源、制造过程等关键数据的动态监测，并进行优化分析。

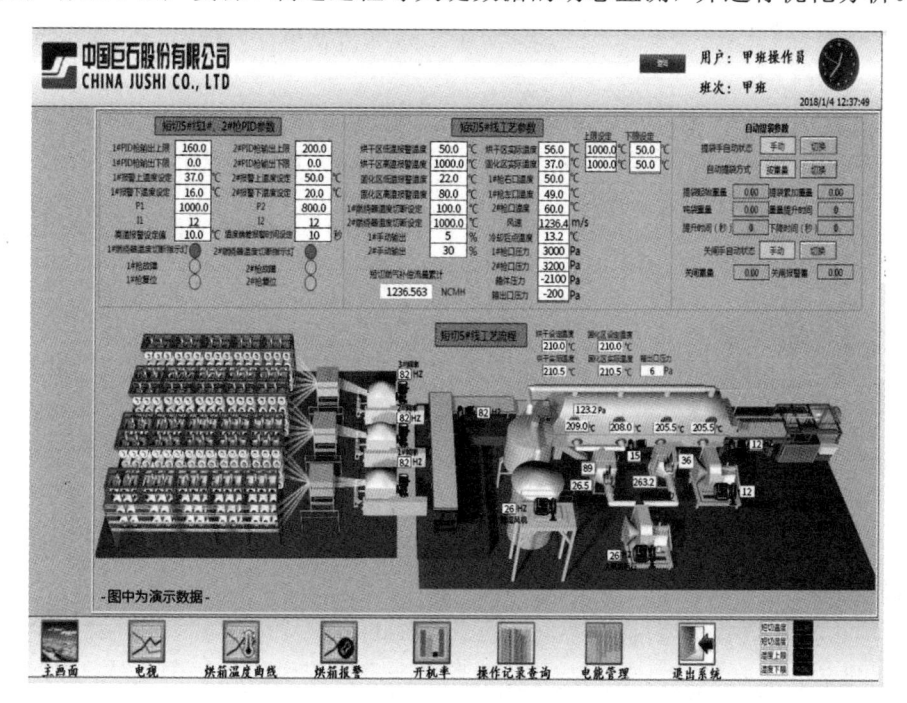

数采与动态控制图

案例特点

该公司开创了玻璃纤维的"采购—订单—排产—工艺—生产—出入库"全流程数字化生产模式；充分发挥信息系统横向集成、纵向贯通的优势，实现销售订单全过程跟踪、生产进度全程跟踪、生产调度优化排程、生产工艺自动匹配、产品质量管理追溯、物流状态实时可见的目标；完成人、财、物等核心业务的集约化、标准化管理，落实集团一体化管控模式，全面提升管理水平；以"经营模式专业化、核心业务集中化、业务流程标准化、资源能力共享化"为目标，为国际化发展战略提供有效的系统支撑。该公司围绕网络化、数字化、智能化等方面开展的玻璃纤维行业新型智能生产模式探索，为我国乃至全球玻璃纤维行业的发展树立了标杆和典范。

实施效果

经济效益

（1）提高管理水平和工作效率，用工人数大幅减少，每年节省人工成本1000万元以上。

（2）实现产、销、研的科学整合，集团的产品创新能力得以提升，产品生产成本降低12.03%，产品研发周期缩短9.8%，生产效率提高23.55%，不良产品率降低54.92%，吨纱能耗下降20.69%，并实现了对现有产品的持续完善。

（3）智能化工厂的建设，改变了集团传统的生产模式，生产力明显提高，生产成本随之降低。

（4）总部统一控制ERP系统，统一操作权限、统一管理流程、统一管理综合业务和信息门户，使企业的管控模式进一步转变，管控能力进一步增强。

（5）随着信息化系统与现场工控系统的整合对接，集团各业务单位工作数据准确率在原有基础上有效提高，数据准确率在99.9%以上，工作质量有效提高。

（6）产、销、研的智能整合，质量系统的综合应用，实现了新材料的替代，排放物质量的有效控制，大大减少了生产过程中污染物的排放，产品优等品率持续提高。

社会效益

（1）该公司水、电、气等能源得到实时监控，使用量得以有效控制，为国家节能减排做出了贡献。

（2）通过信息化系统的实时自动管理，提高了一线工作的舒适性和安全性，员工幸福感进一步提升。

（3）该公司与利益相关方、国家财政部门建立了良好的业务关系和业务生态系统，实现了产业链的良性循环。

（4）以两化融合为手段的全新生产经营管理模式，为同类企业，特别是跨国集团管控型企业提供了宝贵的经验。

（5）全面落实"四个全面"的发展要求，加快了企业两化融合的发展，提高了员工素质，加快了企业精神文明建设的步伐。

指标提升

（1）生产成本降低 12.03%。2017 年公司其他生产线吨纱生产成本为 3050.72 元/吨，2019 年项目生产线吨纱生产成本为 2683.62 元/吨，生产成本与公司平均水平相比降低了 12.03%。

（2）产品研制周期缩短 9.8%。研发周期的大幅度缩短得益于生产工艺仿真及优化的实施，在研发中借助生产工艺仿真与优化的新技术、新方法，在减少研发费用的同时，实现了研发周期的大幅缩短。

（3）生产效率提高 23.55%。该公司 2019 年的生产效率与 2017 年相比提升了 23.55%，生产效率的提升得益于智能制造新技术的大规模应用，在提高产能和工业总产值的同时减少了用工人数。

（4）产品不良率减低 54.92%。通过实施以网络化、数字化等新技术为基础的智能制造新模式，以数据为支撑，以数字化改造为手段，在提高效率的同时提高了产品合格率，2019 年不良品率与 2017 年相比降低了 54.92%。

（5）能源利用率提高 20.69%。该公司 2019 年项目生产线单位产量消耗能源与 2017 年其他生产线相比降低了 20.69%。能源利用效率的提高，得益于对生产流程中各种能源消耗等数据的实时采集，并经过集团大数据中心的分析，优化生产工艺与流程，在降低能耗的同时降低生产成本，提升经济效益。

02

水泥生产管理智能工厂

——遵义赛德水泥有限公司

企业简介

遵义赛德水泥有限公司是中国建材下属骨干企业，2019年6月通过产能减量置换建成投产4500t/d熟料新型干法水泥智能化生产线，项目总投资11.4亿元，在职员工80人，占地面积280亩，年产熟料135万吨、水泥220万吨。公司在取得质量、环境、职业健康和安全、能源管理体系认证及水泥中有害物质限量认证、低碳产品认证等基础上，贯彻生态发展理念，围绕"对标世界一流、能源低碳化、原料无害化、生产洁净化、废物资源化"目标开展各项工作，2021年1月被工信部列为"绿色工厂"示范企业，2021年7月取得绿色设计产品认证。

公司同时注重技术开发工作，2020年以来取得"一种水泥加工用高效筛选装置"等7项实用新型专利授权证书，"工业智能化产品销售管理系统V1.0"等6项计算机软件著作权登记证书。

新生产线投产以来，公司单位产品能耗指标对照《水泥单位产品能源消耗限额》（GB16780-2012）达到先进，智能化系统投入运行后能源绩效有所提升。

单位产品能耗指标对比

序号	能耗指标	智能化投运前（2020年1—9月）	智能化投运后（2020年10月—2021年9月）	对照GB 16780—2012
1	可比熟料综合煤耗（kgce/t）	88.25	87.13	先进
2	可比熟料综合电耗（kW·h/t）	50.85	48.1	先进
3	可比熟料综合能耗（kgce/t）	94.5	92.9	先进
4	可比水泥综合电耗（kW·h/t）	72.65	70.40	先进
5	可比水泥综合能耗（kgce/t）	78.46	77.68	先进

公司通过实施对废气排放环保治理设施的智能化控制等措施，废气中粉尘和气态污染物的排放浓度得到有效控制，氮氧化物、二氧化硫、颗粒物

排放浓度分别低于 200 mg/m³、20mg/m³、10mg/m³，达到国家标准和企业所在地环保部门的要求，在贵州省水泥行业处于领先地位。

案例实施情况

总体设计

公司将新建的 4500t/d 新型干法生产线定位为按全线智能化要求建设，在项目总投资 11.4 亿元中，智能化部分的投入原本为 4609 万元，后续又增加碳硫分析仪、智能图像识别、烧成专家优化系统，追加投入 1128 万元，智能化部分的总投入为 5737 万元。公司的智能工厂建设依托南京凯盛国际工程有限公司在 BIM 工程设计、装备制造、生产运营、智能制造实施等领域积累的设计和工程施工技术实力，围绕水泥生产全流程和信息化、数字化系统的构建，实现水泥工厂智能物流、智能质控、智能运维、智能生产和智能优化管理五个维度的数字化、信息化和智能化建设，以实现高效的管理、高品质的水泥产品、更低的能源消耗、有效的环境保护的目标。

产量提升
- 熟料产量提升1%~5%
- 水泥产量提升1%~5%

能耗节约
- 标准煤耗下降≥2kg/t-cl
- 熟料综合电耗下降≥1kW·h/t-cl
- 水泥工序电耗下降≥1kW·h/t-ce
- 节约氨水用量10%~20%

质量控制
- 全流程过程质量控制

设备可靠性
- 降低设备维护成本25%~30%
- 延长设备使用寿命10%~20%
- 减少设备故障停机20%~60%

人员配置优化
- 减少企业定员，人员优化到≤80人
- 工人劳动强度降低10%~30%

企业管理
- 协助企业精细化管理
- 提升企业形象，提高企业竞争力

智能化项目建设目标

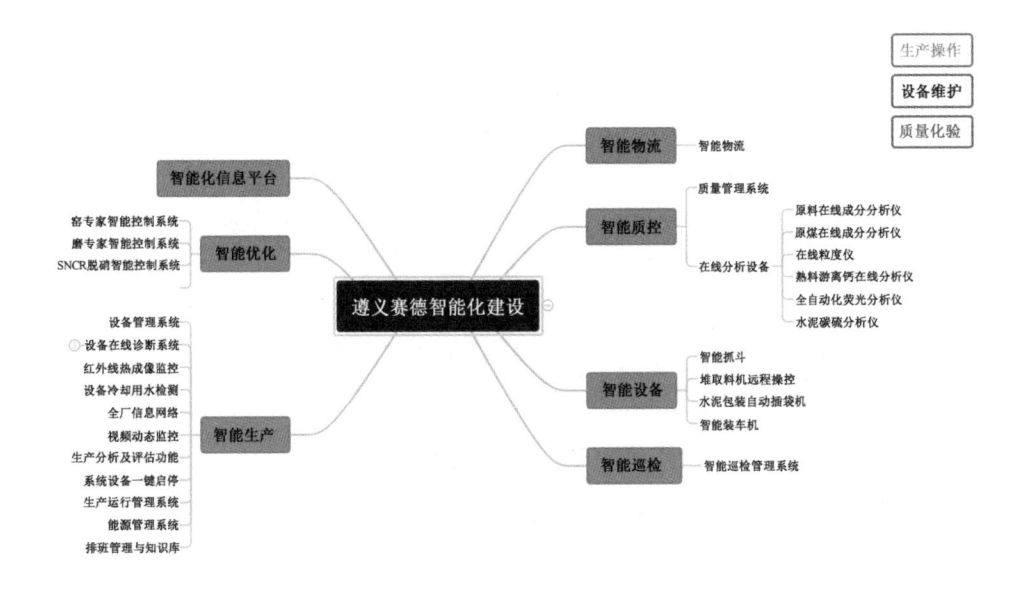

智能化总体框架

⭢ 实施内容与路径

（1）智能物料管控：通过一卡通智能地磅、原煤进厂自动取样分析、联合储库内无人操作智能桥式抓斗起重机、水泥包装和发运采用自动装插袋机和自动装车机等，实现从原燃材料进厂到产品出厂全流程的自动化和无人化智能物流管理，并结合生产过程中的自动计量系统，实现物料平衡的自动计算。

（2）过程质量自动检测和智能管控：通过采用生料配料在线分析仪，实时调整入磨配比；使用在线粒度仪对生料、煤粉、水泥成品自动取样和自动检测，并自动调整选粉机转速，控制出磨成品细度；让出窑熟料通过游离钙在线分析仪，实现每15分钟对熟料游离钙进行自动检测；通过碳硫在线分析仪，实现每15分钟对水泥碳含量与硫含量进行自动检测，检测结果修正水泥配比控制参数等质量管控智能化。同时，可让分析数据通过智能化系统自动进入窑、磨专家智能控制系统，作为智能控制系统的重要调节参数参与控制依据，以保证生产过程产品质量的稳定并实现提高产量、节能降耗的优化控制。

（3）生产过程的智能控制：工厂采用 Steag 烧成生产过程智能控制系统和南京凯盛院的磨系统、脱硝生产过程智能控制系统，应用 Fuzzy-Control、GPC、DMC、专家引擎等先进控制技术，实现烧成系统、磨系统、脱硝系统的专家智能控制。专家智能控制系统的引入，相当于在水泥生产线上安排了一个永不疲倦的"优秀操作员"，保证生产系统 24 小时在同一操作模式下自动工作，并在生产稳定的前提下，不断尝试自动增加产量和降低能耗。

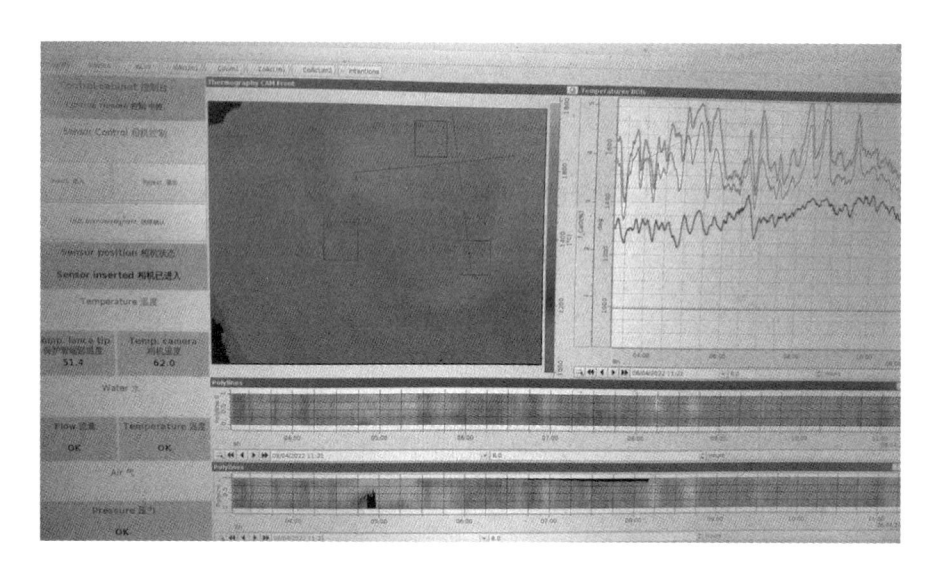

窑专家控制系统

其中，窑专家智能控制系统旨在稳定烧成系统的生产参数，并根据烧成系统的运行状况自动调节喂料量、喂煤量、系统风量、篦冷机速度，达到稳定生产、降低能耗、减少操作人员及减轻劳动强度的目的。窑专家智能控制系统包括入窑生料稳定控制模块、熟料烧成优化稳定控制模块、熟料冷却机优化控制模块、系统风量优化控制模块等。

熟料烧成优化稳定控制模块由分解炉用煤量优化控制模块、窑速控制模块及窑头用煤量优化控制模块三个子模块组成。其中，分解炉用煤量优化控制模块综合了分解炉出口温度、C5 下料温度、入窑生料分解率、生料喂料量、氨水喷入量、入窑提升机电流、C1 出口 CO 含量、煤粉输送风压多个变量，采用模型预测控制、模糊逻辑控制和神经网络技术，结合信号软测量技术，自动调整分解炉喂煤量，实现分解炉温度的控制，达到降低热耗的目的。分解炉用煤量优化控制模块的使用，可使分解炉出口温度标准偏差减少 25% 以上。

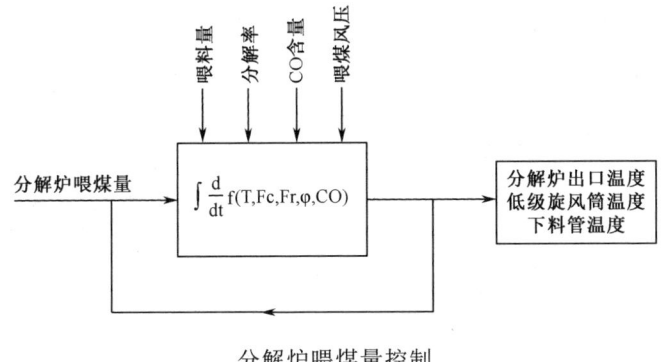

分解炉喂煤量控制

（4）智能设备巡检系统：对设备的自动巡检，除了采用在 DCS 系统原有信号基础上增加手机推送和报警功能这一通常做法，还可以在 17 台主机设备上安装测振及测温高精度传感器，随时监测设备转动轴承的振动和温升变化情况；在窑尾主框架、熟料冷却用篦冷机和水泥磨三个主要部位设置热成像仪，自动检测生产现场温度场的变化，对设备状态进行监测，及时判断设备故障和工艺状态的变化。

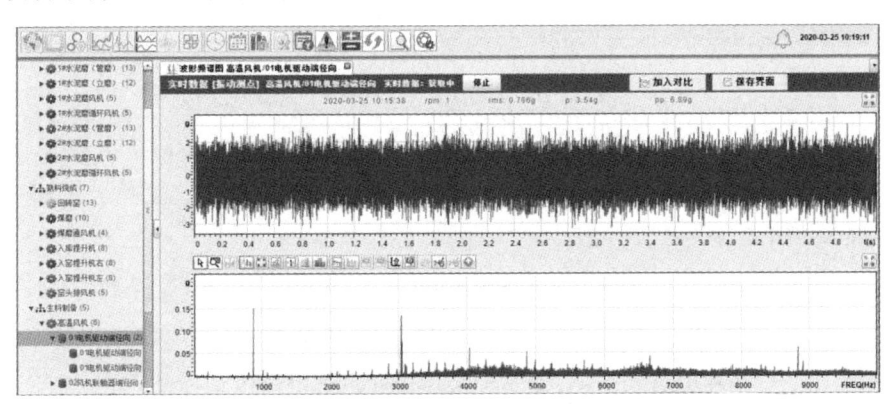

在线监测频谱图

（5）智能优化管理：通过挖掘大量生产和经营管理数据中所蕴含的信息，依据数据模型算法，对过程数据进行清洗、处理，挖掘数据之间的线性关系，形成数据展示模型与趋势，为管理者提供智能化决策依据。

其中，能源管理系统通过按车间、工序的相关用能总量指标和用能效率指标全面建立能源绩效评价体系及对标管理，实现能源实绩、生产实绩按班次、日、周、月、年或个性化的需求进行统计计算。通过系统自动生成生产与能源各类统计、分析、考核报表，及时发布各工序生产量和单位能耗数据报表，帮助管理层随时随地了解生产状况、发现能耗异常。通过监测窑、磨关键设备的生产运行指标，及时提醒操作员发现生产过程中的异常事件，降低不必要的能源消耗。

案例特点

生产线的运行工况稳定性较好，并且智能化系统各功能模块技术成熟，加强应用维护管理的智能化系统投用率较高，对实际生产过程中提高产品质量、降低能耗和减少污染物排放起到了积极的作用。

主要生产环节优化控制的智能控制投用率

序号	智能控制系统	实际投用率
1	生料粉磨系统	90.0%
2	烧成系统	95.3%
3	水泥粉磨系统	86.2%
4	煤磨系统	96.3%
5	智能SNRC脱硝系统	99.0%

实施效果

主要技术经济指标的提升

（1）基于在线检测仪器和化验室的智能质量管控能力，提升了过程和产品质量水平。

过程质量指标的提升

序号	过程和产品质量指标	计划目标值	2021年1—9月平均值	2020年平均值	对比去年提高值	对比计划目标提高值
1	熟料3天强度（MPa）	≥33.0	35.4	33.9	1.5	2.4
2	熟料28天强度（MPa）	≥56	58.2	56.8	1.4	2.2
3	出磨生料KH合格率（%）	≥80	90.9	80.4	10.5	10.9
4	入窑生料KH合格率（%）	≥85	96.8	86.5	10.3	11.8
5	熟料KH合格率（%）	≥85	98.2	93.8	4.4	13.2
6	熟料f-CaO合格率（%）	≥85	98.1	95.6	2.5	13.1
7	出磨水泥细度合格率（%）	≥85	94.7	90.8	3.9	9.7
8	42.5水泥强度变异系数（Cv）	≤3.5	2.0	2.1	0.1	1.5
9	42.5水泥28天强度平均值（MPa）	≥49.0	51.3	50.5	0.8	2.3

（2）基于设备预测性维护及在线监测功能的应用，提高设备可靠系数，投用前回转窑可靠性系数为98.8%，投用至今可靠性系数提升至99.5%；水泥磨系统可靠性从96%提升至99%。

（3）基于窑、磨智能优化控制系统和实施对能源管理和环保治理的智能化控制，工厂的熟料日产水平从5963.6t/d提升到6274.8t/d，提升了5.22%；能源绩效、环境保护绩效得到全面提升。

智能化系统投运前后实际能耗指标对比

序号	能耗指标	智能化投用前（2020年1—9月）	智能化投用后（2020年10月—2021年9月）	优化幅度
1	吨熟料综合煤耗（kgce/t）	92.94	92.5	0.5%
2	吨熟料综合电耗（kW·h/t）	51.86	48.10	7.3%
3	生料工序电耗（kW·h/t）	15.82	13.85	12.5%
4	烧成工序电耗（kW·h/t）	28.14	26.94	4.3%
5	水泥粉磨工序电（kW·h/t）	32.85	31.99	2.6%
6	水泥综合电耗（kW·h/t）	75.09	73.08	2.7%
7	余热发电能耗比（%）	3.41	3.61	5.9%

通过低氮燃烧和SNCR智能脱硝控制、脱硫系统的自动控制和窑系统优化控制等技术，以及环保智能统计管理系统，不断降低排放浓度、提升环境绩效，该公司的环保技术在贵州省水泥行业处于先进水平。

该公司大气污染物排放情况

序号	指标	智能化系统投用前（2020年1—9月）	智能化系统投用后（2020年10月—2021年9月）	对照GB 4915—2013
1	NOx排放浓度（mg/m³）	252.1	165.11	先进
2	SO$_2$排放浓度（mg/m³）	32.30	7.19	先进
3	颗粒物排放浓度（mg/m³）	24.6	7.8	先进

智能化项目的经济效益

智能化项目运行后，产生的直接经济效益。

智能化项目直接经济效益

序号	分项	节约成本（万元/年）
1	降低电力成本	437.73
2	降低燃煤成本	220.10（未计电石渣用量影响）
3	余热发电增加收益	131.65
4	增加提产效益	841.76
5	熟料强度提高，降低粉磨成本	403.14
6	减员增效，降低人力成本	250.00
合计		2284.38

项目投资概算为 5737 万元，实施智能化系统后，全厂每年共节约成本 2284.38 万元，投资回收期 2.99 年。

复制推广情况

该公司通过智能物流、智能质控、智能运维、智能生产、智能优化管理、安环管控等智能化应用，成为国内具有"集约化、绿色化、智能化、高端化"特色的水泥生产基地之一，是西南水泥第一条智能化绿色工厂建设的示范线，公司的智能化建设经验已在丽江西南、铜仁西南、毕节西南、正安西南等企业得到推广应用。

03

建设智能化粉体材料绿色工厂

——贵州正和天筑科技有限公司

企业简介

贵州正和天筑科技有限公司（简称正和天筑）成立于 2006 年 4 月，坐落于清镇市站街镇经济技术开发区工业园区，是贵州省第一家利用固体工业废弃物、综合利用生产磷石膏基/水泥基等预拌粉体材料的民营企业，在职员工 58 人，其中技术人员 15 人，硕士研究生以上学历的有 3 人。

企业拥有 25 件专利（2 件发明专利）和 5 件软件著作权，此外，还有 8 件专利（7 件发明专利）处于实质审核阶段，6 件专利处于受理阶段，现已建成一期年产 120 万吨磷石膏基、水泥基普通、特种砂浆、地铁盾构注浆料、3D 打印砂浆等预拌产品的国内首家粉体绿色材料智能无人工厂。

案例实施情况

总体设计

项目以 PLC、DCS、SCADA、SIS、IPC、MES 等工业控制系统为基础，建设智能化生产线和动态生产管理监控平台，建成年产 120 万吨粉体材料智能化生产线，同步建立产品数据管理分析系统（PDM）、智能制造执行系统（MES）、设备联网控制系统（DNC）、生产数据管理分析系统（MDC）、仓储物流管理系统（WMS）、客户关系管理系统（CRM），与企业资源计划（ERP）构成完整体系，建成全数据融通管控平台，业务链从智能接单、排产、物料配送、质量监控、客户资源管理、产品追溯，到产业链协同、远程一键操作，依据数据自动分析，实现精准决策，围绕产业链的数据共享和互联互动，推动企业高质量发展。

实施内容与路径

该公司数字化控制平台是践行工业互联网智能制造模式的集中体现，深度融合数字技术、信息技术、智能技术与制造技术，以制造工艺流程和参数指令、智能装备和生产线、自动化物料配送系统、各级管理系统集成，实现面向产品规划、制造、销售和服务等产品全生命周期的先进的综合运行模式。

企业转型建设主要从两个方面着手：

1. 建设智能化自动控制生产线

智能化自动控制生产线大数据架构体系分为五层，每层分工不同，形成上下交互的整体架构。

（1）生产现场（第一层）：将各种设备、各节点传感器、各执行器等有效连接。

（2）产线控制（第二层）：采用可编程控制器（PLC）、集散控制系统（DCS）、数据采集与监视控制系统（SCADA）、安全仪表系统（SIS）、远程终端单元（RTU）、IPC 等工业控制系统，建立基于管理理念、生产模型、标准规范、优化的业务流程，结合行业相关应用，进行智能工厂整体规划，建立企业管理信息系统。

（3）数据采集与操作（第三层）：SCADA 系统是以计算机为基础的生产过程控制与调度自动化系统，能够实现对现场运行设备的监视和控制。

正和天筑 SCADA 系统分为两个层面，即客户/服务器体系结构。服务器与硬件设备通信，进行数据处理和运算。操作人员可进行人机交互，如用文字、动画显示现场的状态，并实现对现场开关、阀门的操作。另一种"超远程客户"的运用，实现了 Web 发布在 Internet 上的监控。硬件设备（如 PLC）既可以通过点到点方式连接，也可以以总线方式连接到服务器。

正和天筑 SCADA 通信结构系统中的通信分为内部通信、与 I/O 设备通信和外界通信，主要由以下部分组成：监控计算机、远程终端单元（RTU）、可编程逻辑控制器（PLC）、通信基础设施、人机界面（HMI）。

（4）车间管理（第四层）：正和天筑智能化生产系统及过程是涵盖智能工厂的核心，是对生产过程的智能管控，作为生产执行层，处于中间桥梁的位置，连接了上下层级，使整体架构互融互通，起到了支撑整个架构的枝干作用。

（5）企业管理（第五层）：正和天筑整合了企业信息管理系统，与智能生产线数据相互融通、相互支持、相关依赖，形成一个完整的闭环来发挥整体效用，实现了产品全生命周期管理，贯穿产品的产能规划、产品设计、工艺设计、制造运行、检测及服务过程，实现价值链端到端的数字化流程优化和集成。

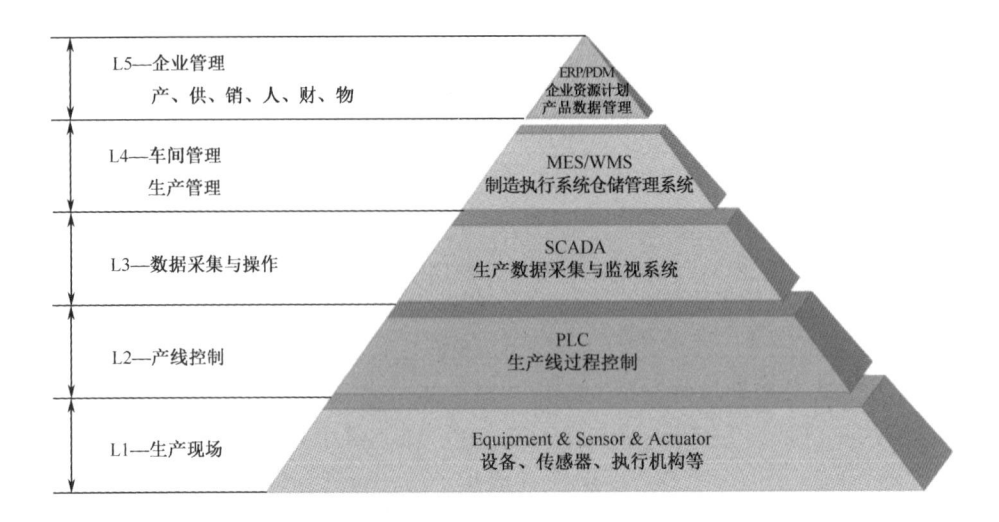

```
L5—企业管理                    ERP/PDM
    产、供、销、人、财、物         企业资源计划
                                产品数据管理

L4—车间管理                    MES/WMS
    生产管理                    制造执行系统仓储管理系统

L3—数据采集与操作               SCADA
                                生产数据采集与监视系统

L2—产线控制                    PLC
                                生产线过程控制

L1—生产现场                    Equipment & Sensor & Actuator
                                设备、传感器、执行机构等
```

智能化自动控制生产线大数据架构体系

2. 动态数字化管理平台

（1）采用设备联网控制系统（DNC），自动化控制技术、检测监控技术和远程监控技术，实现生产过程的计算机控制，采用安全自动化设备代替人工操作，消除安全隐患，提高生产安全性，实现全生产工序环境下的无人操作；

（2）建立智能制造执行系统（EMS），深度融合数字技术、信息技术、智能技术与制造技术，以需求产品数据、优化工艺流程、协调生产装备为核心，实现自动化生产；

（3）建立产品数据管理系统（PDM），实现信息收集、分析、处理，以制造工艺流程和参数指令、智能装备和生产线、自动化物料配送系统集成，面向产品规划、制造、检测和服务等产品全生命周期各个环节，是动态整合与优化的一种先进的综合制造模式；

（4）建设综合管理信息和大数据分析系统，实现企业生产数据上传、汇总、存储、分析、预警、报警、查询等功能；

（5）建立仓储物流管理系统（WMS），实现无人过磅等物资管理、取数、数据集成汇聚系统；

（6）建立客户关系管理系统（CRM），通过数字化信息系统，旨在快速响应市场、满足客户个性化需求，高效、优质、柔性、安全经营；

（7）建立企业资源计划系统（ERP），实现供应链、物流、成本等企业管理功能，推动企业各系统的无缝集成，实现产业结构调整和优化。

公司以智能制造、大数据管理等技术为基础，以各环节采集的大量数据为核心，以产品、服务、流程优化重构为手段，利用智能制造技术，如工业物联网、工业大数据、云计算等，实现了企业绩效和竞争力的根本性提升。

数字化管理平台

●━▶案例特点

该公司为固废再造行业绿色转型升级树立了融合标杆，将生产经营全过程控制数据与 ERP 信息管理系统完美融合，突破接口技术壁垒，真正实现了与互联网的融合；

独创与众不同的控制系统"黑匣子"，可利用主控机屏幕录像记录+操作痕迹日志记录+操作痕迹数据库记录，多管齐下，严格把控生产安全和质量安全；

严格遵循高于国家标准的计量精度控制算法，通过严密而灵活的参数配置机制，在精确计量的前提下提高生产效率；

运用最新的网络通信技术，可将控制系统操作岗位、生产配比核发岗位、生产调度指令岗位和厂区视频监控中心集中，构建"智慧工厂"的核心，完美地实现远程集控；

自动记忆生产线关键机电元器件的工作次数或累计工作时间、主机运行记录，实时进行产能分析，记忆特殊情形下的手动消耗数据，为企业物资采购部门提供极有价值的决策支持；

独具匠心的"一机双控"控制模式，大幅提高了生产线自动化控制水平，助力混凝土企业真正实现减员增效。

实施效果

该公司通过打造集产、采、销、运、金融、数据为一体的产业服务体系，为产业链上下游企业提供一站式解决方案。项目建成投产后，真正实现了提质、降本、增效的目标。员工人数从近 400 人降为 54 人，一线员工人员配置比率大幅降低，研发人员、技术人员配置比率提高到 26%，销售人员配置比率提高到 13%，工作重心也相应地向技术创新和拓展市场规模转移，管理模式从金字塔式架构转变为扁平化式架构，在大大降低人力成本的前提下提高了管理效率；自动化生产线将员工与生产线完全分离，杜绝安全事故隐患；生产效率得到显著提高，生产能力提高 3 倍；产品实现了定制化生产，产品种类扩大 3 倍，合格率达到 99.98%；现场环境彻底告别灰尘四溢的情况，降低了员工患上职业病的概率；材料配方可以实现 0.1～2kg 以下微添加物料自动计量，精度最高控制在 ±5g 内，为新产品研发及技术创新提供了可靠的保障，彻底颠覆了传统材料"傻大粗"的印象。这一切为固废再造行业转型升级提供了一条新的发展路径。

该公司所产生的效益主要体现在以下几个方面：

（1）优化销售环节，销售成本降低 3%，提升客户服务水平，加速货款回收效率；

（2）实现资金流、物流、信息流的统一管理，解决了内部信息不畅通及管理困难等问题；

（3）业务数据实时处理，决策命令准确下达；减少经营成本、降低经营风险、快速应对市场变化；

（4）库存下降 15%～20%。具有自定义原辅料和砂浆成品预警功能，使企业库存投资减少，库存周转率提高 15%，流动资金占用率降低 10%；

（5）延期交货率降低 16%。企业准时交货率平均提高 18%，误期率平均降低 15%，使企业效率大大提高，信誉增强；

（6）采购提前期缩短 25%。采购人员有了及时准确的生产计划信息，就能集中精力进行货源选择，了解生产问题，缩短采购时间，节省采购费用；

（7）管理质量更科学，与生产、研发、销售相结合，对整个业务流程进行有效控制和规范化管理，并对生产质量进行有效溯源，制造成本降低 12%。由于库存费用下降，劳动力节约，采购费用节省等一系列人、财、物的效应，生产成本得以降低。原辅料采购结构管理规范，确保采购部门与质检部门严

格执行任务,提高产品质量;

(8)管理水平提高,协助员工快速完成任务,提高了工作效率,同时使生产能力提高 20%;

(9)成本核算自动化,实时报表统计及月底结算能够瞬间完成,确保准确、快速地提供各种成本数据,提高财务人员的工作效率;同时实时监控财务信息,随时掌握资金动态。

目前,该公司具有年产 120 万吨粉体材料的生产能力,每年可消化磷石膏 100 万吨、赤泥 3 万吨、粉煤灰 10 万吨等,通过重塑产业链条,增强产业的生态化信息共享能力,推动产业链企业实现智慧增长,充分发挥数字赋能功效。

04

绿色新型墙体材料智能工厂

——茌平信源环保建材有限公司

企业简介

茌平信源环保建材有限公司隶属于信发集团，成立于2017年7月，注册资本为1亿元，是一家综合利用工业副产废弃资源粉煤灰、脱硫石膏、炉渣、电石渣生产粉煤灰蒸压环保砖、环保型蒸压加气混凝土砌块、研发生产销售于一体的科技环保型生产企业。

该公司是国家发改委"双百工程"示范基地项目、国家大宗固废综合利用基地项目的承接单位，中国建筑材料联合会石膏建材分会副理事长单位，2019年被认定为国家级高新技术企业，2020年被认定为山东省"专精特新"中小企业，2020年度山东省重污染天气重点行业绩效评级引领企业，荣获2019年度山东省循环经济科学技术奖三等奖、山东省建筑节能科学技术奖三等奖，2020年被评为山东省建筑节能协会副会长单位。公司生产的蒸压加气混凝土砌块被评为"国家级绿色设计产品"。公司于2019年开始建立、实施ISO9001质量管理体系、ISO45001职业健康安全管理体系、ISO14001环境管理体系、ISO45001能源管理体系，并于2020年获得认证证书。

公司研发技术力量雄厚，在工业固体废弃物综合利用技术的研究、开发与应用方面均处于同行业领先水平，拥有聊城市工业固体废弃物资源综合利用重点实验室、山东省新型墙体材料科研实验基地等研发平台。目前已获得18项实用新型专利，是聊城市知识产权保护的重点联系单位。

案例实施情况

总体设计

本项目是茌平信源环保建材有限公司对热电厂产生的脱硫石膏、粉煤灰等工业固废全部吃干榨净，资源化的循环利用，采用工业互联网、工业大数据、人工智能、智能控制等先进技术手段，搭建绿色新型建筑材料信息化、数字化、智能化的系统平台，推进智能装备、自动化控制、制造执行系统（MES）、资源计划管理系统（ERP）、智能物流等技术在绿色新型建筑材料行业上的应用，将新一代信息技术贯穿于设计、生产、管理、运输等环节，构建以绿色新型建筑材料产品工艺和质量为基础，以生产智能化为核心，以提高产品质量为目的，年产 1 亿平方米脱硫石膏纸面石膏板、280 万立方米粉煤灰加气砌块和 2.4 亿块粉煤灰蒸压砖的绿色新型墙体材料智能工厂。实现自动化生产线无固定操作人员，柔性化生产，产品全生命周期可追溯，核心装备安全可控，企业内部信息互联互通，生产效率和产品质量提升等目标。

项目总体技术架构分为物理层、采集层、网络层、平台层、应用层和展示层。

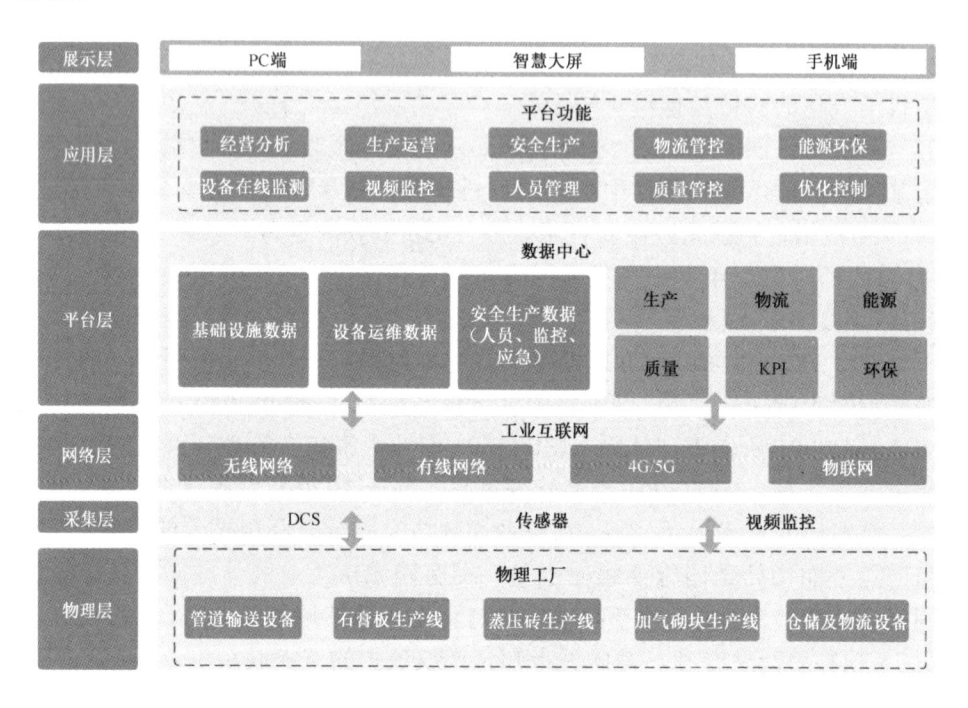

总体架构

物理层是构成智能工厂的物质技术基础，由核心智能制造装备、自动化生产线、车间智能化物流系统等智能设备组成。

采集层包括可编程逻辑控制器（PLC）、数据采集与监视控制系统（SCADA）、分布式控制系统（DCS）等。

网络层是工业互联网内网，建设统一的工业互联网架构，由有线和无线网络构成全厂万物互联的"高速公路"。

平台层构成企业的大数据中心，由数据仓库、数据算法引擎等构成。

应用层实现工厂的业务集成，实现面向工厂的生产管理和经营管理，包括制造执行系统（MES）、企业资源计划系统（ERP）、智能安全管控系统等。

展示层由手机端、PC端和智慧大屏组成，主要对工厂运营状态进行展示。

实施内容与路径

本项目研制面向绿色新型墙体材料生产线的核心智能装备、智能物流装备、数字化车间、智能工厂信息化管理平台等装备系统，建设无固定操作人员的绿色新型墙体材料智能工厂，全面提升产品设计、工艺、制造、检测、物流、信息化等产品全生命周期各环节的智能化水平，实现数字化转型的应用研究与突破。

项目分为三大任务：

任务一：工业互联网内网建设和大数据中心建设；

任务二：采用人工智能、机器视觉和工业机器人，完成智能装备研发和智能化生产线的建设；

任务三：业务系统集成，建设基于MES的管控一体化智慧管理平台。

实施路径：

以核心智能制造装备、智能化生产线、车间智能物流装备为重点建设方向，采用工业互联网、人工智能、大数据、自动控制技术，并充分利用研发设计、生产经营管理、制造执行管理等信息化系统，建立绿色新型建筑材料智能工厂。

采用机器人、机器视觉、AGV、智能配料系统等技术装备实现自动化生产的闭环，实现从原料精准制备、成型、干燥、质量在线控制、自动化包装和自动装车发运全流程的智能化生产。

建设工业互联网内网和大数据中心，实现企业内外部的硬件设备数据采集和连接，满足工厂内部智能化、网络化及与外部信息交换的需求，实现网络联通、数据打通、业务打通。

通过基于MES系统的智慧管理平台，完成对ERP、MES、DCS等多系统的融合应用，实现透明化、可视化、智能化的生产管理和运营决策。

案例特点

采用机器人、自动装车系统和全自动包装机等智能装备，实现了无固定操作人员的大规模自动化生产。

采用在线质量控制系统，在线监测产品的宽度、厚度及湿度，通过机器视觉，对产品进行在线检测和分析，形成了全流程的质量管控体系。

通过分布式控制系统DCS及PLC实现生产线的一键启停。专家优化控制完善了生产参数的自动跟踪和在线修改配方的功能，减少了原辅材料的

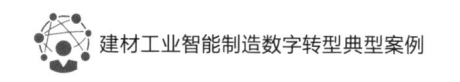

浪费，保障了产品质量的稳定性。

采用电厂余热作为烘干系统的热源，采用三组十二层烘箱结构，做到了能源利用最大化、温度控制自动化、产量平衡智能化。

智慧管理平台、工业互联网内网和数据中心的建设，在数据融合、业务打通等方面进行了集成应用，实现了工厂透明化、智慧化管理和决策。

实施效果

本项目利用电厂排出的灰、渣和脱硫石膏，建设新型制砖、砌块、脱硫石膏板项目，上游产品的废料成为下游产品的原料，减少固废储存和运输，达到"出灰不见灰、出渣不见渣、污染变资源"的目的。粉煤灰和脱硫石膏粉等原料通过管道直接输送到工厂，减少物料运输中间环节的环境污染。脱硫石膏生产纸面石膏板项目，采用先进的脱硫石膏二部煅烧法工艺，100%脱硫石膏为原料生产纸面石膏板。

项目实施后，实现了自动化的闭环生产，数据采集率达到了90%，车间内数控设备占80%以上，主要设备联网率达到100%，实现了工厂的互联互通。生产设备运行状态实现了实时监控和故障自动报警，生产任务指挥调度实现了可视化，关键设备能够自动调试修复；车间作业基于主生产作业计划自动生成，生产制造过程中物料投放、产品产出数据实现自动采集、实时传送。根据车间生产制造特点和需求，配备相应的车间环境（热感、烟感、温度、湿度、有害气体、粉尘等）智能监测、调节、处理系统，实现对车间工业卫生、安全生产、环境自动监控、自动检测、自动报警等智能化控制，安全生产防护符合行业规范要求。生产过程采用二维码、条形码、移动扫描终端等自动识别技术，实现对物品流动的定位、跟踪、控制等，车间物流根据生产需要实现实时配送和自动输送。通过智能化建设，工厂生产效率提高25%，用工成本降低50%以上，产品不良品率下降80%，节约能源15%，实现了较好的经济效益。

项目实施后，CCTV-10《走近科学》栏目于2019年5月22日播放的"石膏新生"节目以此为例，重点介绍了热电厂固废脱硫石膏的资源化利用做法。中国建筑材料联合会组织的第十四届全国石膏技术交流大会于2019年11月3日在聊城举行，由信发集团承办。会议期间，与会专家重点观摩，该公司的项目得到了专家学者的一致好评。

05

建筑陶瓷工业互联网智能制造工厂

——山东统一陶瓷科技有限公司

企业简介

山东统一陶瓷科技有限公司成立于 2003 年 12 月，主要产品涵盖功能陶瓷、民用陶瓷地砖，是一家集创新、研发、设计、生产、销售于一体的高附加值高新技术企业。2020 年公司接入海尔集团旗下的工业互联网生态平台卡奥斯，成为建陶行业首家入选企业。

公司自主创立的品牌"瓦伦蒂诺"被国家工商总局认定为"中国驰名商标""山东省著名商标""山东名牌"。公司先后被认定为"山东省高新技术企业""山东省院士工作站""山东省企业技术中心""山东省工业设计中心""山东省'专精特新'中小企业"等，被誉为引领陶瓷行业走向创新之路和转型升级快车道的模范。

案例实施情况

总体设计

本着高起点规划、高标准建设、高效能管理的原则，该公司以自动化+信息化的双核机制积极拥抱工业互联网，在自动化端引入全新自动化装备，在信息化端以 U8 ERP+科达 IOT+科达 MES 为核心信息化中枢，通过对自动化的设备联网、能源管理、数字化生产，打通设备层—执行层—管理层的信息化链条，将各系统数据汇聚到数据分析平台，进行数据汇聚分析，实现赋能业务，提供决策支持，让数据产生价值，以集成化、数字化、智能化手段解决生产控制、生产管理、营销、经营等问题，提高能源利用率，最终打造陶瓷行业的绿色生产车间。

实施内容与路径

（1）陶瓷砖智能化车间的生产线建设：包括制粉、干燥、成型、施釉、烧成、拣选、自动化包装生产线等。

（2）核心短板装备的研制：用于陶瓷砖生产过程中大规格砖联动生产线与后包装设备。

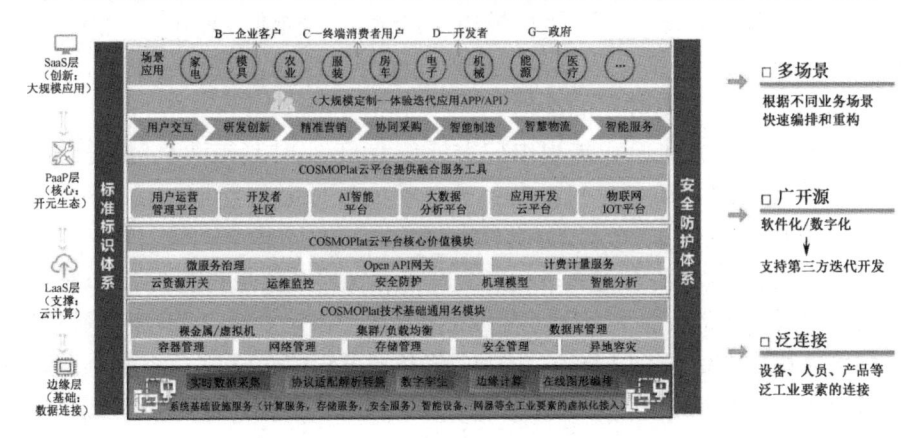

建筑陶瓷工业互联网智能制造工厂架构图

（3）车间网络及基础设施建设：采用分层网络架构（骨干层、传输层、接入层）建设内网设施，并专门建设车间工控网，两者之间采用工业安全网关进行隔离。建设覆盖加工设备、在制产品、物料、人员、控制系统和生产管理信息系统的无线网络，并实现有线网和无线网的结合，为实时生产数据和信息的互联互通提供网络基础。建设智能化车间的机房等设施，对服务器、数据库等软硬件基础设施进行选型和布置。

（4）MES制造执行系统：通过陶瓷砖生产过程中物料管理、工艺管理、称重管理、电子批发记录、生产任务申请、质量追溯、设备管理、生产批报表管理、工参数管理、生产监控、人脸识别，使得陶瓷砖生产信息可视化，从而监控、协同、调度、分析、预警制造执行过程，实现管控一体化。同时与计划层和控制层进行信息交互，通过企业的连续信息流实现信息全集成，提高车间流水线生产效率，降低生产成本。

（5）大数据分析平台：建立大数据分析平台，自动抽取企业各信息系统、生产运营系统、生产监控系统、生产自动化控制系统产生的海量数据，经过自动清洗、数据组织、数据分析，组成工业大数据平台，形成一套工业数据仓库。

（6）产品在线检测系统：通过近红外光谱技术，实现陶瓷砖生产过程检测。实现检测数据的实时监控和数据采集、分析与处理。

（7）数据采集与监控系统（SCADA）：对生产、物流单元、生产环境智能控制系统、生产智能供应与调度系统的生产工艺类数据、生产用公共工程类设备数据、能源系统类设备数据进行采集、监控、分析与报警。

（8）智能仓储管理系统：主要包括出入库管理、订单管理、物料盘点、质检管理、货位管理。系统接口模块（TINF）、物流管理模块（TM）、物流调度模块（TDCS）三大模块，分别实现与外围信息系统的接口、物流管理层和物流调度层相对应的功能。

（9）远程监控系统：采用中控大屏幕 CRT 实时监控动态仿真技术来实现对车间运行过程的安全监控和仿真，建立可以对生产现场进行实时监控的中央控制室。

（10）能源及排污管理系统：能源及排污管理系统是对涉及水、电、汽等相关能源或介质的计量和管理，建立能源管理与决策系统，实现对各种能源介质和重点耗能设备的实时监控、控制、优化调度和综合管理，及时了解和掌握各种能源介质的生产、使用及关键耗能设备的运行工况，对设备能效及能源实绩进行分析。在线检测废水、废气、废渣的指标，对排污过程进行监管。

（11）质量管理系统（QMS）：通过对设计质量、供方质量、生产质量、试验量、计量理化、售后质量等进行管理，实现对产品全过程的精细化和智能化质量控制。

（12）企业资源计划系统（ERP）：在生产信息化的基础上，通过对整个企业信息系统的整合，实现陶瓷砖生产过程中信息流、资金流等数据的统一管理与优化，提高企业的生产效率。

（13）实验室信息管理系统（LIMS）：主要功能模块包括样品管理、检验记录、仪器数据、文件管理、稳定性试验、方法验证、分析和报告。

（14）系统集成：规划了智能化车间 MES、智能仓储管理系统、LIMS 及 ERP 的数据接口，通过对管理控制软件的协同集成，实现覆盖产品全生命周期的全流程智能化车间智能制造。全流程制造信息集成中心为工厂级别的综合管控平台，利用设备互联与集中监控，LIMS、智能仓储管理系统、MES、设备管理系统等在设计时预留的第三方信息接口进行集成，将信息进行整合，实现对生产车间全流程、全方位的管理，实现智能化车间可视化统一调度与监控。

（15）实施路径：对生产线生产设备的物联数据采集，进行信息化升级，实现全过程产量数据的实时监控，并对核心生产设备压机、干燥窑、烧成窑、抛光机等设备运行参数、工艺参数进行数据统计分析，有利于后续构建智能化业务应用分析平台，辅助管理决策，提高生产效率，优化生产管理流程。

案例特点

针对建陶企业普遍小、散、乱、杂,行业附加值低、库存高、耗能高、污染高等痛点,对建陶行业进行数字化智能化改造,可有效提高企业生产效率、降低库存周转率,对能耗、污染排放进行实时监控预警。建筑陶瓷大多连线生产,生产线自动化水平高,有利于智能化改造的推广。改造之后,能源利用率提高了12%,产品优等率提高了0.5个百分点,企业利润率提高了10%。由此所带来的效率提升,将帮助企业解决由环保、人工等因素带来的成本上升问题,实现可持续发展。

实施效果

生产线经过智能化改造后,实现了MES制造执行系统、大数据分析平台、产品在线检测系统、数据采集与监控系统(SCADA)、质量管理系统(QMS)、企业资源计划系统(ERP)、实验室信息管理系统(LIMS)与公司现有信息化技术的融合,实现了复杂工业现场的数据采集、过程监控、设备运维与诊断、产品质量的跟踪追溯、优化排产与在线调度、污染源实时监测。较之前相比能耗节约了5%,减少二氧化硫排放量4.79吨,达到节能减排的目的。生产效率提高25%,产品不合格率降低22%,节约人工10人,实现了订单式定制,库存最优化甚至达到"零库存",节约了资金占有,库存周转率提高了13个百分点;降低单位产品能源消耗,能源利用率提高12%,SCADA可实现全线预警处置,大大提升了安全防控水平。

该公司打造陶瓷工业互联网智能制造工厂,探索建陶行业生产新模式、新业态。该公司将生产工艺与数据融合,增强生产设备的自主控制,把分散的、自主智能化的制造设备,通过网络的形式紧密地连接在一起,即用技术手段实现人为控制在时间、空间等方面的延伸,实现人、机、物的融合,实现了工业互联网智能化改造,推动了建陶行业由制造型向智造型的转型升级。通过工业互联网的有效链接,可满足海量消费者的个性化需求,能够实现以消费者为中心的商业模式,同时实现网络化的工厂间大规模协作,这是对建陶行业发展模式的重大创新。通过平台合作模式,有效对接了国际顶尖研发资源,实现了新产品的快速研发迭代,彻底打破行业技术壁垒,推动行业发展与商业模式的创新,能够在建陶行业和其他生产型行业领域快速复制与推广应用,具有很好的示范作用。

06

水泥全流程智能化绿色工厂

——湖州槐坎南方水泥有限公司

企业简介

湖州槐坎南方水泥有限公司隶属中国建材集团旗下的南方水泥有限公司，现有 2 条 4000t/d 和 1 条 7500t/d 新型干法水泥熟料生产线，其中 7500t/d 生产线首次在国内采用国际先进的"第二代"新型干法水泥技术。公司按照"材料创造美好世界"的企业使命，深入践行"绿水青山就是金山银山"的理念，走生态优先的绿色发展之路，产品能耗和环保治理处于行业先进水平，是浙江省第一家实现超低排放并通过专家验收的水泥企业，2021 年度在浙江省水泥行业首批（共 2 家）获得"绿色低碳工厂"称号，并在全国水泥行业取得首张"绿色设计产品"认证证书，也是水泥行业率先开展"数字化转型 2.0"流程级贯标企业之一。2021 年 1 月 23 日，中国建材集团董事长周育先做客央视财经 CCTV-2《对话》栏目时，将公司作为水泥行业转型升级的范例在节目中予以推介。

CCTV-2《对话》

公司根据中国建材集团、南方水泥的统一规划，以实现"集约化、绿色化、智能化、高端化"发展为目标，建设第二代新型干法水泥智能生产线（3#线），其智能化部分的投资为 4026 万元，于 2020 年 1 月开始实施至 2020 年 12 月全部投入正常使用。2020 年 11 月，中国建材集团和南方水泥领导在现场考察 3#生产线智能化建设和运行情况后，确定将南方水泥作为面向水泥行业碳达峰、碳减排目标重点打造的智能制造示范企业。2021年3月立项批复对 1#、2#生产线进行智能化改造，在原有基础上智能化改造计划投资2995万元，目前处于部分调试投运阶段，计划2022年5月全部完成。

线窑智能化生产线中央控制室

改造后的1#、2#线窑智能化生产线中央控制室

案例实施情况

总体设计

公司的智能化解决方案，通过建设三维数字孪生工厂、一体化质量管控、

窑磨智能优化控制、生产管控数字化、设备智能运维、AI 大数据决策算法平台等实现了程度深、范围广的智能化生产运营管控。

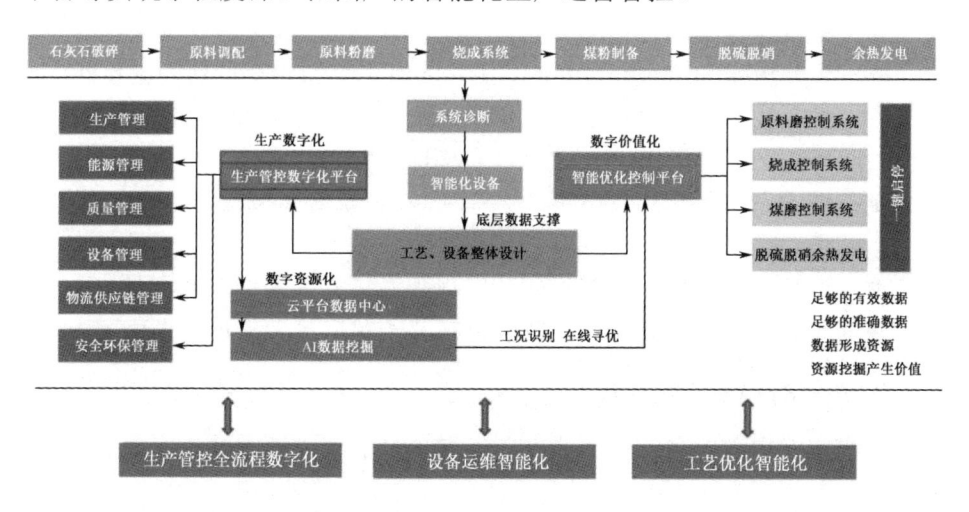

生产管控智能化建设整体实施架构

⇢实施内容与路径

该公司以天津水泥工业设计研究院 BIM 技术及智能装备、智能检测等硬件为基础，与杭州中材邦业以协同共建模式，构建生产运营全流程智能运行控制及管理平台，建设智能化绿色工厂。

1. 数据中心建设

依托标准化采集器、iDataHub 数据湖、数据中台、数据仓库技术，为业务中台、算法平台、运维平台提供标准化数据服务，消除信息孤岛，确保数据准确性、一致性、完整性、可用性和安全性，并实现工厂与集团公司之间的数据流转。

2. 全工况智能优化控制平台建设

基于"APC+大数据+AI 算法"构建全流程生产智能控制平台，开发窑、磨工况自动分析优化、机器深度自学习等 30 项 AI 算法，赋能先进控制 APC 软件，实现生产线全局寻优、智能最优控制，提高产量、质量，节能减排。平台主要功能如下：

- 熟料质量预测、窑况及异常工况辨识、看火视频量化识别及烧成系统全局系统寻优，并搭建异常工况处理规则库；实现风、煤、料、窑快速匹配和优化；
- 生料质量和窑况闭环控制，实时读取生料和熟料自动检测数据，根据在线检测的熟料率值等自动修改在线分析仪和 DCS 的生料配比，减少熟料率值波动、稳定窑系统热工制度；
- 烧成系统与余热发电系统运行联动，实现智能控制及实时参数的双优动态平衡；
- 精准 SNCR 脱硝智能控制，实现超低排放并降低氨水用量；
- 实现生料磨、煤磨系统智能控制及一键启停，趋近无人值守。

3. 生产管控数字化建设

依托数据+业务双中台，围绕全流程一体化质量管控平台、生产运行、能源智能管控系统、设备智能运维平台及电子化安全环保、物流仓储管理、精益生产及生产辅助决策分析、三维数字孪生交互平台、远程运维平台等功能模块，建设生产管控数字化 MES 平台。

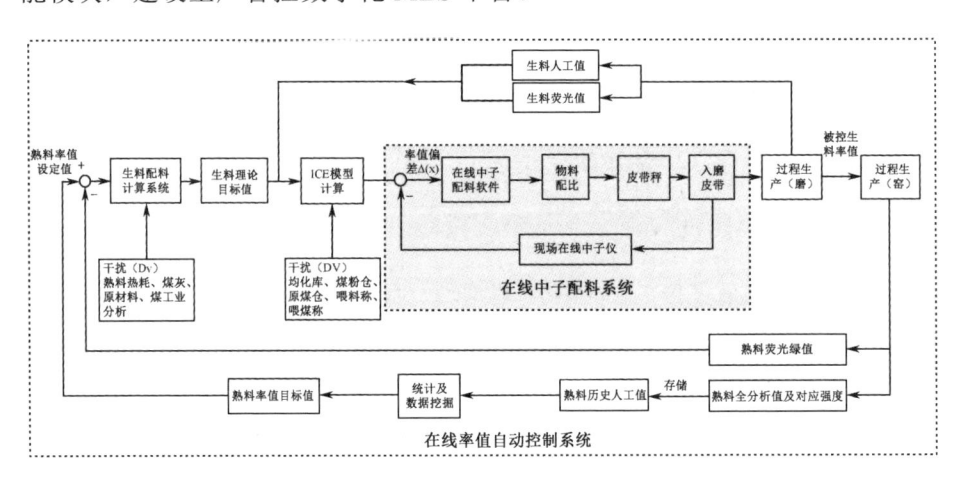

在线熟料率值和生料配比自动调整控制

4. 能源管控系统平台

通过在线采集能源消耗数据、生产运行数据实时计算监测生产线、班组及主要耗能设备的能耗数据及综合能效水平，可以实现在线窑系统热工标定和能耗异常分析；能耗指标超限时的自动提示和报警。通过系统展现的实时和历史能耗动态信息和变化趋势，分析能源使用过程中存在的改进空间，为节能工作提供有效的分析和诊断工具,并生成各种能耗统计数据和管理报表,为实施能效对标、设备及人员绩效考核提供科学依据。

槐坎南方7500t/d在线热工标定系统性能指标			
窑系统热效率(%)	61.79	预热器收尘效率(%)	98.4
冷却机热效率(%)	76.65	全窑系统漏风总量(Nm3/h)	-13678.26
冷却机冷却效率(%)	93.79	单位熟料用风量(Nm3/kg.sh)	1.75
出冷却机熟料温度(℃)	85.2	C1出口温度(℃)	246.3

智能在线热工标定

5. 全流程一体化质量管控平台

硬件设备包括全自动化验室及在线检测仪器,如生料成分、粒度在线分析仪,在线熟料游离钙分析仪、热生料分解率分析仪、窑尾高温气体分析仪、窑头火焰高温摄像、熟料库3D库位扫描系统等。一体化质量管控系统包括生料质量闭环控制算法、烧成工序关键指标高频检测等,在大数据算法平台上,实现从熟料质量到风、煤、料、窑速匹配到原材料配料全流程的自动闭环控制,生产操作与质量检验电子化联动,解决了常规独立的小回路调控模式数据无法共享、对生产指导不足的行业痛点。

6. 全生命周期设备智能运维平台

整合主辅机设备振动和温度在线监测点巡检、视频巡检和智能分析、油品在线监测、自动集中润滑等设备运维子系统,融合三精管理及TPM理念,搭建全息设备台账、改进管理模式,实现了设备健康状态在线监测、智能预警、自动发起设备隐患排查、维修工单流转等流程闭环管控。手机端信息推送与机电修车间运维大屏协同,在线巡检与离线巡检无缝集成,大幅降低巡检工作量,提升设备运维质量并提高可靠性。

7. 环保和安全管理智能化

智能环保运行优化和管理系统对生产线各类环保设备进行数据联网和优化控制,并形成电子化考核、实时手机信息推送和报警提示。其中,精准SNCR智能优化控制系统使生产线废气中的NO_x达到浙江省水泥行业超低排放要求。

设备智能运维平台核心功能

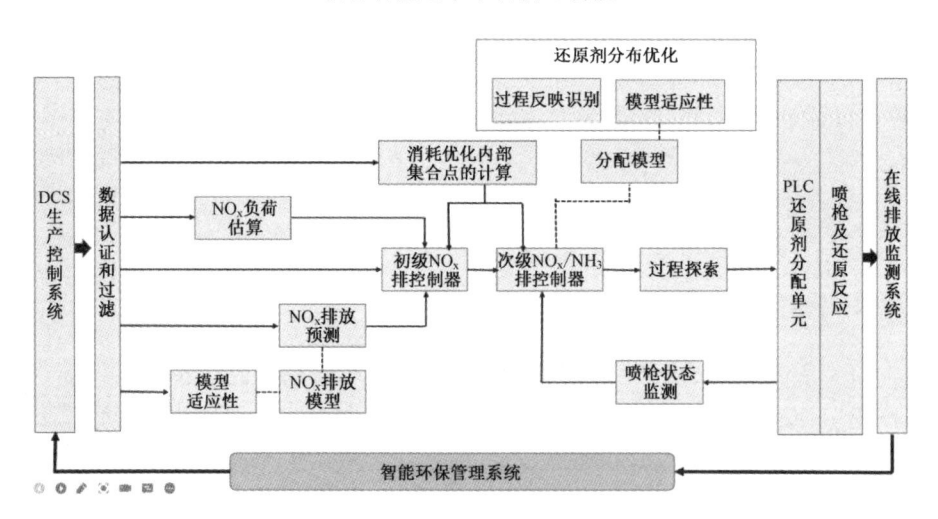

精准 SNCR 智能优化控制系统

安全智能管理系统能够助力企业的员工培训教育、安全生产风险分级管控、隐患排查治理等核心功能，做到"安全管理可视、过程可控、绩效可考"。

➡ 案例特点

该公司智能化绿色工厂建设，集智能检测、智能装备、智能控制、智能生产、智能管理和智能物流于一体，实现了水泥生产企业在智能化领域的重大突破，案例特点主要体现在如下方面：

（1）顶层规划智能装备，构建全流程一体化质量管控平台，关键设备数控化率达到100%，过程质量数据高频检测，以质量闭环控制算法整合过程质量数据，实现智能配料：风、煤、料、窑快速匹配，稳定和优化窑系统工况。

（2）基于"APC+大数据+AI 算法"构建全流程生产智能控制平台，开发应用质量预测、窑况辨识、异常工况规则库及智能辨识、看火电视识别等30 项 AI 算法，实现生产线智能控制、全局寻优。7500t/d 线智能化系统投运以来，全工况智能控制投运率在98.7%以上。

（3）建立涵盖生产、能源、设备、质量、安环、物流等生产运营全流程管控平台，实现生产运营全流程信息化、可视化、数字化，能耗智能分析、在线热工标定及磨机生产调度优化排产，辅助生产经营决策。

（4）设备智能运维平台实现主辅机一体化高效智能巡检和监测诊断，能够触发维修工单流转、派单验收等流程自动闭环管控，以及智能润滑和设备动静态电子台账管理。

（5）智能控制平台与数字化管控平台、大数据平台无缝集成、互联互通，充分体现了整体解决方案、数据融合的优势。

（6）通过将数据共享到公司总部生产管控中心，实现区域协同管控。

实施效果

（1）能耗、环保效果和项目经济效益。

7500t/d 线智能化投运前后的主要技术经济指标

名称	智能化投用前	智能化投用后	优化幅度
吨熟料煤耗（kgce/t）	95.96	94.2	1.86%
吨熟料综合电耗（kW·h/t）	41.42	40.27	2.78%
熟料日产量（t/d）	9403	9450	0.5%
吨熟料发电量；能耗比（kW·h/t）	28.93；3.72%	30.0；3.91%	3.69；5.11%
粉尘排放（mg/Nm³）	1.53	0.78	49.02%
氮氧化物排放（mg/Nm³）	97.73	78.19	19.99%
二氧化硫排放（mg/Nm³）	36.46	23.68	35.05%
产线员工数（人）	85	65	23.53%

该公司 7500t/d 线（5.5m×78m，6 级预热器）日产熟料 9450 吨，按电费单价 0.65 元/kW·h、实物煤价 770 元/吨（不含税），熟料综合售价 400 元/吨左右，并以年运行 310 天作为计算基准，年产生直接经济效益如下表，智能化项目合计投资 4012 万元，回收期 3.12 年。

年产生直接经济效益

分项	节约成本（万元）
降低电力成本	218.98
降低燃煤成本	355.28
余热发电提升收益	203.75
提产效益	292.95
熟料强度提升，降低粉磨成本	351.54
减员增效，降低人力成本	250
合计	1672.5

（2）行业示范作用。

该公司智能工厂全面采用国内外先进智能装备和智能运行管理优化技术，实施效果显著，成本、质量、能耗、环保等各项指标处于行业领先水平，其中，2021 年在 35 条 5000t/d 类生产线对标中，槐坎 3#线熟料标煤耗绩效位列第一、熟料综合电耗绩效位列第二；已部分实施智能化改造的 1#生产线熟料综合电耗绩效位列第一。在环境保护方面，在浙江省水泥行业中提前 2 年实现"超低排放"，生产厂区向花园式工厂发展。企业经济效益提升，2021 年实现利税合计 14.5 亿元，人均劳动生产率 25000 吨/人，其中 7500t/d 线 48421 吨/人，工人劳动强度降低 30%以上，职工幸福指数明显提升。企业综合管理水平的显著提高，使该公司成为国内具有"集约化、绿色化、智能化、高端化"特色的大型现代化熟料生产基地，其中，7500t/d 线作为二代水泥智能化绿色工厂建设的示范线，具备较好的推广前景和社会效益。

（3）复制推广情况。

该公司 7500t/d 熟料线智能化建设已完成并经过一年多的全面投运磨合，实施效果经中国建材联合会组织的行业专家团评定，达到行业先进水平，生产管控智能化效果达到国内领先、世界一流水平，现已在安徽独山南方存量生产线、安徽合肥南方 6000t/d 新建生产线全面推广应用，计划在安徽洪山南方、江苏宜城南方等新建生产线推广实施。案例技术成果在华润水泥、金隅冀东水泥、亚泰集团获得认可并分步落地应用，发挥了示范作用，行业智能化应用效果得到认可，具备较高的可复制性，在全行业推广应用的空间广阔。

07

吴忠赛马新型二代 5000t/d 水泥熟料及配套矿山开采智能工厂

——吴忠赛马新型建材有限公司

企业简介

吴忠赛马新型建材有限公司（简称吴忠赛马）是宁夏建材集团股份有限公司的全资子公司，于2018年6月成立，日产5000吨水泥生产线于2019年3月开工建设，2020年7月投料试车运行。注册资本31000万元，总占地面积约29.6264公顷，员工总数99人。公司主要经营范围包括水泥、水泥熟料的制造与销售，现拥有1条日产5000吨新型二代干法水泥熟料智能化生产线及配套6MW余热发电系统，年产熟料150万吨，水泥100万吨。公司依托宁夏建材集团股份有限公司旗下科研院所的技术积累和研发成果，运用工业互联网串联起企业的生产制造、经营管理和对内对外的信息化服务与支持，将二代新型干法水泥技术和智能化技术集成创新应用于本项目，实现了质量控制自动化、生产控制智能化、设备巡检可视化。

案例实施情况

总体设计

项目总投资6.79亿元，包括矿山开采、破碎、输送到熟料水泥生产的全过程。其中，智能信息化投入约2579.56万元，占总投资的2.96%。2019年3月开工建设，2020年7月投料试车运行。生产线创新应用新二代工艺技术及水泥自动插袋机器人装车系统、智能化实验室、窑磨专家系统、智慧物流管理系统、数字化智能矿山和DCS中控视频巡检系统等智能生产一体化管控系统，MES、GS、e仓储、e安全、OA网协办公等智能管理系统，初步集成融合应用了自动化实验室、窑磨专家系统、智慧物流系统和MES系统，实现了在线产销业务办理、自动取样质检、生产窑磨专家自动控制、自动装卸车、车辆运输监控智慧物流等一体化的智能化、无人化综合管理。

实施内容与路径

1. 数字化生产系统建设

（1）DCS、MES系统集成

将DCS系统与MES系统通过OPC数据共享方式集成到MES管理系

统中，管理人员、工艺技术人员能够实时查看生产运行情况，对原材料进厂数据、生产消耗数据、生产用电耗能、质量控制等数据进行分析归纳，找出设备运行过程工序质量和节能提升空间，及时发现问题并精准施策，提升设备运行效能。

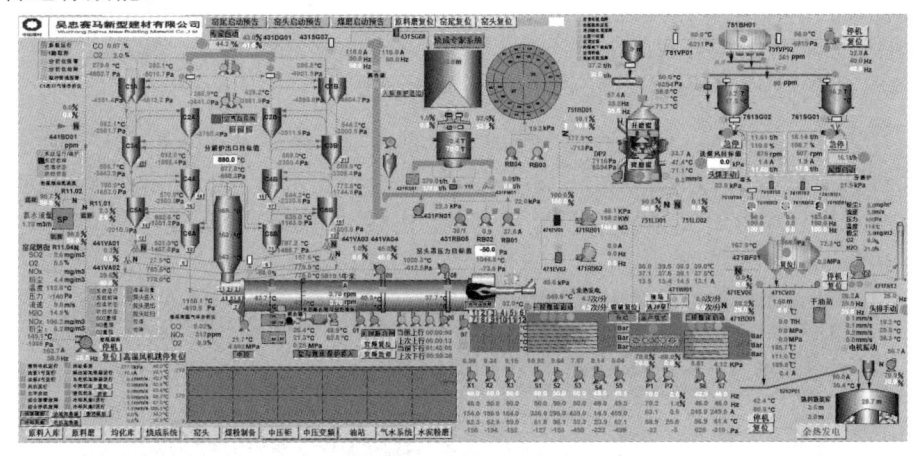

DCS 系统

（2）上线运行窑磨专家系统（NC-EOS V2.0）

窑磨专家系统是基于计算机运用的软件系统，以自动控制方式来完成过程操作，通过数据传输分析，根据控制变量实现风、煤、料等调节变量自动控制，所有被控目标值由系统自行设定并自主追踪、异地动态集中监控，实现自主操作，连续、高频、小幅地逼近最优控制参数。

窑磨专家系统

2. 智慧物流系统建设

（1）地磅无人值守系统建设

通过升级完善"一卡通"地磅无人值守系统，司机不需要下车即可利用身份证自助办理一系列提货手续，提高了数据传输接口传输效率，优化软件功能，与能管系统及"我找车"网络货运平台等系统共享数据，融合更紧密。

（2）数字化"智能仓储"的拓展共享应用

完善"e仓储"管理平台，库房可基本实现无人值守，在库房前装设可视对讲主机，主机通过后台网络与库房管理员的电脑和手机联动，可通过IP可视对讲设备与库房管理人员远程互动，在线办理材料支领业务，达到出入库智能化管理的目的。

"e仓储"管理平台

（3）"我找车"网络货运平台

通过不断升级优化"我找车"网络货运平台，优化App的各项功能，改进地图应用，车辆定位更加精准，运输路径更为完善，打造了包括原材料采购、产品销售、物资倒运、运输监控、自助服务、仓储管理等业务一体化的智能化、无人化、可视化的综合管理平台。

3. 数字化管理系统建设

（1）集团统一开发的采购管理平台、GS财务共享中心系统

通过建设网上电子采购管理平台，与供应商协同，快速精准执行供货、发货计划，具备网上对接客户直发功能及移动操作功能；采用浪潮GS财务

共享中心系统，实现财务核算智能化与财务结算流程化、模块化、自动化。

（2）"e 安全"预警管理平台

通过完善"e 安全"预警管理平台，提供隐患排查、作业票办理、安全风险警示提醒等多项功能，实现安全隐患登记、作业票移动办理、手机移动端审批等，提高了安全作业审签效率，并可以将全厂安防信息及时推送给管理人员和现场人员。

4. 智能包装装车发运系统

智能包装装车发运系统由自动灌装包装机、自动插袋机和智能装车机器人组成，机器人模仿工人的工作方法，完成插袋、灌装和装车全过程，全面引进智能机器人自动装车技术，有效避免因人工包装、装车产生的职业病。

水泥智能包装装车发运系统

袋装水泥自动插袋、机器人智能包装装车系统

5. 数字化矿山建设

通过完善数字化采矿系统、卡车智能调度系统、多元素在线分析仪系统、视频监控系统，在统一的时间坐标和空间框架下，将矿山信息资源全面、高效、有序地分析整合。由数字采矿软件统一管控，实现矿山开采指挥调度智能化，资源综合利用最大化和矿石质量稳定。

数字化智能矿山系统

6. 智能化实验室建设

该公司引进集成美国赛默飞世尔公司中子活化化学成分分析技术、英国奥普泰克公司激光衍射粒度分析技术、荷兰思百吉公司的 X 光谱分析技术、丹麦史密斯公司的智能机器人控制技术，实现了石灰石化学成分、入磨原料化学成分的在线检测，出磨生料自动取样、送样、制样、分析及粒度在线检测，建立强大的数据库，对接 DCS 系统，打通数据通道，实现信息共享。

智能化实验室

智能化实验室集成

⟶ 案例特点

（1）集成 DCS、MES 系统、窑磨专家系统，现对生产控制系统的远程监视、远程服务，应用先进的智能化控制技术，实现工艺设备参数自动调整，能耗实时在线分析改进，自动配料系统实时分析生料的化学成分，通过生料配料系统自动调节生料配料。保持了生产管控的工艺质量、设备运行台产、能耗等指标的稳定，生产技术和管理水平得到提升。

（2）自动化实验室通过借助精准安全操控的智能机器人控制技术，结合气力炮弹输送系统和化验室机器人取样分配系统，由在线 X-Ray 衍射分析仪完成化学分析。通过在线 X-Ray 衍射分析仪，实现自动取样、送样、制样、分析及粒度在线检测，形成一套水泥生产智能化实验室整体解决方案，降低了人力成本，优化了质量控制效果。

（3）通过实施自动装车控制系统，有效减少粉尘排放和污染，提供了更加人性化的工作环境；物流系统模仿人的智能，借助"我找车"物联网平台激活运力资源，以车找人、人寻物的需求进行功能定位，通过运价实时监控和比对，用新技术堵塞供销管控盲点，以北斗定位、智能锁应用等措施，精准解决原料及产品等物资配送问题。

（4）通过 GS 系统与智慧物流、e 仓储系统融合集成，加快了原材料、工矿配件、产成品、运输交付结算等流程的速度，实现个性化定制和外部系统集成，与多样化的外部数据进行对接，实现了数据共享，提高了 IT 部门的工作效率。

实施效果

通过以新二代水泥技术应用新型"数字化高效生产管控能力"能力建设，打造以数字化、智能化、高端化、绿色化为主题的智慧工厂，公司内控能力、抵御风险能力全面增强，经营质量不断提高。

通过 DCS、MES 系统、窑磨专家系统的集成应用，产品一次性废品率降至 1% 以内，工艺质量管理高效精细、能耗显著下降（吨熟料综合电耗降至 42kw/h，吨熟料标准煤耗降至 92kg 以内）。

通过无人值守智慧物流系统及客商自助服务平台，为供应链管理中存在的客户对账、结算、质检信息反馈等问题提供个性化自助服务，客户送货、提货更加便捷，供提货手续可以随时在手机上远程自助办理，单车进厂到卸货或提货出厂时间从 2 小时缩短至 50 分钟以内，单次过磅时间从 3 分钟缩短至不足 1 分钟，客户满意度进一步提高。

智能信息化技术的应用为公司实现扁平化管理、一体化运营提供了支撑，生产组织模式和运行效率发生了颠覆性的变化，实物劳动生产率 150 万元/人，员工人数 99 人（生产线员工 65 人），较行业正常水平下降了 64%，销售、地磅和库房人员优化率为 86%。

通过打造智能工厂，劳动生产率得到提高，为公司高效安全生产提供管理决策参考，为内外部协同沟通、开拓市场助力，投产运行以来，经济效益不断攀升，2020 年投产当年即实现盈利 910 万元，2021 年实现盈利 7333 万元。

08

节能门窗生产系统智能制造工厂

——河北奥润顺达窗业有限公司

企业简介

河北奥润顺达窗业有限公司成立于 1988 年，秉承"让建筑更节能，让生活更美好"的愿景目标，长期根植于节能门窗与绿色节能建筑的研究与应用。30 余年来，该公司实现了从节能门窗到超低能耗绿色建筑的跨越式发展，已成为世界领先的超低能耗绿色建筑全生命周期系统集成商。2011 年，公司被河北省工信厅认定为"河北省两化融合示范企业""河北省两化融合重点企业"，2013 年被科技部认定为为"高碑店国家建筑节能技术国际创新园"，2014 年成为"首批工业化和信息化融合贯标试点企业"，2016 年被科技部列入"河北·京南国家科技成果转移转化示范区"，2019 年通过"两化融合管理体系评定"。

案例实施情况

门窗制造属于典型的离散制造业，与连续性制造相比，门窗制造行业的特点在于行业没有标准化产品，生产的最终产品往往由多个零部件再经过一系列相对连续的工序加工、组装和检测而成，大多数企业依赖技术工人手工操作。不同生产线、不同人员加工的产品质量参差不齐，直接造成门窗制造成本提升，整体很难做到有效管控。

该公司为提高现有节能门窗生产系统的生产效率、降低能源消耗，投资 2000 万元新建节能门窗智能制造生产线，实现了对现有节能门窗生产系统智能化、信息化、节能化的升级改造。

总体设计

通过项目实施，实现了系统销售接单到门窗入库发货的过程设计与控制，缩短了订单拆解时间，将原来按单加工的模式调整为混单生产的模式，节省物料，提高了生产效率，进一步提升了公司节能门窗定制化产品服务信息化水平。

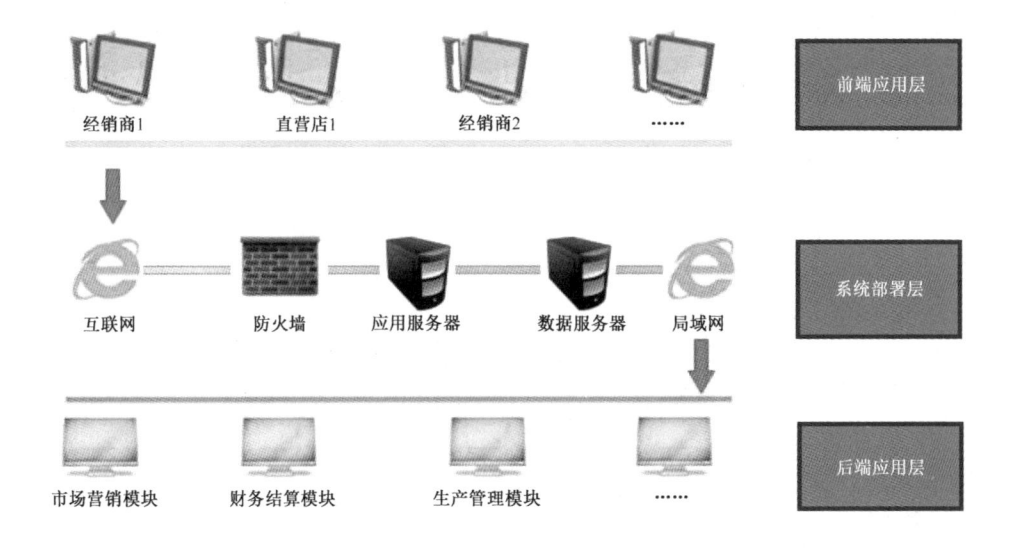

总体构架图

1. 工厂总体设计

通过三维建模、系统仿真、设计优化和模型移交，实现基于模型的工厂规划、设计和交付，提高设计效率和质量，降低成本。

（1）车间/工厂数字化设计。应用工厂三维设计与仿真软件，集成工厂信息模型、制造系统仿真、专家系统和 AR/VR 等技术，高效开展工厂规划、设计和仿真优化。

（2）车间/工厂数字化交付。搭建数字化交付平台，集成虚拟建造、虚拟调试、大数据和 AR/VR 等技术，实现基于模型的工厂数字化交付，打破工厂设计、建设和运维期的数据壁垒，为工厂主要业务系统提供基础共性数据支撑。

2. 工艺设计

（1）通过制造机理分析、工艺过程建模和虚拟制造验证，实现工艺设计数字化和工艺技术创新，提高工艺开发效率，保障工艺可行性。

（2）离散型工艺数字化设计。应用计算机辅助工艺过程设计工具（CAPP）和工艺知识库，采用高效加工、精密装配等先进制造工艺，集成三维建模、仿真验证等技术，进行基于模型的离散工艺设计。

（3）流程型工艺数字化设计。建设工艺技术系统和工艺知识库，结合原料物性表征、工艺机理分析、过程建模和工艺集成等技术，开展过程工艺设计与流程全局优化。

实施内容与路径

1. 技术方案

项目对现有铝包木生产线下料、物料流转、铣型、喷漆、成装、控制等环节进行改造，实现节能门窗生产系统智能制造升级，改造内容如下：

（1）木型材加工实现半自动上料；

（2）喷漆工艺由人工操作改为机器人操作，喷漆工艺路线电脑软件化；

（3）成装采用立式成装线，提升工作效率；

（4）通过引入 6M 集成软件，实现从订单管理到售后服务全流程的信息化管理。

2. 主要设备方案

项目新建节能门窗智能化生产线，购置全自动备料线、木窗自动生产线、机器人自动喷漆线、成装智能立式流水线，并购置门窗生产智能执行系统软件。

主要设备清单

序号	工序组	设备名称	数量	单价
1	全自动备料线	自动优选锯	1 个	96 元
2		自动传送线	1 个	45 元
3		自动上料机		
4		自动送料机		
5		木材输送带		
6		输送（缓冲）台		
7	铣型	木窗自动生产线	1 个	750 元
8	喷漆	机器人自动喷线	1 个	138.7 元
9	成装	成装智能立式流水线	2 个	240 元
10	管理软件	MS-6M 门窗智能制造集成管理系统	1 个	280 元
总计		7 个		1549.7 元

案例特点

相较于门窗行业传统的生产模式，本案例的先进性和创新性主要体现在以下几个方面：

（1）生产过程自动化。全开放性智能化门窗生产技术系统，采用全开放性的加工方式，具有较强的应用性，生产过程自动化。该技术木窗生产线采用全自动化的加工模式，机械手臂自动上料，端头自动化加工及纵向加工，机械手自动下料，产线生产不需要人为干预。

（2）全柔性加工模式。既能迅速实现小批量的木窗零售市场定制化散单生产，同时也能在极短的时间内转化为适应大批量工程订单生产的生产模式。

实施效果

企业效果优化

项目实施后改变了传统门窗的生产加工模式，极大地提高了生产效率，实现了门窗制造智能化。

项目实施前后效益对比

序号	工作	改造前	改造后
1	木材下料	人工搬运效率较低，安全性、可靠性较差	半自动上料，生产效率提高45%，相同产能减少50%的人工，安全系数提高30%
2	木材刨光铣型、流转	单机加工靠人工、运输车流转，半成品物流方式较传统，浪费人力，容易出现呆滞品	由传统的单机加工改造为流水线技工，线下没有半成品积压，节约物流转运车辆70%以上，减少人员周转量65%，设备软件自动记录数据快且准确，不良品率下降3%~5%
3	CNC数控铣型	需要四面刨、开榫机、周边铣型等设备混合加工，加工周期长，运输量较大，人力、物力浪费较严重	多台设备加工改造为1台设备加工，加工周期缩短至原工期的35%。相同产能情况下减少周转车辆/工具约45%、电费节约30%，人工操作较之前下降40%，不良品率下降3%~5%
4	喷漆	人员手工喷涂效率低、受光线、人员技能水平影响，容易产生色差，同时水性漆雾化后浪费较严重	机器人代替人工喷漆，喷漆工艺路线电脑软件化，不受光线、时间影响，一次交检合格率预计提升20%以上，水性漆雾化后约10%左右，经过二次改造磨合预计可节约30%，不良品率下降5%
5	成装	卧式生产线，一组需要5人以上，搬运、组装工作量较大，劳动强度大，物资存放不固定，物流信息较大，容易出现找不到物资，加工效率较低的现象	立式成装线，1~2人即可进行全部作业，依靠设备立式作业，劳动强度下降40%，周转速度提升15%以上，物资存放在固定位置，物流信息单一明确，有助于提高工作效率，立式调试模拟安装后使用效果好，不良品率下降3%~5%

续表

序号	工作	改造前	改造后
6	信息化	传统的人工统计，开会筛查信息费事费工	通过全流程的信息化管理，减少会议数量50%以上，信息传递及时率提升50%以上，由传统的统计员报工改成工序电脑报工，及时准确

➡ 行业示范作用

通过项目实施，节能门窗制造由传统制造向"互联网＋智能制造"升级，形成了"互联网＋门窗"智能制造的门窗定制化生产模式，为我国门窗行业由传统粗放型向节能化、现代化转变积累了宝贵的实践经验，符合制造业"互联网＋智能制造"的发展趋势，促进了门窗制造业的转型升级。

➡ 复制推广情况

案例复制推广的对象为门窗制造业领域，适用于传统门窗制造升级改造等应用场景。目前，本案例已先后为全国超过350家行业企业提供了模式复制推广技术服务，带动我国门窗制造业由传统粗放型向节能化、现代化转变。

09

陶瓷卫浴智能工厂

——唐山梦牌瓷业有限公司

企业简介

唐山梦牌瓷业有限公司成立于 1999 年，多年来一直专注于智能、抗菌、绿色节水坐便器及配套产品的研发设计、生产销售及出口业务，是集自动化、信息化、智能化于一体的大型民营卫浴企业。公司占地约 55 万平方米，卫浴产品产能 900 万件，拥有多项独家专利技术，并且全部应用到产品当中。

公司是国家级高新技术企业、两化融合示范企业、两化融合管理体系贯标试点企业、绿色工厂、中国陶瓷行业科技创新型先进企业、海关高级认证企业，河北省企业技术中心、研发中心、工业设计中心、外贸出口基地，"monopy"商标被国家工商总局评定为中国驰名商标。

案例实施情况

总体设计

1. 总体设计模型

该工厂的建设围绕智能制造体系进行总体规划，分阶段进行。本方案将针对第一阶段目标，即构建基于网络的 CAD/CAM/CAE 集成技术，实现产品全数字化智能制造平台的建设。

因此，智能工厂的建设将立足平台化、智能化、信息化，引进物联网、大数据、云计算等先进技术，按照高标准、重实用、可发展的建设目标，构建智能制造原型平台、数据采集与监控 SCADA 系统，作为第一阶段建设目标的基础平台，数字孪生智能制造控制系统、仿真实训系统为第二阶段的建设内容。集创新、科研、体验、应用于一体，将专业人才培养、技术实践、产销融合，为传统制造工艺融合应用的高端技能型人才与产业无缝接轨提供支撑；借助互联互通综控平台，打通各机器人、AGV 等不同装备间的数据共享屏障，实现数据采集、数据传输、数据处理、数据挖掘等的集成化管理。同时，发挥基地的软、硬件资源优势，在线教育子平台搭建数字化智能制造功能，融合线上线下，面向社会全面展示具有智能制造技术特点的基地功能，为打造数字化智能制造科研、服务社会的示范性基地做准备。在第一阶段建设的基础上，深入研究数字化设计制造集成技术，即面向产品全生命周期的、网络环境下的数字化、智能化创新设计方法及技术，搭建制造行业产品数字化和智能化设计制造平台，包括自动化、智能化生产线。

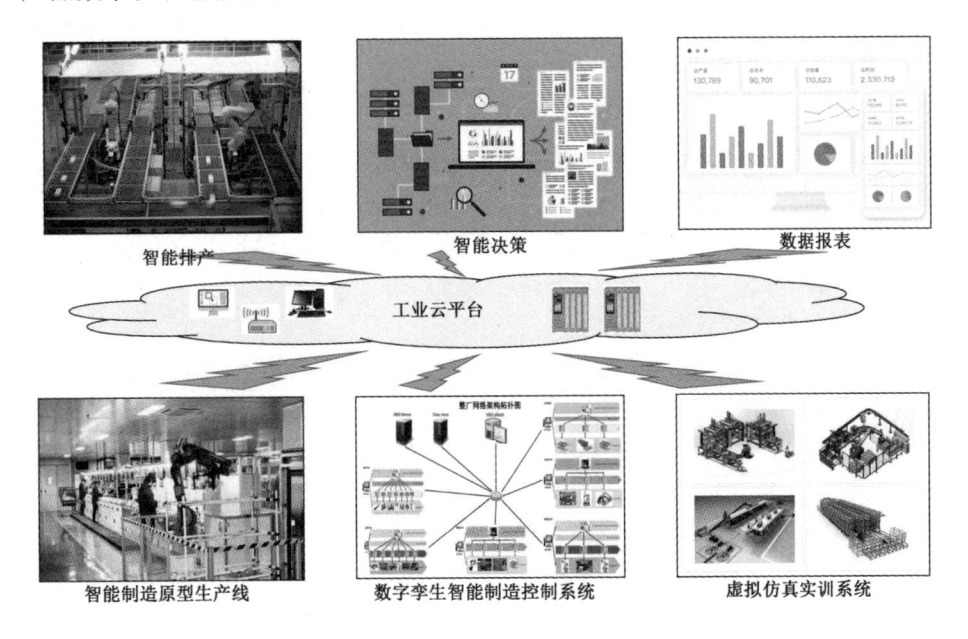

总体设计模型

智能制造是一个多系统交叉应用领域，涉及计算机、机械、控制、自动化等多个领域的知识。根据智能产线建设架构，分别侧重于智能单元与现场设备层，智能制造产线层及工业大数据层，围绕智能工厂这几个层面的关键共性技术开展研究，建设智能制造原型生产线、数字孪生智能制造控制系统。

2. 工程设计模型

（1）卫浴智能制造生产线

以智能高压注浆系统为主要生产设备，综合应用数字化、网络化、自动化等新技术，建立面向智能制造的生产示范工厂，构建涵盖产品研发设计、小中试、生产制造、检验、仓储物流、运维服务全过程的工厂智能化体系。主要的技术服务内容包括智能制造装备与系统的研发，智能工厂规划与设计。

全自动化生产线基于卫浴产品的制造全过程进行搭建，涵盖智能计量配料系统、智能高压注浆系统、条码识别、机器人分拣、自动上下料、AVG运输、机器人装配、视觉检测、产品包装智能测试、自动码垛、智能仓储，以及核心软件系统 SCADA、MES、WMS、PLC 等，通过 SCADA 系统将上层软件系统与底层产线系统进行数据通信对接。整体产线的运行策略由软件系统规划调控，工作执行反馈由底层 PLC 和末端执行机构完成。产线在软件系统的控制下支持边缘计算、产品全生命周期优化、工艺流程优化、柔性生产、软件定义生产、个性化定制、C2M 模式等新技术、新模式的应用，并集成 Modbus、Profibus、ZigBee、Wi-Fi、Wireless HART、MQTT、OPC 等多种通信协议。

（2）产线制造环节

产线由卫生洁具全流程制造环节组成，涵盖原料自动计量入磨系统、智能供浆系统、高压自动注浆系统、智能干燥系统、机器人上下料系统、机器人自动化装卸窑系统、机器视觉的识别、在线自动检测判定、包装自动码垛等离散制造工艺，加上以立体仓库、三轴自动堆垛机、智能 AGV 小车和物料输送线组成的物流仓储系统，形成一个完整的实体生产线。

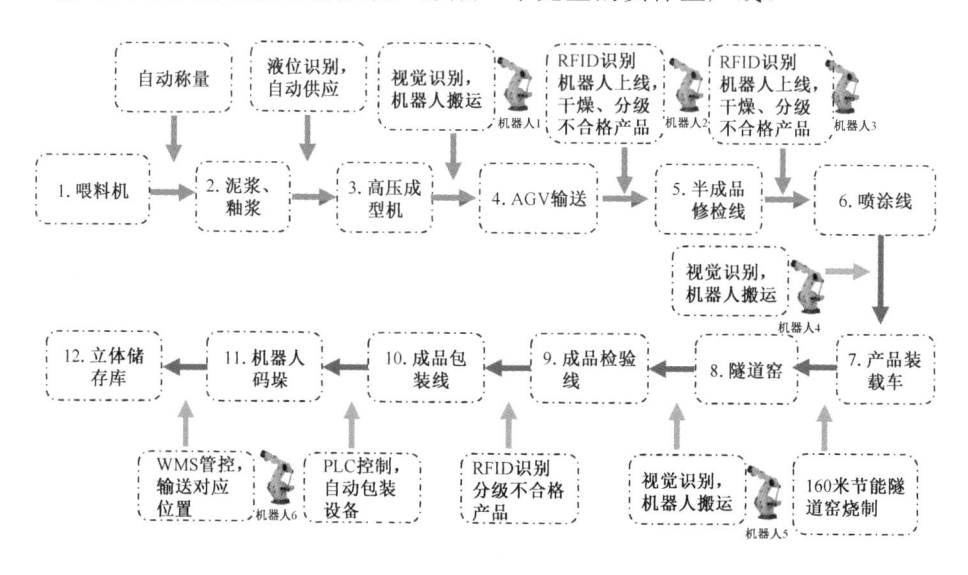

生产线

工艺流程图如下所示。

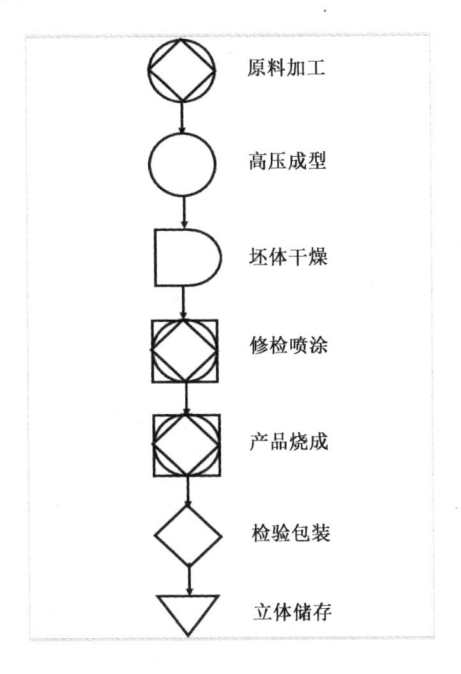

原料加工 → 高压成型 → 坯体干燥 → 修检喷涂 → 产品烧成 → 检验包装 → 立体储存

工艺流程图

···▶实施内容与路径

传统的陶瓷卫浴生产是劳动密集型产业，主要依靠大量手工操作，机械设备自动化程度低，现场陶瓷粉尘多，手工施釉更是对劳动者身体健康造成危害，导致企业生产效率低，用工成本高，产品质量很难得到有效控制，企业利润率较低，在国际竞争中缺乏优势。该公司的陶瓷卫浴智能工厂（梦牌智能工厂）在设计上考虑了上述因素，依靠机械化、自动化、数字化、信息化，打造工业化和信息化深度融合的智能工厂。

梦牌智能工厂利用物联网技术和监控技术加强信息管理服务，提高生产过程的可控性、减少生产线人工干预，集智能手段和智能系统等新兴技术为一体，构建高效、节能、绿色、环保的人性化工厂。

主要实施内容：部署自动上料系统，将原料磨制从人工计量、人工装磨全部改为系统控制接卸操作，数据准确，泥釉浆性能稳定；成型车间全部改造成立浇式自动开模的生产线，并引进世界上先进的意大利 WHITECH 和德国 DORST 公司的全自动高压注浆机；引进日本安川机械人自动施釉，避免了陶瓷粉尘与工人接触；成品包装后自动码垛用 AGV 调度系统将货物运输至全自动立体无人仓库。通过产品全生命周期 PLM 系统管理产品研发，全工序导入生产执行 MES 系统，采集生产各个工序实时数据，为生产制造、计划调度、质量管理、仓储物流、设备管理提供支持，利用企业资源管理 SAP 系统，将销售订单分解为 MES 系统生产订单，通过 SAP 销售订单生成计划排程，分解 MRP，保证物料准确供应。

案例特点

第一，信息基础设施互联，包括生产设备、机器人、操作人员、物料和成品；

第二，有实时系统，可以及时进行信息传输和对接；

第三，从柔性化、敏捷化、智能化到信息化，实现批量生产。

实施效果

梦牌智能工厂建成后，将智能工厂目前年产 240 万件陶瓷卫浴产能与传统工厂比较，运营成本大大降低，产品研发以普通马桶为例，自设计开始到投入量产，平均从 90 天减少至 50 天，大大缩短了上市周期，在陶瓷卫浴行业内部名列前茅，生产效率、原料制造效率提升了 34%。内部物流由人工搬运改造成流水线和 AGV 自动调度系统，效率提高了 51%，半成品破损率降低 6%。仓储按照产能应配备 30 人进行管理，启动全自动无人立体仓库后，只需要 2 名系统操作管理人员，效率提高了 93%。仓库物流取消了人力车、叉车等运输工具和司机，产品破损率从 8‰降低至 0.2‰。由于各个环节的严格控制，减少了人为因素的干扰,产品的合格率从 94.7%提高到 96.1%。工厂运营 3 年安全事故 0 起，工作环境大大改善，注修工、施釉工避免了与陶瓷粉尘接触，工厂废水经过厂内污水处理系统部分再利用，工厂还安装了烟气检测系统，控制窑炉废气的排放。由于工业化和信息化技术的应用，在能耗方面，电能使用率增加了 13%，天然气使用率降低了 6%，水的使用率降低了 8%。

经济效益

梦牌智能工厂深化两化融合，与相同规模的传统生产制造工厂相比，产量增加了 120 万件，销售额增加了 11000 万元，利润增加了 1100 万元。

环境效益

梦牌智能工厂使用自动化设备代替手工劳动，车间供热和窑炉均使用洁净天然气或者电能制热，减少了二氧化碳的排放，也响应了中国二氧化碳排放力争于 2030 年前达到峰值的号召，争取在 2060 年前实现碳中和、建设人类美好家园的目标。污水通过厂区污水处理站净化处理，并采用中水再利用的绿色循环模式。上料系统、喷釉机械人、高压注浆设备的引进，减少工人直接接触粉尘的机会，减少职业病的发生。

社会效益

我国是制造业大国，该公司紧跟智能制造大趋势，用高科技武装陶瓷卫浴生产。梦牌智能工厂的建立将公司的智能制造水平提升到了一个新的高度，充分显示出公司在推进自动化、智能化、信息化产业升级中的态度和决心，为陶瓷卫浴企业数字化转型提供了参考。

行业、区域的产业影响以及示范和带动作用

梦牌智能工厂是目前国内陶瓷卫浴行业自动化、信息化、数字化水平最高的工厂之一，效率显著提升，为陶瓷行业数字化转型提供了样板作业，也为唐山陶瓷卫浴产区智能化改造提供了借鉴。目前，陶瓷卫浴制造出口占全部产能的 40%，智能化生产也使陶瓷卫浴厂商在国际竞争中增强了竞争力。

10 华新水泥智能工厂

——华新水泥股份有限公司

企业简介

华新水泥股份有限公司（简称华新水泥）始创于 1907 年，被誉为"中国水泥工业的摇篮"。近 20 年来，公司主要经济指标年均复合增长率连续保持在 25%，从一家地方性水泥工厂，发展成为在全国十余个省市及海外拥有 270 余家分子公司，涉足水泥、混凝土、骨料、环保、装备制造及工程、新型建筑材料等领域全产业链一体化发展的全球化建材集团，名列中国制造业 500 强和财富中国 500 强。

华新水泥将"传统工业+数字化创新"作为公司四大战略之一，聚焦"工业智能、商业智能、管理智能"三个闭环，坚持自主研发、自主掌控，构建全业务数字化生态，率先探索出了一条水泥工业绿色智能、高质量发展的创新之路，水泥智能工厂方案获得国家建筑材料科技进步一等奖，2020 年，公司上榜工信部"工业互联网试点示范项目名单"。

案例实施情况

总体设计

针对水泥行业生产、运营特点，该公司借助微服务云智能开发平台 CAP 和华新一站式数据治理平台两个平台完成支撑工业智能、商业智能和管理智能三大场景各分子系统的开发，构建华新水泥数字化生产运营总系统。

华新水泥打造的数字化生产运营系统，聚焦数据驱动业务，通过智能的管理运营（IT）推动生产层面的执行（OT），利用已形成的数据资产，打通工业、商业和管理边界，构建横向到边、纵向到底的数字化体系，增强网络的协同能力，实现监控预警、指挥调度及快速决策，帮助华新水泥取得了显著的节能减排、降耗增效的效果，同时为水泥乃至建材行业的智能制造与数字化转型树立了榜样。

华新水泥数字化生产运营总系统架构图

⟶ 实施内容与路径

1. 制造模式数字化转型

（1）注重自动化系统的改造与优化，降低生产难度

华新水泥利用 APC 技术打造一整套水泥生产智能操作控制系统，通过 APC+AI 对水泥回转窑、水泥磨、原料磨、煤磨进行自动控制。一级控制器主要包括喂料量、头煤、尾煤、篦冷机推速等控制器，二级控制器则通过判断工艺参数的变化，对各个控制点通过人工智能或专家策略控稳，实现自动化设备的智能自动控制，有效解决了原料均质波动产生的问题，还降低了操作工人的作业难度，减小系统波动，提升系统稳定性，保证质量稳定。

（2）高质量发展需求推动质检数字化应用

华新水泥通过应用在线检测设备、自主研发 TES（TIS&EMS）数据库及质控平台，通过分析、开放压力机、工业分析仪、量热仪、定硫仪等化验室设备数据端口，实现水泥强度和煤热值数据自动上传 TES 系统及样品检测工单的自动生成，样品检测数据关键指标及各个仓库的库存值在平台展现，实现化验室检测自动化、数字化，解决人工录入数据作假、人工检测数据不准等问题，更重要的价值在于，通过数据互联，实现了质量的闭环管控。

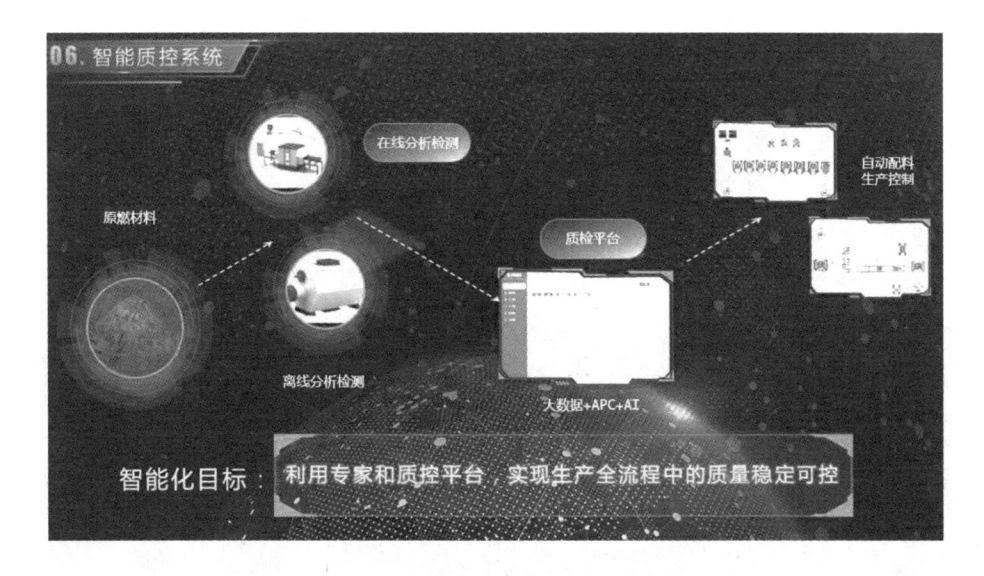

华新水泥智能质控系统

（3）数字赋能预测，保障设备连续生产

华新水泥采用趋势分析方式，在大幅降低项目成本的同时，实现设备24小时不间断监测预警，保障了连续生产。在实现方案上，以禄劝工厂为例，生产现场共安装近千个无线传感器、有线传感器、有线终端及网关，通过数创中心自主开发智能巡检系统与DCS系统联通，采集设备振动、温度及液位等数据，实时掌握设备运行状态，通过实时监控、趋势预测、实时报警，降低了设备故障率和维修成本。

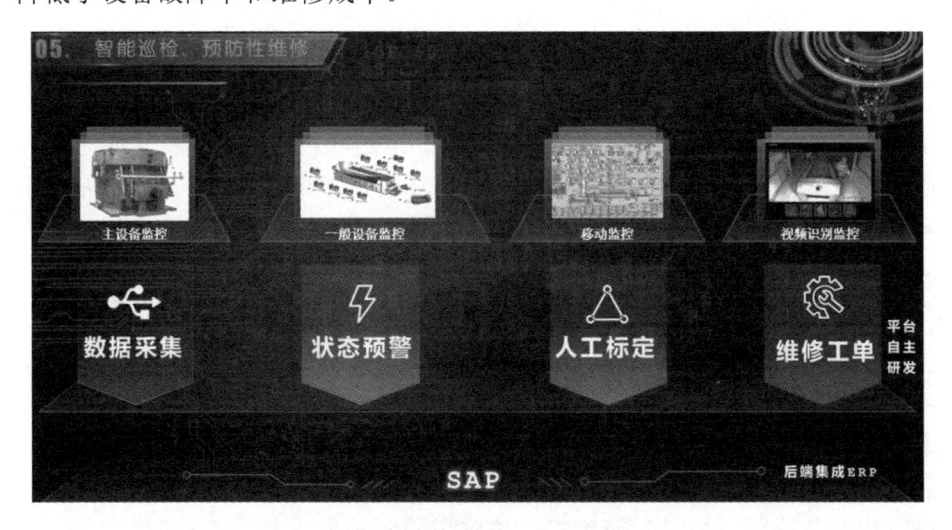

华新水泥智能巡检

（4）人工智能助力工厂安防

华新水泥结合环境安全要求，自主研发和优化了多种AI识别算法，通过部署AI算法服务器，接入普通的多路摄像头，可快速识别安全头盔颜色和佩戴状态，完善区域入侵、人员类别（工厂内部、外来人员、第三方等）识别、危险区域上下车监督、下料区域靠近等预警功能，实现违规自动抓拍，系统能将消息和图片自动推送给相关区域负责人和中控人员。

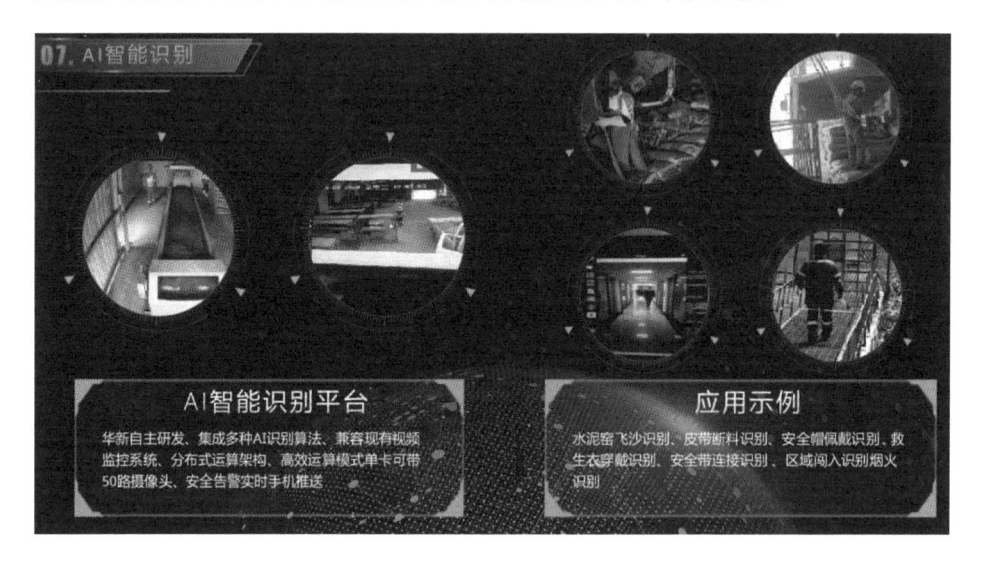

华新水泥智能安防

（5）能源监控与循环利用，增强可持续发展能力

华新水泥构建了集过程监控、能源调度、数据分析和生产优化于一体的企业级管控平台TES，并与ERP系统高度集成，建立以数据为依据的能源消耗评价体系。透过监控系统，实时了解准确的能耗状况，一旦发现问题可以在第一时间纠正，从事后纠正转变为实时监控、事中控制。公司热能的循环利用、用能优化优势，在削减成本的同时，增强了可持续发展的能力。

2. 运营模式数字化转型

华新水泥自主研发的企业级一体化云应用软件研发平台CAP（Cloud Application Platform）架构灵活、高度集成、可扩展性强，基于平台开发营销、采购全流程管理、物流标准化、共享服务中心等水泥运营数字化系统，与主数据平台无缝对接，打造华新水泥商业智能，实现端到端价值链的全面集成和业务透明，提升运营效率，增强风险管控能力和成本控制能力。

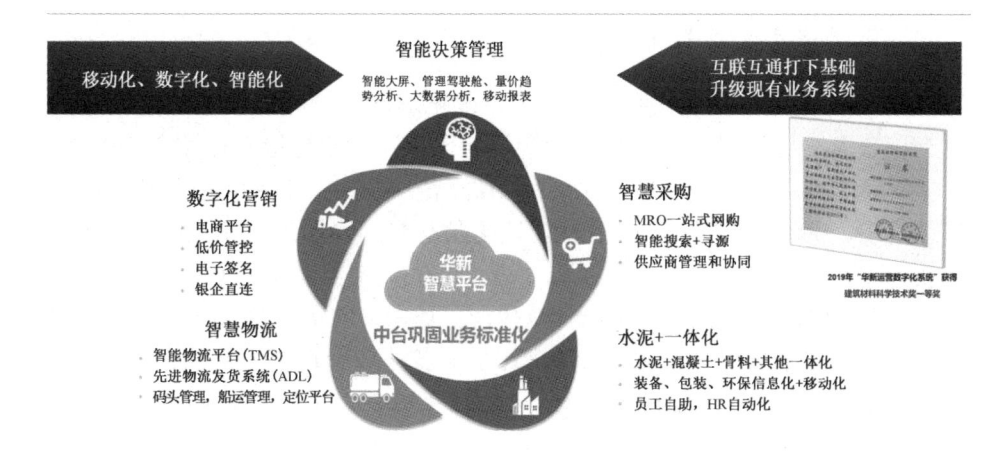

华新水泥智能运营平台

（1）"互联网+"优化营销服务体验

华新水泥自主研发的华新营销数字化系统，应用覆盖签约客户服务、各级经销商服务与管理、产品运输服务及零售业务服务等业务，通过打通合同、订单、支付、发货等全业务流程数据，实现营销业务的闭环管理。相关方可以通过网页、App、微信等多种方式灵活处理，使合同签订、开具发票、对账等业务执行更加便捷，相关方可即时获取相关数据信息。

（2）智慧采购连接供应链网络

华新水泥通过打通第三方采购公共平台，建立了统一的采购全流程管控平台。整合供应商管理系统（引入天眼查）、招投标系统、采购管理系统（引入公信平台）、华新网购平台（引入平台电商）、备件共享平台，引入社会公信或平台资源，创新传统采购管理模式。通过一站式网上采购，使采购效率大幅提高，合同签署盖章时间由原来的 7 天降至 1 分钟，收货完成率在 94%以上，对账完成率在 96%以上。

（3）以数据驱动打造从进场到装运的智慧物流

基于华新水泥物流发货作业的标准化流程，打造"无人—无卡化"智慧物流。水泥发货系统与工业互联网应用深度集成，数据及指令稳定高效传输，实现精准的提货调度和秩序管理。系统不仅可以自动称重计量，还能实现对客户的信用控制。利用编码与追溯，简化了发货流程，提高了发货效率，产品真伪及流向查询方便快捷。此外，还大幅减少了司机上下车的次数，改善提货的体验。

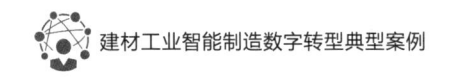

3. 决策模式数字化转型

数据已经成为企业最重要的资产，数据驱动下的智能决策正逐渐成为制造企业资源优化配置的利器，决策智能化正在重塑制造企业核心竞争力。

华新水泥通过数字化技术不断变革经营管理、生产运营，由此获得源于信息系统、设备、传感器、供应链，甚至是社交网络的结构化数据、半结构化数据和非结构化海量数据。华新水泥建造了覆盖七大业务（销售、采购、物流、水泥生产、混凝土生产、骨料生产、环保）的实时数据展示大屏，将各层面获取的数据展示出来，赋能执行层面各业务管理的决策。各业务每天的晨会地点已转移到数据管控中心，数据管控中心的监控室俨然成为日常业务的"作战室"。

⇒案例特点

1. 明确数字化是长期战略和竞争力提升工程

华新水泥总裁李叶青指出："传统企业的数字化转型不直接产生经济效益，但能够提高企业生产运营管理效率，增强竞争力，在复杂多变的市场环境中快速响应、赢得先机，最终实现公司的长远战略规划，这才是数字化转型的真正目标。"正因为数字化的回报是长期性的，短期内需要先投入人力物力，所以管理层对此形成统一认识，将其作为"一把手工程"推行。

2. 创新性建设数字化"上层建筑"

华新水泥勇于进行数字化"上层建筑"的建设。首先是创新数字化组织架构，大胆组建数字化创新中心，合并IT、OT、数字化团队，将原有的职能部门转型为业务部门，以专业的人才、专业的产品开发和运维方法，为数字化创新服务。在此基础上建立了完整的云生态软件开发、人工智能研发和工业自动化技术研发系统。

3. 自主研发、自主掌控，培育核心竞争力

依托清晰的战略蓝图，在"自主研发、自主掌控，培育核心竞争力"的路线指引下，华新水泥开创了一条独特的数字化转型之路，确保"智能+水泥"战略转型的可持续性，赋能企业创新发展。

实施效果

华新水泥在水泥行业率先推行数字化建设，通过核心业务全面应用数字化、IT 与 OT 融合，构建横向到边、纵向到底的数字化体系，利用数据驱动业务，在激烈的竞争中取得优势，实现高质量发展，业绩保持每年大幅增长。

通过商业智能、工业智能、管理智能，该企业为国内水泥行业企业的数字化转型树立了标杆，通过自主研发与实践，形成具有水泥行业基因的、成功的数字化建设方案，并有效解决水泥行业特有的社会问题，具有显著的社会效益。

对内而言，华新水泥通过多重数字化技术的融入，创新生产制造体系，提高产能和产品质量的稳定性，提升生产现场的作业安全性，解放人力，优化员工的工作体验，以卓越的运营，扩大自身的竞争优势。在业务运营层面，从业务痛点出发，利用数字化技术不断推出与各利益方相关的新服务，优化用户体验，实现连接及端到端价值链的创新。无论自动化、数字化还是互联化，由这些技术带来的数据已实实在在地成为各层级业务决策的基础。

通过数字化转型和智能工厂建设，企业的信息化管理由局部应用走向全面综合应用，由粗放管理变为精细管理，从而显著提升企业的管理水平和综合竞争能力。据不完全统计，全流程的数字化、智能化应用已经在华新水泥 50 多家水泥工厂推广应用，客户满意度提高约 16%，采购综合成本降低 10%~20%，采购业务处理效率提高 25%~30%，发运效率提高 43%，水泥综合能耗平均下降约 4%，行车生产效率提高 100%，质检生产效率提高 50%，生产设备巡检效率提高 4 倍。

11 元筑低碳智能制造加气混凝土示范工厂

——浙江元筑住宅产业化有限公司

企业简介

浙江元筑住宅产业化有限公司以建成国家级住宅产业化示范基地为目标,积极响应国家大力发展建筑产业化和装配式建筑产业总体战略的号召,努力打造集技术研发、设计、生产、销售和施工服务一体化的专业基地。基地项目计划总投资约 12 亿元,分三期建设。

一期项目主营预制混凝土(PC)构件的研发、设计和生产,引进国内先进的多功能 PC 构件自动生产线、全自动钢筋加工线等生产设备,设计年生产 PC 构件 10 万立方米,产品覆盖装配式建筑中所有 PC 构件。

AAC 生产线切割区

二期项目于 2021 年建成投产,主营 AAC 板材的研发、设计、生产和施工,设计年生产 AAC 板材 40 万立方米,引进全球领先的 AAC 板材机械设备和技术研发供应商——荷兰艾尔柯瑞特公司生产线,采用先进的自动配料系统、自动蒸养系统、全自动网片焊接系统,产品工艺精确性、生产过程安全性及智能制造信息化等方面在同业中具备显著优势。

三期项目为 AAC 装备机械制造及总装集成项目,于 2021 年下半年动工建设,该公司将艾尔柯瑞特公司 AAC 设备研发与制造方面的领先技术引入中国,致力于为客户设计和提供具有创造力的交钥匙工程和尖端工厂技术。

案例实施情况

总体设计

该公司低碳智能制造加气混凝土示范工厂引进全球领先的 AAC 板材机械设备和技术研发供应商——荷兰艾尔柯瑞特公司生产线，配备国际领先的自动化配料系统、独特的卧切技术、自动化蒸养系统、全自动网片焊接系统，成功实现 AAC 智能制造生产线年产 40 万立方米的产能规模，自动化、智能化、信息化达到预期水平，生产产品品质稳定，其独特的超光滑切割技术达到国内领先水平。

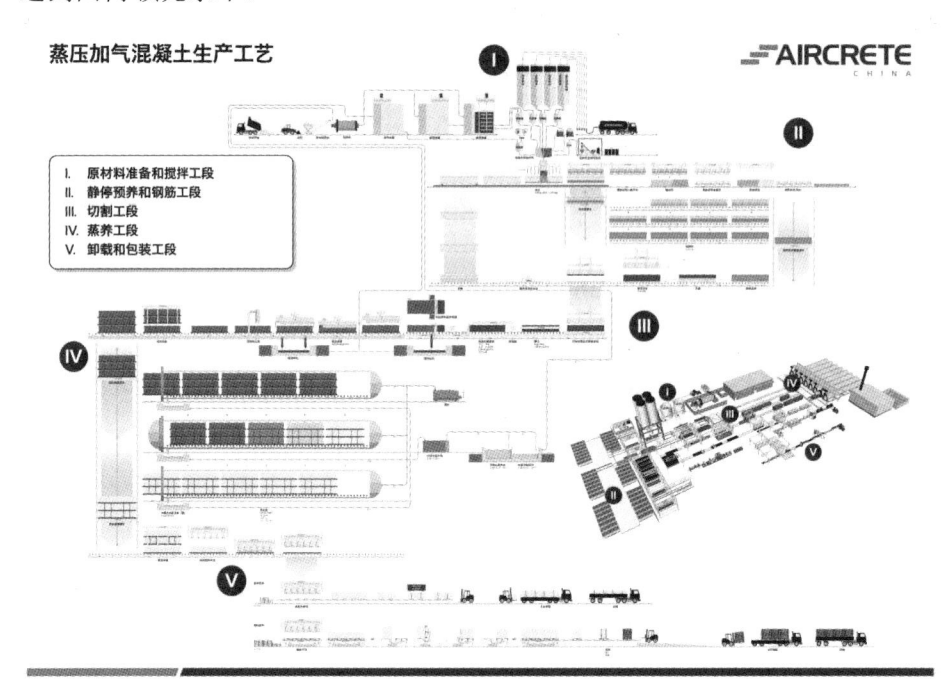

蒸压加气混凝土生产工艺

AIRCRETE CHINA

I. 原材料准备和搅拌工段
II. 静停预养和钢筋工段
III. 切割工段
IV. 蒸养工段
V. 卸载和包装工段

总体架构图

实施内容与路径

该公司示范工厂拥有从生产管理到设备再到客户完整全面的控制系统。先由客户在客户端下达订单，系统数据导入工厂，再协作制订相应的生产计划，传入控制网络中，协同场地网络分布到各个控制点位，实现远程控制生产，最后将生产中的信息直接反馈给客户，实现数据的实时共享和生产透明。

AIRCRETE 智能化配料系统可真正做到一键计算配方，高精度计量所需原材料。整个过程由 SCADA 系统进行自动控制，操作员只需根据生产计划选择产品容重、模框尺寸。同时，采用 AIRCRETE 独有的可移动模具门技术，可达到整模生产全板材的理想状态。

可移动门板

坯体切割采用独有的双线高频卧切工艺，直接切出超平滑平面，精度可达正负 1mm。切割完后也不需要掰板，就能批量生产超薄板材（3.5cm/5.0cm/7.5cm）。

在能源利用上，公司采用欧洲主流的节能环保技术：蒸汽导气技术，在蒸压釜打开前，把蒸汽导入另一个需要加热的蒸养釜里，循环利用余热；无水排放技术，合理化用水。将蒸养釜中的冷凝水进行特别回收，用于料浆制备和配料系统添加，实现工厂零排放水。同时配备了余气回收系统，真正建成绿色低碳环保工厂。

公司加强融合现代化智能化的研究，将现代化、智能化融入 AAC 生产过程，完善自动化生产过程中智能型工艺控制技术，运用现代化管理对工艺流程、产品和质量、物耗、能耗、物流和成本管理等实行全方位、智能化管理，整体增强公司的控制力，提升运营效益。

公司加强技术装备换代的研发，以整体生产线自动化水平高、加工精度高、产品适应性强、长期运行稳定、智能化融合为目标进行研发。该公司于 2021 年下半年动工建设三期项目，即 AAC 智能制造装备总装集成基地，通过技术消化吸收，批量实现 AIRCRETE 先进装备的国产化，致力于为客户设计和提供具有创造力的交钥匙工程和尖端工厂技术。

案例特点

智能化特征：SCADA 系统自动控制整个工厂的运行（配料工段、钢筋组网工段、坯体切割工段、蒸压工段和成品打包工段），数据采集与监控系统可以在本地或远程控制工业过程，监控、收集和处理实时数据，利用工业数据库跟踪分析生产全流程。

SCADA 系统为生产过程中的数据及订单信息设定不同的管理权限，仅对工厂管理人员开放相应功能，避免错误操作造成的数据损失，制定了完善的安全管理制度。同时将工厂网络分为外网与内网，保证数据安全和系统稳定。

依托互联网、云计算、大数据和专家数据库，实现装备应用信息反馈、远程软件升级、远程故障诊断。板材产品工厂化定制，现场对号拼装。

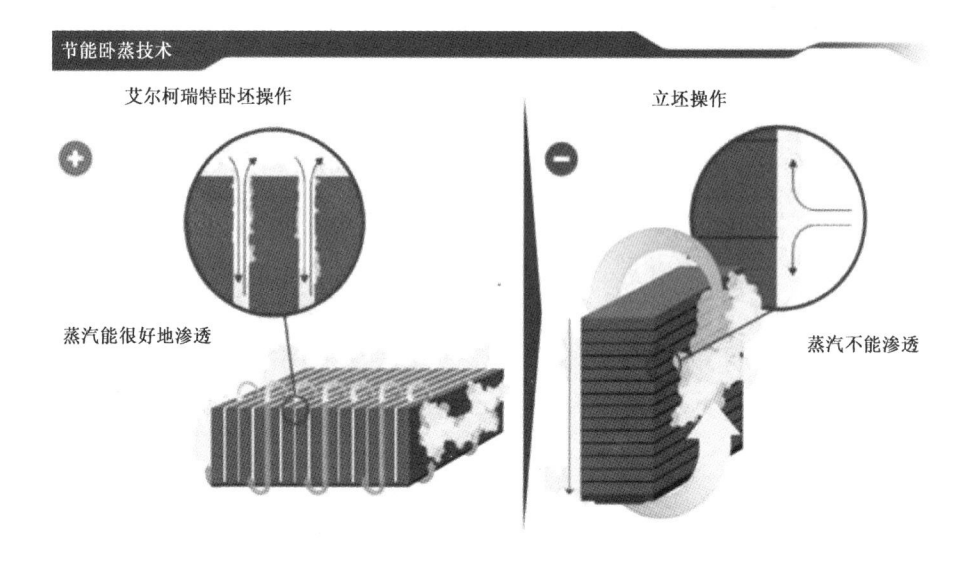

独特的卧切优势

公司建立全新的中控系统，在生产线的各个重要控制环节增设监控设备，以区划分，通过网络将画面传入中控系统中，再结合生产系统中的控制网络，实现远程控制，将中控大厅打造成集控制、管理、监控为一体的信息化、数字化、智能化控制中心。

新一代信息技术应用：在模具物流中使用边缘计算，包括模具门机械手和预养区域；在机器之间进行即时通信，使工厂能够在生产中快速调整生产计划。

■ 实施效果

该公司示范工厂成功达到 AAC 智能制造生产线年产 40 万立方米的产能规模，自动化、智能化、信息化达到预期水平，生产产品品质稳定，其独特的超光滑切割技术达到国内领先水平。在 AIRCRETE 工艺下，板材多规格的成品率能达到 99%，在薄板生产中尤为突出。

原材料制备高效环保、适应性强，在进行电子配料时，采取人机分离中控室操作；浇注搅拌无级变速动力降低；切割速度加快，切割精度提高；自动化钢筋制备，防腐与烘干机械化；配置浇注后预养护和釜前预养护；蒸压养护自动化控制，能耗降低，冷凝水全部回用；自动化分拣包装。环保设施与生产线配套，全线实现自动化，切割机智能化，还实现了板材自动裁切与数控加工，产成品率提高。

AIRCRETE 被公认为全球领先的 AAC 板材机械设备和技术研发供应商，其生产线为市场带来的最重要的创新之一是超光滑切面切割系统，可为各种应用提供基于 AAC 的解决方案，独特的水平切割生产科技可带来超光滑、超薄加气板材。公司采用欧洲 AIRCRETE 工艺的 AAC 示范生产线，其技术装备水平与国内同行业相比领先 10~15 年。

该公司 AAC 示范工厂具备加气混凝土制品生产、建筑应用、装备制造和科研设计的完整体系，集智能生产、设备、运维和管理为一体。其 AAC 装备加工精度高、运行平稳耐久性好、自动化智能化水平高、系统配套性好，先进性和数字化水平达到国际一流、国内领先，起到很好的示范和引领作用。可通过持续完善、迭代和提升，在建材行业内大规模复制推广，成为我国建筑节能和墙体材料革新的重要力量，为固体废物资源综合利用和墙材绿色发展做出突出贡献。

AIRCRETE 工艺的提升与拓展，以切割机为核心技术，以化繁为简、提高效率、节能减排为突破，融合信息化和智能化技术，其 AAC 技术装备达到世界领先水平。该公司 AAC 示范工厂以工业固体废弃物为主要原料研究生产配方，将提高资源利用效率作为技术创新与研发的主要目标；以提高零部件和整机装配精度，全线联动衔接精度一致作为技术装备提升的主要支撑；以提升蒸压釜自动化控制技术作为降低生产能耗的主要途径；以大气污染物排放指标达到世界先进水平作为配套设施完善的标准；将信息技术和智能技术融入 AAC 生产线，引领我国 AAC 工业达到世界领先水平。

12 宜兴新能源智能工厂

——中建材（宜兴）新能源有限公司

企业简介

中建材（宜兴）新能源有限公司成立于 2016 年 10 月，是凯盛科技集团有限公司旗下上市公司洛阳玻璃股份有限公司控股的混合所有制企业；职工总人数 751 人，管理层 81 人，基层人员 670 人，专业技术人员 120 人，专业从事光伏玻璃尖端产品的研发、制造和销售，自主研发的超薄光伏玻璃厚度 2.0mm 及以下产品的各项指标均达到行业领先水平。

公司已成功量产世界最薄的 1.5mm 光伏玻璃；具备面板生产能力每年 2030 万平方米，背板玻璃生产能力每年 2090 万平方米。公司被认定为高新技术企业，已经通过 ISO9000、工信部两化融合贯标企业认证，并成功入选江苏省两化融合试点企业；承担了 2018 年度工信部智能制造新模式项目；荣获江苏省示范智能车间、江苏省五星上云企业、苏南国家自主创新示范区潜在独角兽企业荣誉。

案例实施情况

总体设计

1. 智能工厂总体设计模型

智能工厂总体设计是基于 ISA-95 的工厂模型，采用 3DMAX 建模建立生产标准模型，并定义对象间的关系。工厂模型由实体模型、工程模型、工艺模型及布局组合组成，能够完整体现整个工厂设备的组成、产品、工艺及生产管理逻辑，构建虚拟化的数字工厂，为生产执行、模拟仿真奠定基础，工厂实体建模使用虚拟布局平台，进行布局规划，建立厂房结构、生产单元、生产线、生产设备、生产资源等的数字模型，并通过统一的设备模版标注设备属性、显示设备执行步骤和过程，实现工厂生产资源的数字化。

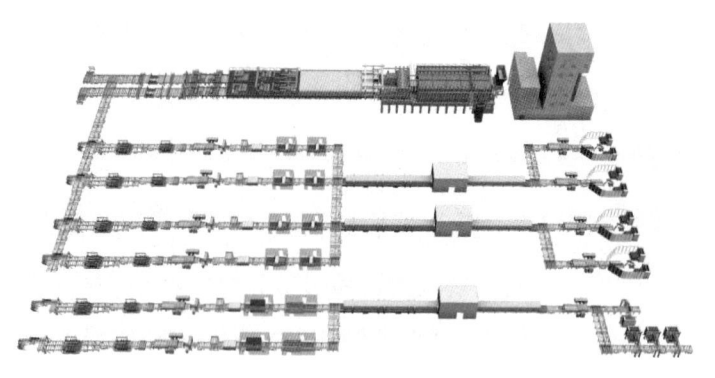

智能工厂总体设计模型

2. 智能工厂总体架构设计

智慧工厂数据接口平台软件融合了网络监控管理、节点校时、多级缓存、流量控制、断点续传、立体网络缓存调度、穿网闸数据传输等多项核心技术，有效保障实时数据采集的可靠性、稳定性、实时性、准确性与完整性。本平台接入系统的控制系统有：中控 DCS、集中抄表系统、APS、MES、ERP 系统。通过对设备运行参数的实时监控，数据的互通集成，以及生产的计划智能排产，实现生产过程可视化，进而实现生产进度智能化管控；通过建立产品规范体系、制造规范体系、数据自动采集，质量自动判断、质量统计分析及全面追溯，实现全流程质量优化。

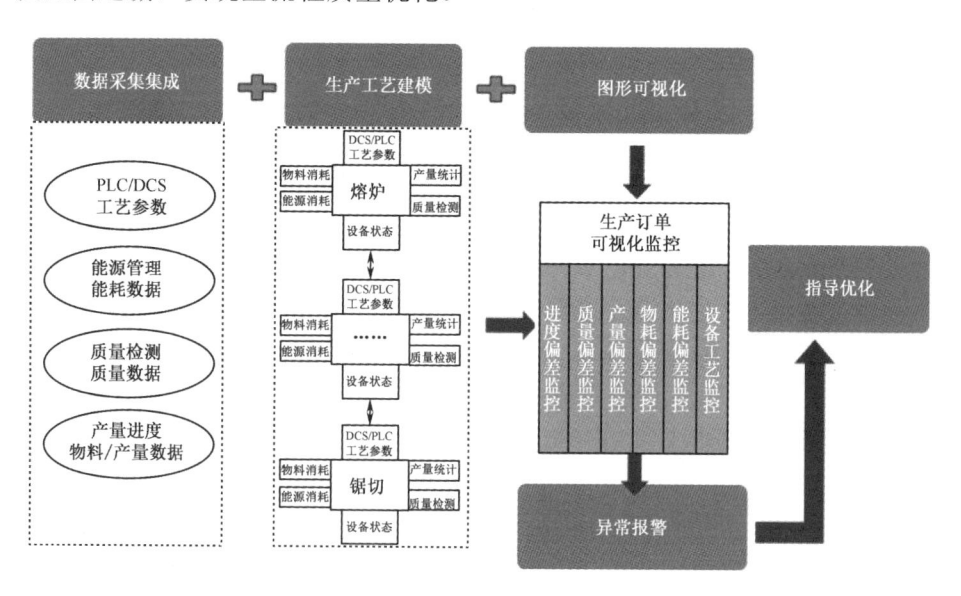

智能工厂架构图

⇒ 实施内容与路径

该公司新能源智能工厂项目围绕协同办公、生产管控、设备管理、安全环保、能源管理、供应链管理、辅助决策 7 个方面开展智能化应用，建设信息物理融合系统（CPS），实现企业生产运营的协同化、自动化、数字化、模型化、可视化、集成化，提高企业办公效率、劳动生产率、安全运行能力、应急响应能力、风险防范能力和科学决策能力，具体建设内容如下。

（1）通过集中、灵活的生产调度，实现对设备、人员、工艺、质量、安全、环保等生产运行情况的集中调度，优化配置，确保生产计划按期、有序、高效地完成。

（2）与生产控制系统集成，以建模为基础，建立智慧工厂，实现设备状态和生产效能的实时监控、过程优化和实时预警。

（3）建立质量标准体系，将质量管理标准融入质量管理过程；通过自动采集质量数据，实现质量在线控制，优化质量工艺，通过对质量异常数据分析，原因追溯，指导工艺优化，保障产品质量达到最佳水平。

（4）通过对设备状态参数进行建模，实现设备状态监测，建立设备故障库、诊断库，对设备劣化进行监视和预测，提前发现设备缺陷，做到防患于未然，为设备检修提供决策依据。

（5）通过实时的生产数据采集，实现对设备的实时监控和动态管理；建立策略化的维修维护体系，实现对设备维修过程的规范化、精细化管理；通过设备分析、诊断、优化，保障设备运转的可靠性和经济性。

（6）分析生产运行设备、质量、综合情况，找出最佳运行状态，挖掘优化空间，进一步提高产品质量，降低运行成本。

（7）建成以业务审批、公文流转为重点的高效办公信息平台，实现新能源内部业务流程的统一、规范管理，全面提高公司运营管理效率，整体提升公司管控水平。

（8）公司的关键经营指标数据通过自定义模板、流程，实现跨组织数据报送、数据接收、数据统计，满足各级管理人员对有关数据的查询、统计、分析需要，数据报表可按报表模板、组织架构等设置角色、权限，同时支持流程管理。

（9）为决策层提供生产经营数据分析和决策辅助，通过对各部门上报生产经营数据系统和生产 DCS 数据的集成，为公司领导提供一个全局视角监控、分析整个公司的生产运营情况，针对主要经济指标的指定情况自动预警，提高公司整体运营效率。

（10）建立以手机、平板电脑等便携终端为载体的移动信息化系统。在保证数据完整性、信息保密性和网络安全性前提下，让授权用户可在智能手机、平板电脑等移动终端登录系统，进行综合办公、生产经营分析、流程审批等，实现办公地点和办公时间的无缝接入，能够提高效率、增强协作、快速决策。

案例特点

（1）实现制造执行系统（MES）、企业资源管理软件（ERP）、决策平台的业务管理应用；

（2）实现一体化平台设计模式建设，通过与生产管理、质量管理、设备管理、发货管理平台的集成，建立统一的数据（DLP 工业大屏智能调度中心）管理软件应用，指导经营决策；

（3）通过采集和控制各采集点数据，实现现场生产总线控制与企业管理系统互联，打破数据孤岛现状，优化工业控制软件集成应用；

（4）实现了网络区域覆盖、设备网络覆盖，以及制品、物料、人员、控制系统、信息系统的工厂网络覆盖；

（5）实现了生产监管现场信息感知与互联集成的网络协议和网络架构应用，建立了系统的流程现场信息实时采集、传输、集成应用模式与模型；

（6）通过行业标准，开发设备管理、远程诊断等业务系统，包括大数据平台、应用开发平台、云管理平台，搭建互联网服务平台，建立了面向战略决策、运营管理、生产作业，集生产、预测、监控、报警为一体的工业云平台；

（7）完善了人工智能技术应用，玻璃全面缺陷在线检测系统，通过深度学习方法、神经元网络模型训练计算，完成多场图像分析，准确识别各类缺陷；系统提供自定义缺陷种类的方式，对未学习过的缺陷进行在线采集并分类，实现人工智能识别缺陷种类的在线应用。

实施效果

通过智能化生产制造系统的构建，保障设备运行的稳定性，降低设备的故障维修率，减少人员维修及操作的安全隐患；通过工业互联网、工业云平台的搭建，有效保障生产线生产工艺数据、产品质量数据的安全；从整体上保证了企业生产过程中的人员、设备、数据及信息安全。通过智能工厂的建设，达到超薄光伏玻璃基板材料 2730 万平方米/年的生产能力，运营成本降低 25.47%，生产效率提高 88.36%，产品不良品率降低 41.03%，实现劳动生产率与人均生产值的大幅提升。

公司项目通过智能制造管理带动了产业内集群转型升级，促进了下游配套设备产业的发展，形成成熟的光伏玻璃自动化产业解决方案供应链，提升了品牌影响力，加速了光伏行业高端化、绿色化、智能化发展，对当地工业转型升级和管理起到了引领和示范作用。项目的建成带动产业内群集，集团内部已有 3 家单位复制推广该项目方案，复制项目包括智能制造装备、核心工业软件、智能生产线、工业互联网平台、智能工厂整体解决方案等，产值达到近 30 亿元，新增就业人员近 2700 人。公司人均产值在国内超薄光伏玻璃基板材料制造行业处于领先水平。2017—2021 年，公司纳税总额由 300 万元提升至 8000 万元，年复增长 200%，为推动当地经济发展做出了巨大的贡献。

13 辽宁山水工源绿色智能工厂

——辽宁山水工源水泥有限公司

企业简介

辽宁山水工源水泥有限公司（简称工源公司）是本溪市建材行业的龙头企业，是山水集团进入东北后收购的第一家水泥企业，也是山水集团在东北最大的水泥生产企业。工源公司前身是国家建材局直属的两家大型水泥企业，即原来的本溪水泥厂和工源水泥厂。

公司成立于1998年7月，注册地址位于辽宁省本溪市溪湖区火连寨寨西路25-8栋，注册资金20亿元，现有工源熟料厂（位于溪湖区火连寨）和工源水泥厂（位于平山区九水街）两个生产地点，具备年产240万吨熟料、120万吨水泥和60万吨矿粉的生产能力。

2020年，公司水泥产量76.99万吨，销售量76.80万吨，矿渣微粉产量46.36万吨，销售量34.84万吨，年销售收入49553.82万元，利税4076万元。2021年水泥产量52.58万吨，销量54.87万吨，矿渣微粉产量37.71万吨，销售量33.25万吨，年销售收入51793.16万元，利税5660.4万元。

案例实施情况

总体设计

本项目通过聚焦生产管控、智慧运营、绿色环保等核心业务，建立标准化、数字化、智能化的数字化管理体系。提高精细化管理水平，打造绿色智能化水泥生产线。建设山水集团东北运营区的生产数字化、智能化、无人少人化、节能减碳的绿色智能工厂。

项目依据企业生产经营的实际需求和具体特点，融合"工业4.0"理念，通过信息系统与实际生产管理的有机结合，实现工厂的高度集成与共享，为管理层提供实时、完整、准确的数据支撑，以便更好地对生产过程进行监测、管理。

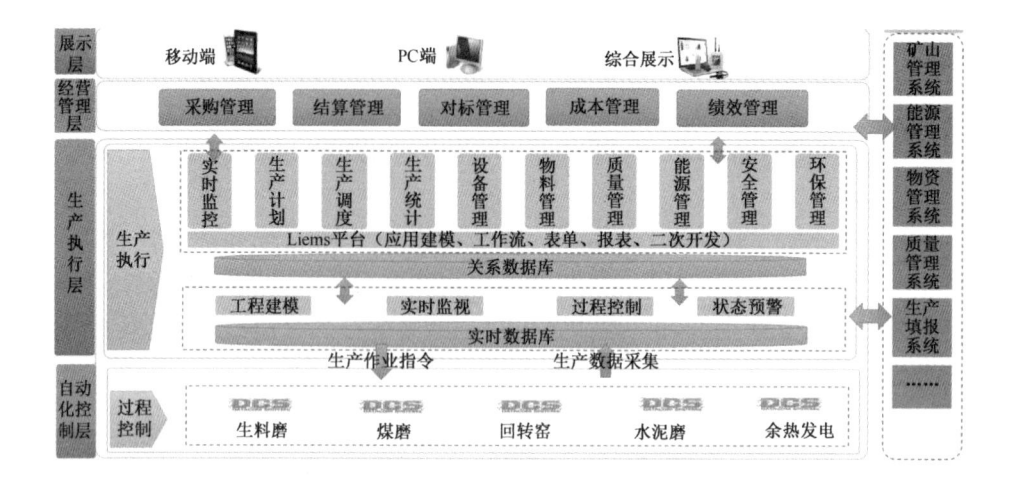

总体架构

➡ 实施内容与路径

本项目采用人工智能、大数据、数字孪生、工业互联网等技术手段，对5000t/d 和 2500t/d 两条新型干法水泥熟料生产线进行技术升级改造，实现工厂运行自动化、管理可视化、故障预控化、全要素协同化和决策智慧化。项目主要建设内容分为以下几部分：

1. 智能化网络改造及大数据中心建设

通过工业网络改造，建立统一硬件部署和统一的数据中心，所有业务数据统一采集和管理，各系统实现互联互通，构建工业互联网大数据中心。

2. 基于数字孪生的智慧管理平台建设

以软件平台为核心，集成并管理所有与生产和管理相关的数据和信息，使 ERP、MES、DCS 等系统高度融合，采用数字孪生技术，实现了生产、设备、人员等的可视化、智能化管理，建设数字孪生的一体化管控平台。

3. 自动化生产线的智能化升级改造

完善现有的技术装备，实施节能减碳的智能化技术改造，打造高度智能化和绿色化生产线。进行蓖冷机四代升级改造，提产降耗的同时实现模块化控制。通过水泥窑电改袋项目，减少粉尘排放，降低电耗，同时实现振打智能控制。

4. 智能化物流系统建设

建设智能物流系统，缓解厂区交通压力、提高物流效率、加强监管力度、杜绝作弊行为、提升客户满意度、降低企业运营成本。

5. 建设绿色化、智能化矿山

实现人员、车辆的智能化管理，通过植树造林、节能减排等形式，抵消自身产生的二氧化碳排放量，实现二氧化碳"零排放"，从源头上保护生态环境。

6. 建设水泥窑协同处置危废和余热发电项目

建设水泥窑协同处置危废和余热发电项目，在污染治理和节能减碳方面符合国家政策，年处理 5 万吨危险废物和 5 万吨市政污泥饼。避免了废弃物产生的环境污染问题，发挥了水泥生产为全社会清除污染的利废作用，符合发展循环经济的要求，助力我国实现"碳达峰和碳中和"的国家战略目标。

⋯➡ 案例特点

项目通过打通各领域数据，消除数据孤岛，统一数据资源，提高决策能力，挖掘数据价值，极大提高厂区工作的效率，推进数字化工厂转型。实现厂区日常运营全领域覆盖，对工厂运行态势全面感知、综合研判。其主要特点为：

1. 全域监测，全态感知

通过对生产、管理、物流、安防等各领域的综合可视化监测、分析，全面感知生产进度，管理效能、物流速度、安防效能等态势，辅助管理者提高生产效率，持续改善管理目标，实现精益化生产。

2. 智能安防，融合指挥

有效整合消防、环境安全、勤务管理等领域信息资源，通过多样化的可视分析手段，实现全方位立体化的厂区安全态势监测和高效人员指挥，提升综合安全防控能力，切实保障厂区安全。

3. 能耗监测，节能环保

实时监控所有节点（生产设备、人员、视频监控）的工作状态，监测各节点的耗用及负荷，针对异常情况及时发出警报；实时、准确地统计生产数据，为改进生产方法、降低消耗提供依据，实现智能预测，辅助管理者提高厂区节能环保效能。

实施效果

本项目作为建材工业领域数字化转型的典型，创造性地从东北地区的经济发展水平、产业结构现状出发，结合水泥制造业的流程性工业特点，提出了东北地区智能化、绿色化的建设思路，完成了高质量发展和先进制造的初步探索，为引领辽宁，甚至整个东北的建材工业发展提供了可借鉴、可推广的成熟模式。

项目通过信息化、智能化手段的应用，在智能制造、绿色环保、节能减碳等方面取得显著效果，通过绿色智能工厂建设，大大提高了企业的生产效率，提高了产品质量，减少了用工人数，提升了企业的智能化管理水平。

（1）通过工业网络改造和数据中心的建设，提升了企业的信息和工控安全水平，采集企业生产数据、管理数据、能源数据等海量数据，实现数据统一、工具统一、多来源数据统一，使数据真正成为资产，为企业的智能化运营和生产提供了支撑。

（2）通过管控一体化的智慧管理平台的建设，提高了管理效益，管理人员不下车间，也能掌握第一手的生产现场信息，实现生产车间自动化、信息化、透明化管理。集中办公+问题处理+协调组织的管控中心模式，大大提高了企业的运营效益。企业生产效率预计提高20%以上，企业的运营成本预计降低22%以上，提高能源利用率12%以上。

（3）生产线的智能化升级改造在降低人工劳动强度，节能降耗等方面作用显著。通过自动化配料、智能化控制，实现了全流程生产一键启停、全程智控的效果，产品质量稳固提高。关键装备数控化率达到90%，生产数据自动采集率达到95%，操作人员的劳动强度降低约70%，节约电耗约15%。设备在线管理系统的应用减少了40%的巡检强度，设备运行周期提高30%。智能物流系统的建设，减少用工50人，满足了东北地区老龄化和人口外移所带来的用工不足的迫切需求。

（4）在绿色环保方面，通过建设绿色智能化矿山、水泥窑协同处置固废系统、收尘系统改造等，并通过信息化、数字化手段进行管理，能够实时监控污染物的排放并进行分析和及时治理，有效地降低了 NOx 排放，实现了 CO_2 的零排放。通过植树造林、节能减排等形式，实现二氧化碳"零排放"，为整个东北地区的绿色发展奠定了基础。

14 江西德安万年青水泥智能工厂

——江西德安万年青水泥有限公司

企业简介

江西德安万年青水泥有限公司系江西省建材集团控股企业江西万年青水泥股份有限公司的全资子公司。现已建设一条 6600t/d 新型干法熟料水泥生产线，配套建设 12MW 纯低温余热发电系统，产能规划为年产水泥 293 万吨、熟料 198 万吨，年发电量为 7050.96×104kW/h，可实现年销售收入 13 亿元、上缴利税超过近亿元。工厂采用了智能工厂大数据集成管控平台，集成能源管理系统、全自动化验室设备在线监测与诊断系统，智能物流一卡通，视频智能分析系统及专家系统等，实现生产管理数字化、设备管理智能化、物流信息一体化、过程控制自动化、视频监控可视化，大幅减少生产线人员数量。该公司为践行绿色发展理念，配套的水泥灰岩矿山采用国家级绿色矿山建设标准，智能控制、智能装备及智能管理方面在国内外建材行业中处于领先地位。

企业周边环境图 　　　　　　　　水泥灰岩矿山

案例实施情况

总体设计

设备层：主要由现场工艺仪表、计量仪表、设备监测传感器及生产设备组成，是生产、工艺、能源、设备运行数据的来源，是智能工厂建设的基础数据来源。利用智能网关实现智能传感器和设备数据的汇聚处理，以及边缘

分析结果向平台的数据传递，为智能工厂实现泛在连接提供坚实支撑，平台可采集与分析数据来源。

IaaS 层：基于虚拟化、分布式存储、并行计算、负载调度等技术，实现网络、计算、存储等计算机资源的池化管理，根据各子系统的需求进行弹性分配，并确保资源使用的安全与隔离，为智能工厂集成管控平台及各子系统提供完善的基础设施服务。

DaaS 层：建立统一的数据管理中心，采集 DCS 系统、设备在线监测及各相关信息化系统的数据。实时数据主要是工厂运行的数据，如生产数据、环保排放的数据、关键设备的运转信息等。

PaaS 层：集成了工业微服务、大数据服务、应用开发等功能。

SaaS 层：该层是平台应用的关键。通过对水泥行业的深度理解，建立智能工厂核心管理应用，在工厂的整个管理中起着承上启下的作用。生产管理一方面将智能运营的指令进行分解并下放到各个车间，另一方面将生产过程中的生产信息进行汇总统计，反馈到运营管理人员，使其能及时准确地了解生产的整体情况。典型的功能包括生产监控、生产计划、绩效管理、质量管理、设备管理、能源管理、库存管理、安环管理、生产统计、三维工厂、智能视频分析、数字化矿山等专业子系统和管理驾驶舱、业务主题分析、日常报表、常用分析、例行报告等。

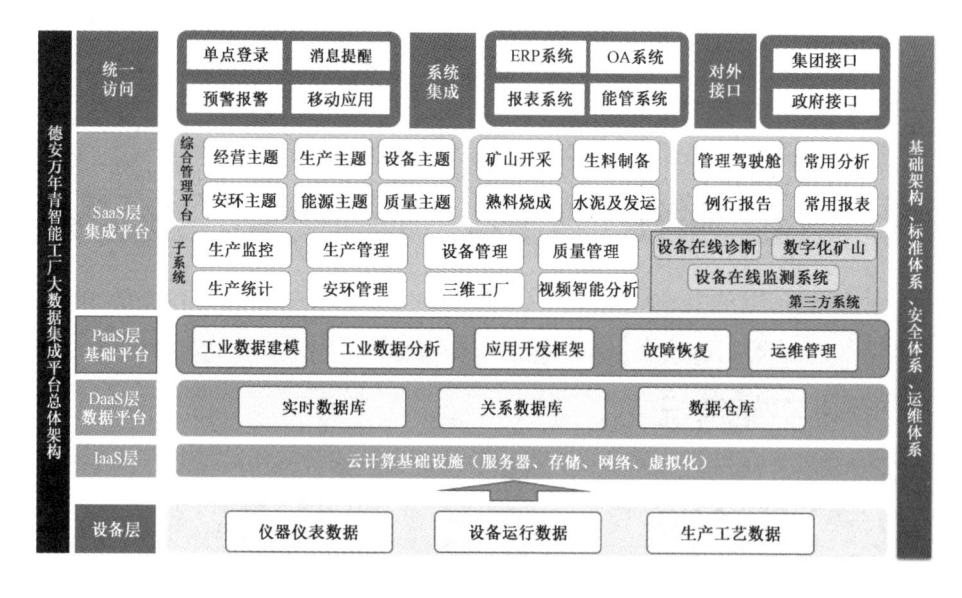

总体架构图

统一访问层：平台基于数据集成管理，建立集成应用，包括单点登录、消息提醒、预测预警、移动访问等。

内部集成：对 ERP、OA、一卡通等系统的集成管理实现数据共享。

外部集成：通过对企业微信等第三方系统提供的云服务实现应用集成。

对外接口：对外接口是平台统一提供对外的数据传输及交互服务，按照数据交互及传输的要求提供对应的数据接口。

实施内容与路径

该公司坚持"创新"发展理念，积极探索数字化工厂路径，水泥生产线全过程采用智能工厂标准建设，建立智能工厂"三大平台"，智能工厂大数据集成管控平台、三维数字化工厂和综合安防管理平台；集成"六大系统"，质量管理系统（全自动化验室）、设备在线监测与诊断系统、能源管理系统、智能物流系统、视频智能分析系统、智能控制系统等行业先进的智能化、信息化技术；现场采用大量智能装备，工厂引进中子在线分析仪、高温气体分析仪、窑头热成像仪、熟料红外测温仪、全自动化验室设备、粒度分析仪、自动包装机、插袋机和全自动装车机等多种智能装备，基于工艺/设备进行定制化的设备检测、过程控制、质量控制，保证生产监控自动化和质量管控自动化。覆盖整个矿山石灰石开采、堆场预均化、原料制备、烧成系统、煤磨系统、水泥磨系统和物料运输全系统智能优化，将公司打造成具有特色、先进可靠的水泥绿色化、智能化示范工厂。

三维智能工厂平台

整个项目从 2020 年 5 月持续至 2021 年 10 月，智能控制、智能管理及智能装备已按计划并且按照施工要求进行考察调研、方案设计、系统招标、软硬件采购、设备安装、调试及运行。聚焦生产管理、设备管控、安全节能、智能、绿色、高端等核心业务，创造性地将物联网技术、大数据分析、AI 技术与传统的水泥生产工艺有效融合，实现工厂装备智能化、数据精准化、运营三维化、平台轻量化、子系统专业化和数据融合化。

案例特点

智能控制：生料磨、烧成系统、煤磨系统、脱硝系统的 APC 先进过程控制，用于优化生产、统一操作思想、节能降耗。

智能管理：针对全厂管理者及员工的智能工厂大数据集成管控平台（生产管理、质量管理、设备管理、能源管理、安环管理、视频分析等）、三维智能工厂平台、平台仿真系统、智能物流系统、设备在线监测与故障诊断系统。

第三方系统：智能物流系统服务于客户，用于原材料进厂及水泥、熟料出厂，实行无人值守。

智能装备：在常规的设备上，从原材料破碎、生产过程控制至包装出厂，装备国内外先进的设备，对生产数据进行实时采集，并参与系统控制。

实施效果

该项目产生的经济效益：聚焦生产管理、设备管控、安全节能等核心业务，创造性地将物联网技术、大数据分析、AI 技术与传统的水泥生产工艺有效融合，实现工厂装备智能化、数据精准化、运营三维化、平台轻量化、子系统专业化和数据融合化。经初步测算，智能工厂投运后，产线综合运转率达 96.3%，劳动生产率提高 21%，带来的综合经济效益达 1200 万元/年。

社会效益：先进的制造技术提高了水泥质量，延长了水泥使用寿命，从而降低了水泥消耗量，降低资源、能源消耗，减少污染物的排放。可比水泥综合电耗 69.65kW·h/t，可比水泥综合能耗 77.73kgce/t，可比熟料综合电耗 50.03kW·h/t，可比熟料综合能耗 97.70kgce/t，上述能耗指标均低于《水泥单位产品能源消耗限额》（GB 16780—2012）国家能耗限额标准先进值。窑头颗粒物 0.67mg/m^3、窑尾颗粒物 0.60mg/m^3、NOx 排放物小于 200mg/m^3 均远低于环保部发布的《水泥工业大气污染物排放标准》（GB 4915—2013）。

人员结构：通过引进智能装备，实施智能控制；采用"三大平台"——智能工厂大数据集成管控平台、三维智能工厂平台和全厂安防管理平台，"五大系统"——设备在线监测系统、能源管理系统、智能物流系统、质量管理系统、辅助设备点巡检及580路视频监测系统，大大提高了劳动生产率，精简了人员，改变了人力资源用工模式，整条生产线员工总人数为70人左右，达到行业先进水平。

"智能工厂"的建成投运，将全面提升装备水平、大幅降低能源消耗，利用新技术、新装备、新配比、新工艺实现熟料煅烧智慧化、管理过程数据化、能源消耗可视化和质量控制最优化，最终实现产品高端化、销售定制化、发运无人化和工厂花园化。

项目投运后，企业节能环保等各项指标将位于行业领先水平，工人劳动强度将降低15%以上，职工幸福指数明显提升，企业综合管理水平显著提高，现场环境面貌焕然一新，在同行业乃至其他企业都具有应用价值。

15

宁化日昌升新材料智能工厂

——宁化日昌升新材料有限公司

企业简介

宁化日昌升新材料有限公司位于宁化县城郊镇，是日昌升集团在福建省布局的产业标杆，充分践行了日昌升集团在行业中提出的全要素高效使用、一二三产联动开发理念和发展模式。

该项目分为矿区、封闭式输送廊道、加工区三大功能区，总占地面积1213亩。设计规模年产机制砂300万吨，项目投产后，有效解决了当地砂石价格高位运行及市场供需矛盾突出等问题。

案例实施情况

总体设计

该公司智能工厂采用工业互联网、数字孪生、智能装备、先进控制、传感器、大数据、人工智能、集散控制等技术，通过生产过程控制的数字化、管理过程的信息化，实现集团销售订单的计划，提高工厂生产、发运效率，对生产全过程进行监控，对设备进行规范化管理，对工序能耗进行实时监控，对质量进行全过程追溯，并通过工厂级可视化看板等方式，提高企业的生产运营管控能力，实现经营生产决策科学化，提高生产经营效率。最终以精益生产为指导思想，以MES系统、ERP系统为助推手段，建立产、销上下游一体化管控系统，打通集团ERP系统和MES系统上层计划与下层控制之间的信息流，提高计划发运调度及生产现场综合管控能力；通过MES系统与PLC/DCS系统集成，打通MES和底层控制系统的信息流，提高自动化水平和柔性生产能力，为未来实现无人工厂、透明工厂奠定基础。

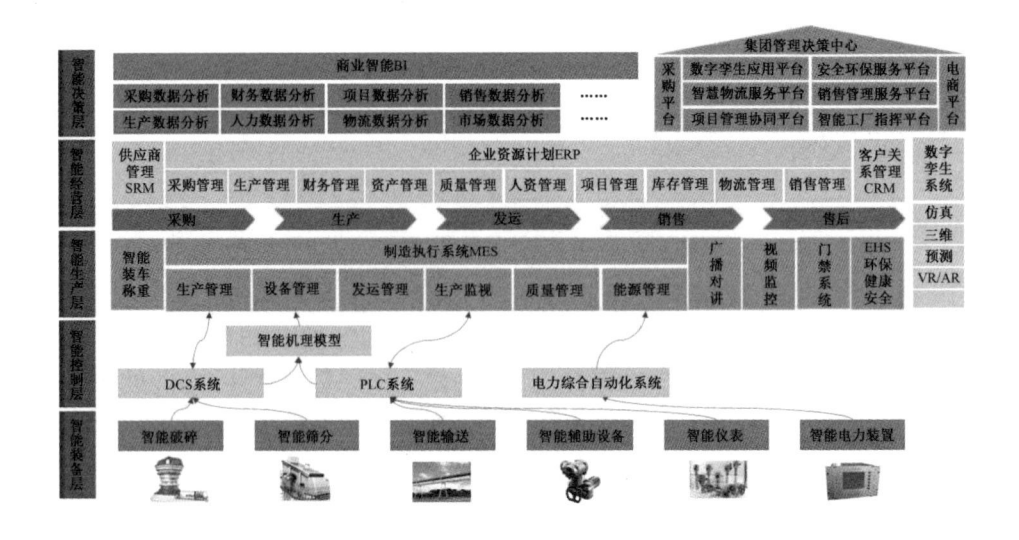

智能工厂架构图

➡️ 实施内容与路径

本案例通过建设针对机制砂石行业的 DCS 集散控制系统、制造执行 MES 系统（生产、发运、设备、质量、能源等模块）、视频监控系统和智能识别系统、集中监控和大屏展示系统、无人自动装车系统、物流发运一卡通管理系统、矿山人车安全管理系统、自动巡点检系统、大数据分析及三维可视化系统等，实现数字化运营，实施内容包含如下方面。

DCS 集散控制系统：涵盖从骨料粗碎到成品发运的整个生产工艺流程下的设备远程监控，以及过程中的仪表数据采集、统计，作为全厂的主控制系统，与主机设备的 PLC 控制系统，水处理系统的 PLC 控制系统等进行数据通信和连锁控制。实现全流程设备远程监控和仪表数据的采集，具备单机、分组、分产线及全厂"一键启动"、优化控制、负载均衡控制等功能。通过集中远程控制，减少现场人员，提高生产效率，降低劳动强度。

制造执行 MES 系统：作为工厂运营管控一体化平台，按照"多路汇集，一路对接"的原则，工厂内各类系统均接入 MES 系统，为生产运营全业务流程提供统一的数据接入和多维应用平台，提供包括生产管理、发运管理、能源管理、质量管理、设备管理、可视化管理等管理模块，实现各系统数据信息共享，从而达到企业信息化高度集成和统一的目标，通过集成应用实现对生产制造过程的智能管控。

物流发运一卡通管理系统：集成门禁系统、自动定量装车系统、无人称重系统，将装车管理中所涉及的物料、车辆、设备、人员的管理细节等信息孤岛联结成一个可靠的系统，实现对运输车辆下单、办卡、进厂、定量装车、收卡、打票、出厂等环节的有效管理，避免装车管理过程中的人为干扰。系统应用 RFID、红外定位、图像识别、视频监控等技术，实现车辆进厂及装车管理标准规范、运作高效可靠、数据自动传输、过程实时监控的目标。

视频监控系统：在逆光、阴暗等不易辨识区域启用宽动态、星光低照等功能，对矿山、长廊道、发运区、工厂区域进行综合智能化监管，实现厂区内重要区域无监控盲点，确保控制中心对厂区的全面监控。采用电子围栏和摄像机相结合的方式实现对厂区周界的智能可视化管理，保障厂区周界安全。

矿山人车安全管理系统：采用"卫星定位+5G 通信"相结合的混合技术方案，实现对整个矿区内人员、开采设备、车辆的实时定位和轨迹查询管理。提高矿山爆破开采时的安全管理能力，避免出现安全事故。

三维可视化系统：通过物联网技术和数字孪生技术建设统一的数据采集、分析和展示平台，实现现场设备、控制系统、管理系统主要数据的实时采集和存储，打通各系统之间的壁垒。采用三维展示方式，实时远程监测设备状态、生产订单执行情况、生产指令的下发。

在智能工厂的设计和建设过程中，主要分为以下四个阶段。

第一阶段：市场需求调研，产线工艺技术方案研讨，可行性方案编制，可行性方案评审，可行性方案确定并启动项目。

第二阶段：项目总体方案设计（工厂设计、工艺布局、装备、电气、自动化、信息化），项目基础建设（厂房、水、电等基础设施建设）。

第三阶段：工厂自动化产线建设，包括 DCS 集散控制系统、视频监控系统和智能识别系统、集中监控和大屏展示系统、无人自动装车系统、物流发运一卡通管理系统的建设。

第四阶段：基于 MES 的一体化管控平台建设、EHS 体系建设，进行项目试生产及整体验收。

⇢ 案例特点

本案例采用集散控制系统、图像 AI 识别系统、智能装车系统等技术完成自动化生产的闭环，实现从矿山开采、生产加工、自动装车发运全流程的智能化运营。通过建设数据采集及可视化系统，工业网络、大数据中心和智能管控平台，完成对 ERP、MES、DCS、PLC 等多系统的融合应用，实现透明化、可视化、智能化的生产管理，建立决策体系。

实施效果

本案例实现了工厂级的自动化集中监控，对现场 90%以上的设备实现远程控制和状态监视，对关键计量点实现 100%的表计计量和数据采集，实现 100%的 PLC 控制系统联网，有效减少现场人员及巡点检人员数量。

通过视频图像智能识别技术和定位技术实现矿山区域的人车定位和爆破边界报警，生产区域的电子围栏和劳动防护监视预警，矿山开采和工厂生产的安全区域管控范围达 80%。

质量管理系统通过原料到产品的全生命周期管理和质量追溯，质量管控程度达到"一批一检"，提高产品的品牌价值和客户信赖度。

通过建立产销协同调度计划体系，打通产销业务全流程，实现从矿山开采到成品发运的全业务流程透明、高效的协同管理，提高发运效率 25%以上，实现产品柔性化调节。

大数据分析决策系统通过多维度数据分析和辅助决策，实现生产数据"0 填报"，打通各系统的信息壁垒，数据共享率和应用协同率达到 95%，为后续项目的设计、建设、运营管理及决策提供实时、高效的数据支撑。

本案例能够成为机制砂石建筑新材料智能制造的设计和集成示范样本，帮助建筑新材料企业实现精细化制造和智能化管理，提高生产效率，提高产品质量，实现节能减排，降低劳动强度，降低建筑新材料的应用成本，在优化生产经营的同时保护生态环境，减少环境扰动，实现工业与自然和谐共生。

本案例作为日昌升集团智能制造数字化转型的标杆案例，已经在集团内部其他工厂进行复制推广和优化迭代，也可以向其他建材工业领域推广输出，实现更广泛的应用，创造经济效益、社会效益。

数字矿山

16 顺兴石场数字矿山

——广州市顺兴石场有限公司

企业简介

广州市顺兴石场有限公司（简称顺兴石场）成立于1999年，是一家民营企业，是广州市东升投资有限公司100%控股的全资子公司，专业从事各种类型、规格的建筑用碎石和高品质机制砂的研发、生产与销售，是广州市规模最大的花岗岩建筑碎石生产企业之一。

顺兴石场于2019年先后投资3.7亿元，完成工业4.0全封闭智能化生产线建设，率广东之先打造出一流设施、一流技术、一流管理、一流服务、绿色安全的生态矿山，成为广东砂石行业绿色生态矿山的新标杆，在矿山开采、环境治理、矿山修复和质量检测等方面均位于全国砂石行业前列。顺兴石场是国家高新技术企业，荣获广东省首批国家级绿色矿山、省级优秀绿色矿山、"全国绿色高质量发展二十佳矿山"等荣誉。

案例实施情况

总体设计

围绕顺兴石场数字化转型升级和企业内部效率的提高，建立统一的系统大框架，全面实现生产监控、设备管理、质量管理、物资管理、成本管理、安全环保、决策指挥等应用。实现信息的自动采集和智能化分析，与企业现有管理系统对接，实现人、机、料等全面监控和管理，实现大屏幕集中监控数据的自动采集和统计汇总，使矿山信息透明化，同时对矿山信息进行整理分析，实现更加合理的生产、维修、管理和销售计划，通过智能决策，提高企业的生产和管理效率，降低生产、运营和管理成本，提高产能和产品质量，提升企业的内在核心动力。

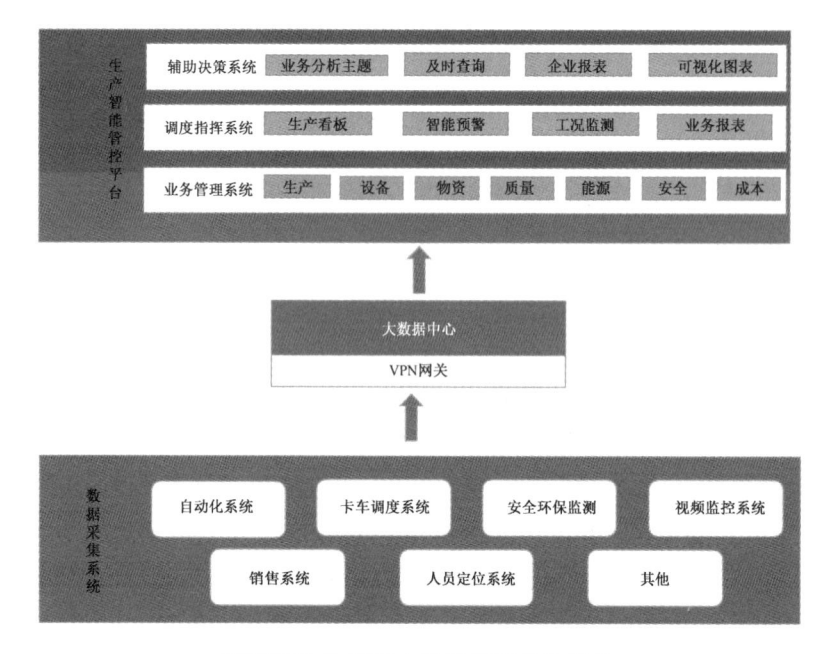

顺兴石场数字矿山系统应用总体架构

系统技术总架构

⇒ 实施内容与路径

1. 实施内容

顺兴石场数字矿山建设积极应用智能技术和智能装备,在开采、加工、运输、销售等全流程全环节及安全生产、生态环保等领域进行了技术创新,实现了高效、绿色环保、智能的矿山建设。该公司应用的主要智能技术和智能装备如下。

（1）三维虚拟仿真

以矿山基础信息、生产数据为基础，结合矿山资源与开采环境建立三维数据平台，为矿场的生产过程和设备运行提供智能监控和管理服务。

矿山三维虚拟仿真画面

（2）卡车智能调度管理系统

实现对卡车、挖机等设备的位置及工作状态的实时跟踪、判断、显示，优化调度卡车运行，及时准确地掌握矿山的生产运行情况，达到优化管理矿山生产过程、提高产量、提高管理水平、节省费用、取得较高经济效益的目的。

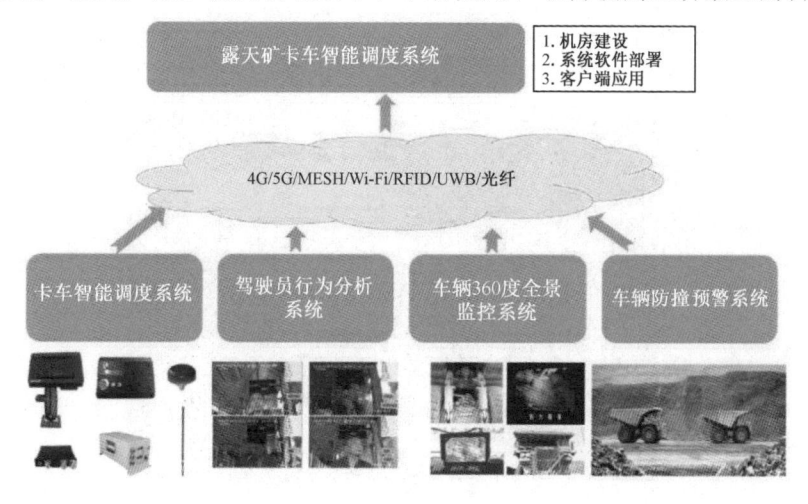

露天矿卡车智能调度系统

（3）室内外一体化定位安全监管系统

应用物联网技术实现企业智能化管理模式，了解不同部门员工具体的工作情况，确认员工是否根据要求进行工作。

（4）智慧矿山安全监测系统

系统能实时、自动监测石场表面位移、降雨量和爆破振动等数据，快速采集数据、存储数据，分析历年的石场表面水平位移、沉降变化等，并及时发出预警。

（5）生产线自动控制系统

控制工业生产中的各种参数，实现过程控制，减少人力操作。

生产线总览

（6）工业电视监控系统

实现对生产、设备、能源、物资等各方面关键信息的实时监控。

中控室视频监控大屏

（7）中央控制系统

对设备的参数进行检测、评估和及时调整，确保生产的正常运行。

（8）全封闭降尘自动化输送系统

整个生产流程与外部隔绝，避免扬尘泄露到室外，减少扬尘。

（9）新型矿车矿石自动装载系统

形成一套高效的骨料销售一卡通智能物流管理系统，实现了精确定量装车，杜绝了车辆超载现象，装车效率更高。

智能装车大楼

2. 实施路径

建设数字矿山系统的目标是及时准确地掌握工厂的生产运行情况，形成生产过程的实时信息监管及决策支持系统，优化生产和管理，提高产量，节省费用，提高工厂的管理水平，从而提高企业的经济效益。

（1）系统数字化集成

通过系统数字化集成，解决相对分散的系统之间存在的信息无法共享等问题；解决信息系统与业务流程和管理流程不统一、系统之间数据传递不一致而形成的信息孤岛问题，使信息系统成为全面共享的有机体，推进企业数字化建设的进程。

通过生产现场设备层、控制层、信息层的集成，实现控制与管理的数据通信与共享，通过管理信息系统软件的应用与整合，实现管理信息系统和生产监控系统的集成，通过生产监控系统控制生产过程，通过管理信息系统控制管理过程，并使两个系统的监测和控制能力通过网络高度集成，并最终能够通过互联网络进行异地远程监测与维护。

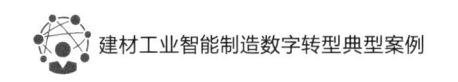

（2）在线协同化生产管控

依托数据积累、开发，不断进行生产相关的业务流程优化，调整、优化生产调度方式，解决企业生产作业计划不断变更，生产工艺复杂、在生产过程中的临时插单、材料短缺等问题，对生产计划、生产准备、执行管理和现场生产过程进行全过程控制。

（3）智慧化经营管理

通过系统将生产各个环节所涉及的企业的全部资源集成，用于共享和统一调度，为经营决策提供支撑，最终达到优化生产管理的目的。

（4）智能监管与审批

运用动态图、表进行分析与预测，对企业生产管理中审批事项的办理进行实时监控，提高督察督办的工作效率。

案例特点

项目具有以下特点。

（1）先进性：生产及经营管控系统建设达到国内领先、国际先进的水平，实现企业数字化转型升级、智能管控和智慧管理。

（2）扩展性：数字矿山应用系统可以随企业内外部环境的变化进行相应调整，在技术上保证三到五年不落后，在应用上满足组织调整和业务流程变更需求。

（3）整体性：数字矿山系统的应用关系到企业生产及经营管理的多方面，它们共同构成一个整体，考虑到各层级对信息化系统的需求、各信息化系统的有机整合以及与生产过程控制系统的融合，确定各个应用系统之间的界限和相互联系，强调整套系统的高度集成。

实施效果

顺兴石场应用大数据、物联网技术，建立了智能化中控系统，实现了生产线"一键启停"，全面实现了破碎、运输、储存、装车等工序的数字化、智能化控制，实现了无人化生产，不仅取得了很好的经济效益和社会效益，而且引领行业变革，成为砂石行业数字化升级转型可推广可复制的应用标杆。

➡️ 效益分析

1. 经济效益

（1）降低可变成本：降低汽柴油消耗约 30%，每年节约轮胎费用约 450 万元，每年节约电费 3%～5%。

（2）提高采场设备出动率 3%，实现车铲最优配比，提高设备实动率 2%。

（3）实现生产现场无人，运行管护人员减少 40%。

（4）推进设备管理的信息化和智能化，车间设备效率提高 30%。

（5）配套信息化技术和管理，有效减少物料消耗，每吨成本降低 1.60 元。

（6）智慧定量装车系统实现了精确定量装车，杜绝了车辆超载现象；装车时间从 5～6 分钟装一车缩短至 2 分钟装一车。

（7）实现设备在线监测和状态分析，提高设备的连续运行能力，降低设备维护频率。

（8）通过车载终端、移动终端、检测监控系统与生产控制平台的结合，实现一人多岗、一岗多能。

2. 管理效益

为企业培养一批有实践经验的智能化工程实施和管理人员，提升公司智能化项目管控水平，增强智能化项目实施能力。

3. 环境与社会效益

（1）数字矿山的实施，减少了作业点的人员数量，降低人员伤亡的可能性，提高应急救援及灾害预控能力。

（2）实现砂石企业与新技术企业的跨界融合，缔造新业态，工业化与信息化之间相互渗透，促进砂石行业的技术发展和进步。

➡️ 行业影响

（1）打破原生产组织模式，以数字化、智慧化的管理为平台核心，调整和完善新型生产组织方式，大量减少固定岗位和巡检岗位，形成新的组织方式，降低管理成本，提高核心竞争力，引领行业变革。

（2）很好地诠释了大数据的应用，实现智能调度、安全生产、提升运营效率和加强风险管理等。

（3）数字智能化应用得到了有效验证，成为周边砂石企业参观的典范。公司每年接待参观人员达 500 人次，成为砂石行业数字化建设应用标杆。

17 水泥用灰岩矿数字化矿山

——葛洲坝老河口水泥有限公司

企业简介

葛洲坝老河口水泥有限公司是中国葛洲坝集团股份有限公司以收购原湖北宝石集团光化水泥有限公司资产为基础，投资建设的一家水泥生产销售企业，成立于 2008 年 3 月，位于襄阳市老河口市洪山嘴镇。公司现有一条 4800t/d 技术先进的新型干法水泥生产线，配套建设了一套水泥窑 12MW 余热发电机组和水泥窑协同处置 500t/d 生活垃圾生产线。

公司采用国际质量、环境、能源和职业健康安全管理体系进行生产和销售全过程管理，生产各品种水泥分别取得了产品认证证书。产品先后用于汉十高速公路、襄荆高速公路、十漫高速公路、郧十高速公路、十房高速公路、谷竹高速公路、十巫高速公路、小漩水电站、龙背湾水电站、潘口水电站及南水北调等重点工程，深受用户好评。

案例实施情况

总体设计

矿山作为公司的石灰石原矿供应车间，全部产品用于水泥原料自给自足。公司结合矿山实际，信息化系统建设需求、功能需求、性能需求，数字化矿山总体架构是集构建信息化基础平台、技术管理平台、生产管控平台、矿山自动化控制系统、综合展示平台于一体的"一平台（硬件）+三平台（软件）+一系统（软件）"。

信息化基础设施：以硬件平台为核心，包括专业硬件（边坡设备、卡车调度专用设备）、通用硬件的建设；

技术管理平台：以矿山专业业务系统软件的集成应用为核心，主要用于三维地质建模、储量计算、资源管理、开采、爆破、配矿等；

生产管控平台：以三维场景的集成应用为核心，重点集成卡调系统，以及用于矿山的生产管理、设备管理、安标管理、卡车调度等数据的综合可视化应用；

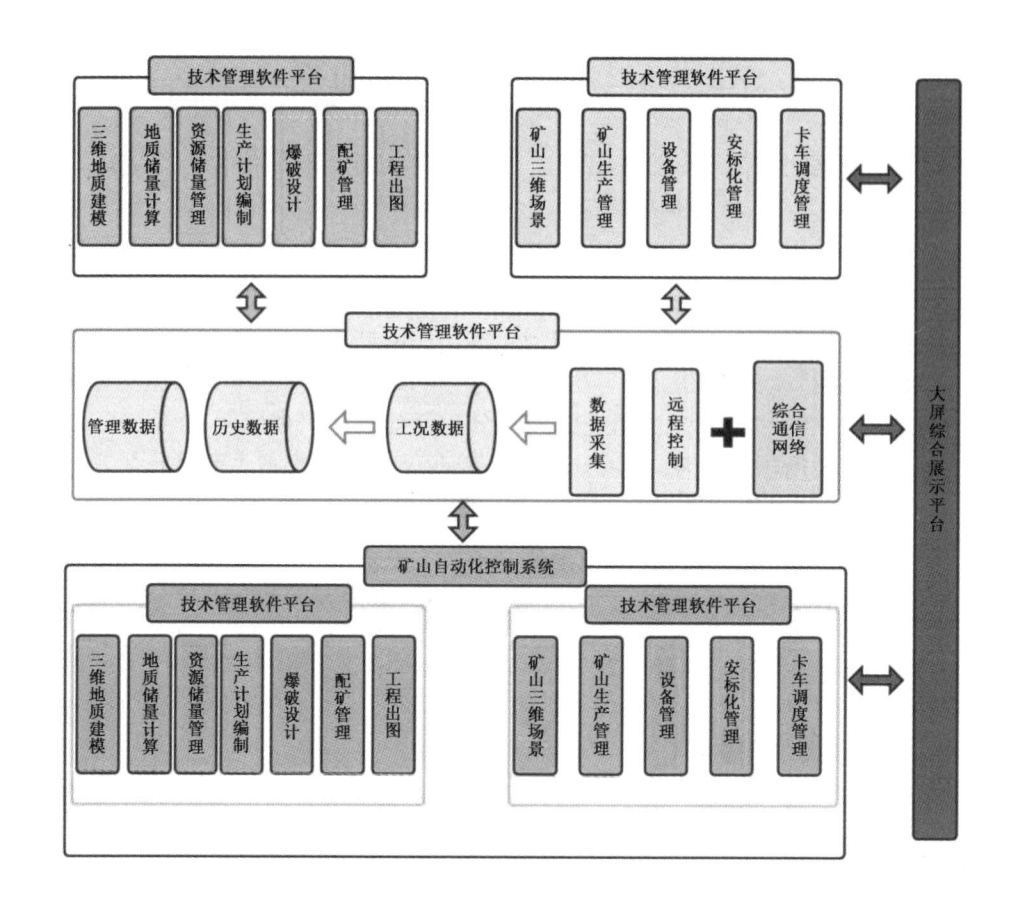

"1+3+1"各平台功能模块示意图

综合展示平台：以"数字地球展示平台"为核心，将其他"三平台+一系统"数据进行接入，通过为本项目专业打造的展示平台软件，将数字化矿山项目的重点内容展示在大屏幕上；

矿山自动化控制系统：核心是边坡管理软件，用于边坡监测、环境监测的集成应用。

实施内容与路径

1. 矿山三维数字化地质模型

矿山三维数字化地质模型包括：三维勘探工程数据库和地层、断层、矿体及夹层等地质体模型，建立这些模型的基础数据源于地质勘探报告的附图附表。矿山三维数字化地质模型的建立需要数字采矿系统提供如下功能：具有包括矿界、勘探线、矿体、地层、断层、矿石品级等元素的三维建模功能，准确反映矿体的真实形态，支持矿体外推建模、分叉、夹石的处理。

2. 配矿管理

在露天矿开采现状和采剥计划的基础上，通过地质钻孔信息及炮孔岩粉化验数据对地质品位进行精确补充，根据地质统计学估算出的爆堆品位空间分布，按照设定的产量和品位约束条件，在爆堆之间进行优化计算，找到最优的矿石搭配方案，得到爆堆铲装位置、推进方向、出矿量、品位等配矿方案数据，为露天矿生产优化调度提供科学依据和数据保障。

3. 边坡监测

边坡稳定性监测系统分为现场自动监测报警和数据分析发布两大部分，其中自动监测报警部分由传感器子系统、数据通信子系统、数据处理子系统、监控报警子系统组成，分析发布部分由数据分析发布与信息共享系统组成。

4. 5G 无人驾驶技术

老河口智能网联测试基地项目设置在公司矿山开采面，由老河口市人民政府、襄阳移动分公司、襄阳达安汽车检测中心、东风商用车有限公司合作建设。以矿区实际生产为背景，在不影响正常生产作业和符合生产安全的前提下，通过商用车的现场自动驾驶检验和修正，并结合 5G 远程驾驶操控测试，实现无人驾驶作业，提升矿车安全运行的可靠性。

目前，5G 无人驾驶技术已在公司上油榨沟矿山验证了技术可行性，可以实现矿区无人驾驶工程车辆运输矿石。

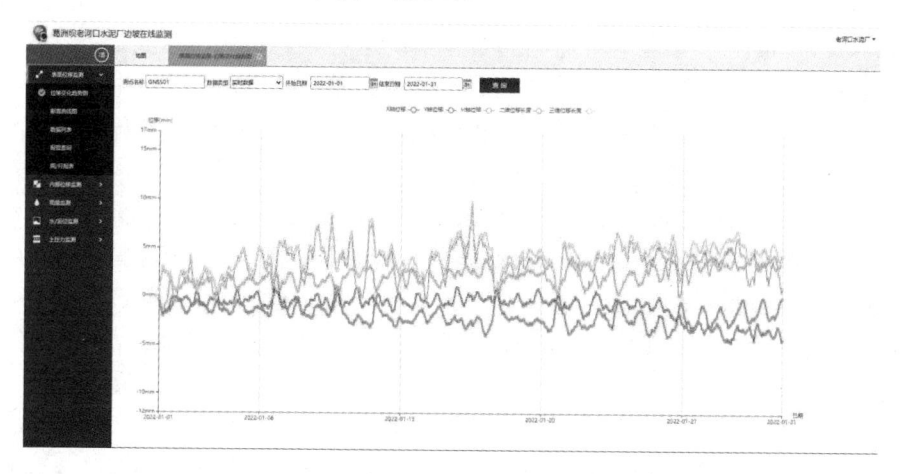

位移变化趋势图

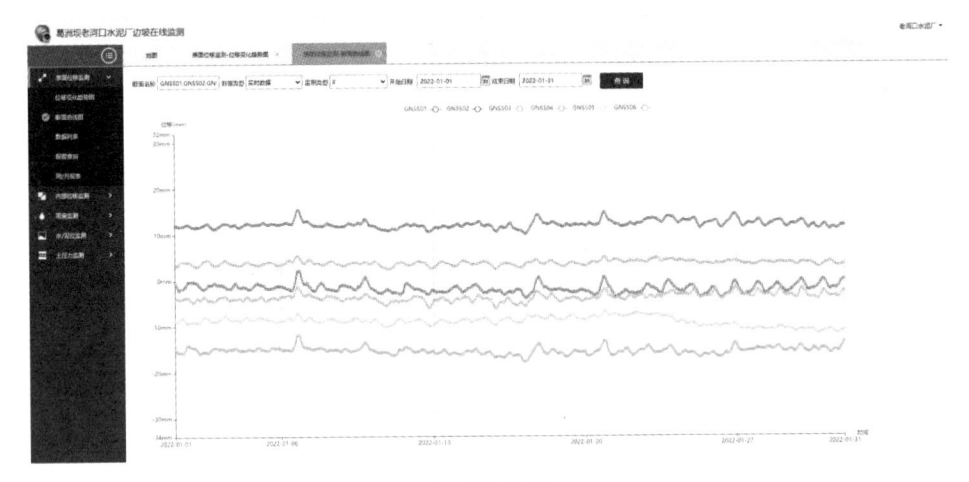

断面曲线图

5. 矿山自动化控制系统

矿山自动化控制系统以生产计划为依据、基于生产过程的实时工艺信息和设备运行状态信息，提供包括计划执行与修正、资源合理利用、产量与质量统计分析、平衡工况的优化调度、异常工况的动态调度、辅助生产调度决策等功能一体化解决方案，做到"实时监控、平衡协调、动态调度、资源优化"，从而持续提高劳动生产率，挖掘设备的生产潜力，优化生产组织，实现生产过程精细化、透明化管理。

首先，通过对设备进行数据采集，自动生成统计分析报表，数据应用于管理，便于生产历史追溯。其次，从矿山生产工艺流程入手，以资源管理—生产计划—生产调度—生产统计为主线，实现生产计划及生产工单的审批、查阅，在日常生产管理中对计划的执行情况进行跟踪；对产量数据、设备运行情况、质检化验信息等生产过程数据进行跟踪。最后，通过对生产过程数据进行统计，对各项指标进行对比分析，并依据分析结果进一步优化生产计划，优化生产组织方式。

生产计划编制好后直接将其数据提交数据中心，智能管控执行软件平台直接在数据中心获取生产计划数据。智能管控执行软件平台提取数据中心数据后以审批流程逐级进行审批。在审批过程中，如果发现问题需要修改则直接驳回至数据中心，同时信息提醒计划编制人员重新编制后提交。

案例特点

随着科技信息化的不断投入和使用，该公司矿山通过采取自动化科技和现场监控的有效结合，开采区和生产线已实现了可视化管理，石灰石破碎及皮带输送系统基本实现智能化操控，大大降低了岗位作业人员的劳动强度，改善了工人劳动环境，提高了生产效率。目前，数字矿山与智能采矿技术及计算机图形学与图像处理技术不断发展，公司借助矿山数字化系统，充分利用三维可视化平台，开展露天矿生产计划优化方法和技术的研究，提高矿产资源开发利用率和经济效益，向精细化配矿迈出了坚实的一步。

实施效果

公司水泥用灰岩矿数字化矿山建设完成后，矿山开采量每年稳步增长，采矿矿石品位各项数值合格率100%，电耗、油耗等能源消耗稳中有降，提高了矿山劳动生产效率，减少了矿山出现安全事故的概率，使出矿矿石品位更加均衡、稳定，矿山开采综合管理水平得以大幅提升。

公司水泥用灰岩矿数字矿山建设在中国能建葛洲坝水泥集团以及老河口市属于第一例。基于数字矿山建设的目标和主要内容，对现代先进技术进行集成创新，可以根据不同矿山的特点制定符合实际的数字化矿山建设总体技术方案。这样一来，公司数字矿山建设就能带动集团内部其他分公司、子公司数字化矿山的建设，给分公司、子公司数字化矿山项目建设提供了可靠的依据和坚实的基础，为推动老河口市周边其他矿山企业数字化矿山建设提供了有利的方案。

单项应用

18

大规模个性化定制在工程用高性能纤维复合材料工厂中的应用

——山东路德新材料股份有限公司

企业简介

山东路德新材料股份有限公司是国家制造业单项冠军示范企业、国家高新技术企业、国家技术创新示范企业、国家守合同重信用企业、国家知识产权优势企业、建材行业先进集体、国家级工业设计中心、建材行业智能制造示范企业、建材行业两化融合优秀企业、山东省智能制造标杆企业、山东省第一批"现代优势产业集群+人工智能"试点示范企业等。

公司研发楼

公司主要生产经营经编玻纤土工格栅、经编涤纶土工格栅、经编碳纤维土工格栅、土工布等基础设施建设专用新材料，用于路基增强加筋，替代钢筋使用，被国家发改委节能中心认定为首批15个节能典型案例产品之一。

产品已广泛应用于京沪高铁、港珠澳大桥、拉林铁路等上千项国家重点工程，远销30多个国家和地区，市场占有率稳居同行业前列。

案例实施情况

总体设计

案例总体规划架构包括智能装备、工业互联网、基础数据管理、研发设计管理、数字化制造、生产经营管理、外部业务协同、内部业务管控及决策支持分析等主要模块。利用涵盖研发设计、生产制造、质量管控、仓储配送、营销管理、供应链管理等10大应用场景进行智能工厂建设，实现高性能纤维复合材料生产的大规模个性化定制，最终满足客户个性化定制需求。

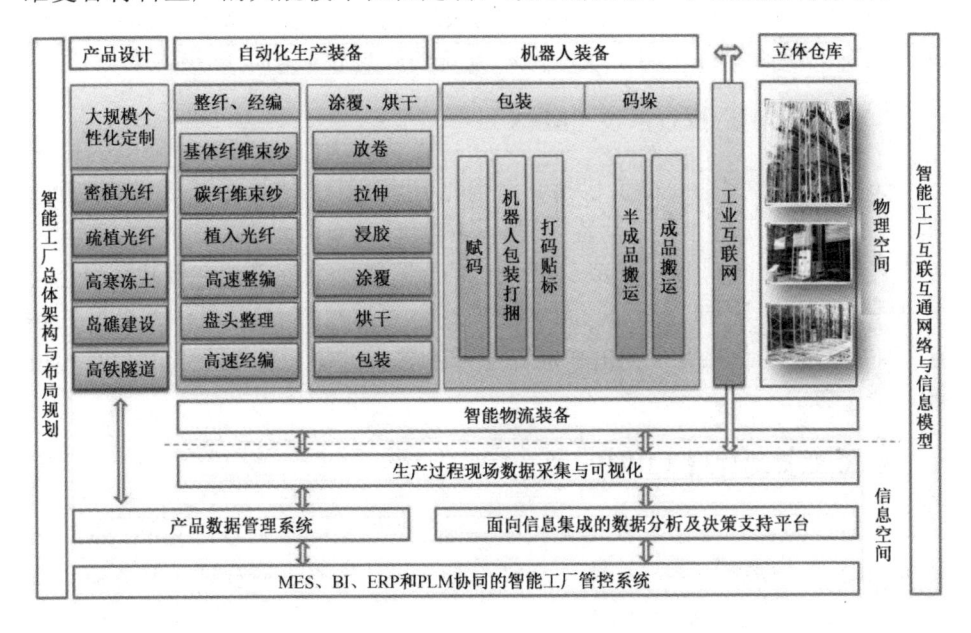

大规模个性化定制智能工厂整体构架

⇒ 实施内容与路径

大规模个性化定制服务的实现主要依赖于企业在定制化工厂、生产过程、协同供应链、敏捷响应需求、综合分析决策、生产力保障等方面的能力跟进，以企业资源计划（ERP）、决策支持系统（BI）、数字化制造执行系统（MES）、产品生命周期管理系统（PLM）、智能设备等软硬件为支撑，实现面向行业的柔性化定制服务，创新土工合成材料行业生产制造模式。

1. 计算机辅助工艺过程设计（CAPP）

面向产品生产技术准备的全过程，以产品制造过程的数据为中心，覆盖工艺各个层次的管理及整个业务流程，为企业的设计和生产架起数据信息化的桥梁。CAPP既可充分利用CAD、PDM、ERP、工艺基础数据库等设计和管理系统的数据，同时也可为ERP等软件系统提供有效、准确、高质量的数据。

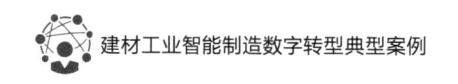

2. 产品生命周期管理系统（PLM）

产品生命周期管理系统提供基于三维产品模型的集成化数字化制造的功能组件，覆盖面向产品全生命周期的制造信息管理。通过分析企业工艺设计方法、数据管理模式及制造数据应用模式，利用面向对象分析方法提炼出支撑系统的核心组件，将上层应用和系统的底层核心功能隔离。

3. 数字化制造执行系统（MES）

该系统可以为企业提供包括制造数据管理、计划排程管理、生产调度管理、库存管理、质量管理、设备管理、采购管理、成本管理、项目看板管理、生产过程控制、底层数据集成分析、上层数据集成分解等管理模块，为企业打造一个扎实、可靠、全面、可行的制造协同管理平台。MES 具有与 ERP 系统、生产自动化系统、物流自动化系统的接口，实现整个企业的信息集成和协调运行。

4. 企业资源计划（ERP）

企业资源计划是建立在信息技术基础上，以系统化的管理思想，针对物资资源管理（物流）、人力资源管理（人流）、财务资源管理（财务流）、信息资源管理（信息流）集成一体化，为企业决策层及员工提供决策运行手段的管理平台。

5. 决策支持系统（BI）

决策支持系统能够为决策者提供决策所需的数据、信息和背景材料，明确决策目标、进行问题识别，建立或修改决策模型，提供各种备选方案，对各种方案进行评价和优选，通过人机交互功能分析、比较和判断，为正确决策提供支持。

➡ 案例特点

（1）实现生产线与信息管理系统的高度集成，智能化达到国际先进水平。

案例将产品设计、工艺、制造、检测、物流等全生命周期各环节智能化装备及系统深度集成，现场数据与生产管理软件实现信息集成，MES 与 ERP 系统实现协同与集成，实现生产管理全过程状态可控，配置均达到碳纤维复合材料生产线智能化的国际先进水平。

（2）突破碳纤维高效均匀整纤技术，研发超声波辅助整纤机。

"整纤技术"是碳纤维复合材料编织的核心技术之一，实现了与数字化制造执行系统 MES 系统接口通信；采用全新的小车铺纱装置，实现平行、精准、无弯曲的铺纱，整机性能达到国际先进水平，大幅降低了高性能碳纤维的加工成本。

（3）突破双轴向高/低速通信控制技术，研发碳纤维双轴向经编机。

"经编技术"是碳纤维复合材料编织的核心技术之一。公司采用自主研发的安全可控核心装备碳纤维专用双轴向经编机，通过 PLC 控制系统，采用伺服系统控制的电子送经系统与高精度定位铺纬系统，提高整机经编速度，是国际上的前沿控制技术。

（4）采用智能化成套装备，实现仓储配送环节的高度智能化。

项目采用的高参数自动化立体仓库系统，具备自主知识产权，通过堆垛机的三维运动完成货物在巷道中的运行和货架上的存取，实现原材料出入库活动的自动化、无人化。物流阶段全面采用 AGV 控制管理系统、AGV 自动导引车，取代传统的人工输送方式，实现物料准时、准确、高效配送。

（5）突破了复合材料光纤（光栅）植入技术。

自主研发实现了复合材料光纤（光栅）植入技术，采用多根单丝碳纤维组成束状的基体纤维，把光导纤维包裹在内部，采用经向、纬向纱线平面编织工艺，使光导纤维不缠绕、不受外力损伤，织成有光纤光栅的复合纤维材料表面。这是国内外首例制备出集加筋加固与实时安全预警于一体的新型智能复合材料，对提高行业技术研发能力、提升行业整体技术水平、促进行业转型升级均有重要作用，是复合材料发展过程中的一个里程碑。

实施效果

案例成果所形成的一批共性关键技术对我国工程用高性能碳纤维复合材料智能制造起到行业示范作用，打破国外对我国碳纤维经编机的技术封锁，实现装备制造业的国产化，为生产碳纤维增强复合材料提供可靠的制造技术和装备，实现碳纤维增强复合材料的国产化，为工程用高性能碳纤维复合材料行业带来显著的经济效益和社会效益，并对纺织机械行业发展新兴产业进行了有益探索。

经济效益

项目完成后，公司具备高性能纤维复合材料 5000 万平方米的生产能力（其中碳纤维复合材料 500 万平方米），用工成本降低 55%，每年节省人力成本 500 万元以上；生产布局更加简约合理，节约仓储用地 52%，智能化立体仓储系统相同建筑面积增加库容 50% 以上；相同投资规模生产效率提高 44%，减少 60% 以上的非计划停机，消除 18% 以上的非生产性能耗，产品不良品率降低 29%，运营成本降低 32%，产品研制周期缩短 33%，大幅提升劳动生产率与人均生产值，提高工厂综合效率，人均产值在国内高性能碳纤维土工复合材料制造行业处于领先水平。项目建设期可新增 1.5 亿元销售收入，增加利税约 3000 万元。

社会效益

1. 探索行业智能制造体系

作为复合材料行业领军企业，通过项目实施，采用 13 种智能制造核心技术装备，突破 2 种碳纤维复合材料生产关键短板，打破国际垄断，实现装备国产化；改善离散型工厂的现状，打造离散型智能制造新模式，建设智能工厂，具备可复制性，对行业智能制造发展起到示范作用。

2. 助力实现生产过程绿色节能

通过本案例的实施，实现碳/玻、碳/涤纶、碳/芳纶纤维的复合，添加一定比例的碳纤维，可大幅降低传统玻璃纤维、涤纶/芳纶纤维的用量，减少能耗和 CO_2 的排放量，实现绿色清洁生产。案例在实现工程用高性能碳纤维复合材料大规模个性化定制的同时，还注重环境改善。生产车间使用光伏发电装置并发电入网，实现了生产全过程绿色环保。

19

水泥行业智能化实验室质量控制系统

——上海美诺福科技有限公司

企业简介

上海美诺福科技有限公司（简称美诺福科技）隶属于中国国检测试控股集团股份有限公司，致力于流程工业智能化实验室高端装备制造和自动化系统集成。企业于2001年成立，20多年来，高度重视技术研发投入，年均研发投入超过10%，研发的具有自主知识产权的水泥智能化实验室质量控制系统在冀东水泥万吨线、祁连山水泥、西南水泥、天津水泥设计院等10余个企业、院所得到应用，取得了良好的经济效益和社会效益，系统国产化装备数量超过90%，填补了行业空白，系统的稳定性、准确度、定制化及智能化程度在国内处于领先地位，改变了欧美供应商的市场优势地位。作为国家高新科技企业，公司获得了钢铁行业科技进步奖、安徽省首台套重大装备认定、水泥行业优秀供应商等多项荣誉，拥有发明和实用新型专利100余项，软件著作20余项，具有丰富的技术储备和研发基础，是我国流程工业智能化实验室领域的领航者。

案例实施情况

总体设计

为促进新一代信息技术与制造业不断深度融合，解决水泥生产质量控制过程中的人工劳动强度大、取样代表性差、危险系数高、质量数据滞后等问题，本案例通过流程设计、装备研发、软件开发、系统集成等技术研发了水泥智能化实验室质量管理系统。

美诺福科技根据水泥生产过程和产品质量要求，对原燃料、生料、熟料、水泥等过程产品和成品研发全流程进行自动化处理和智能化检测，覆盖自动样品获取、自动装样、"炮弹"输送、自动预处理制备、自动化检测、智能化数据分析等生产数据调整全流程，实现水泥成品控制从生产端到产品端的无人化质量管控。同时，研发了水泥样品自动储存系统，通过对出厂水泥的自动取样、自动配额装桶、AGV无人导航输送、智能化存样室布局、信息植入与读取，实现了样品的备份、封存、输送、指标检测、信息储存等出厂水泥的智能化信息管理。该公司智能实验室通过系统智能优化、反复迭代，不断提高检测效率和精度，精确指导生产，为水泥工业的质量控制带来了智能化科技革命。

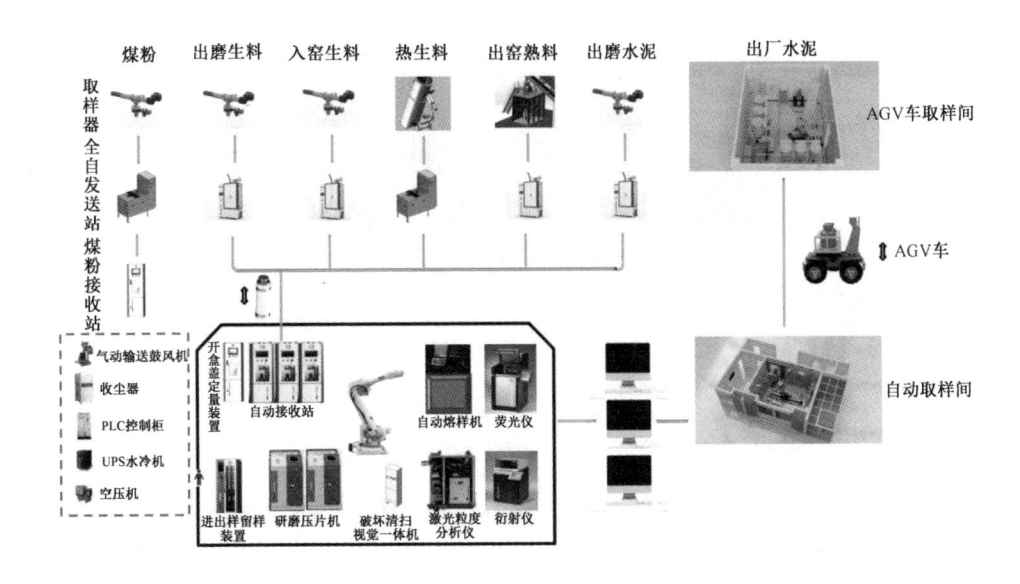

智能化实验室总体架构

➡ 实施内容与路径

美诺福科技与水泥行业万吨线生产企业冀东水泥铜川有限公司合作，打造了行业万吨线级的智能化实验室，主要分为五大系统，即生产端自动取样系统、缩分样品"炮弹"输送系统、中心智能化检测系统、QCS 质量自动化控制系统、出厂水泥智能存样系统，覆盖水泥企业出磨生料、入窑生料、热生料、出磨煤粉、熟料、出磨水泥、出库水泥等全流程的质量控制和存储，涉及新型取样器、研磨压片一体机、X 荧光光谱分析仪、X 荧光衍射仪、激光粒度仪、机器人等仪器、装备仪器上百台套，美诺福科技实现了全流程装备 90%独立研发、制造，拥有自主知识产权，并配套开发了 SPS 过程控制软件、LIMS 信息化管理软件、TIS 数据采集软件、生产质量控制软件等多套程序系统控制软件。

出厂水泥智能化储存系统

案例特点

1. 检测速度快

保障水泥产品质量是水泥生产企业的底线，产品的质量数据是控制生产的重要手段，传统的质量控制手段需要大量时间。水泥智能化实验室质量控制系统实现了样品快速自动取样，取样频次较人工取样提高了3倍，样品的"炮弹"输送实现了样品由生产端至实验室的瞬时传输，运输时间缩短至1分钟以内，且样品的预处理可有效地减少人为误差，主要指标数据检测通过仪器检测，较传统的化学方法效率提高5倍以上，样品的取样到数据的获取时间缩减为10分钟，可在1小时内满足全厂物料的质量控制要求，实现了产品数据的快速获取，实时精确指导生产，保障生产流程稳定，生产质量动态可控。

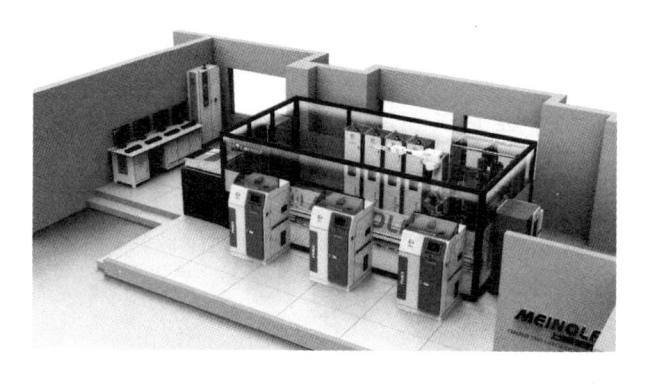

冀东水泥铜川万吨线级智能化实验室质量控制系统

2. 检测精度准高

水泥智能化实验室质量控制系统研发了水泥原燃材料、生料、煤粉、熟料、水泥等样品针对性多结构取样器，不仅实现了样品的自动取样，而且有效地提高了取样代表性，相比传统取样具有更高的取样频次和更好的取样均匀性，检测数据更具代表性，能更全面地反映生产端物料的质量状况。在中央实验室系统，美诺福科技研发了 MLD 熔融荧光自动检测方法，可有效地消除检测过程中研磨压片法颗粒效应和矿物效应出现的检测数据不准确的问题，可定时对压片法的检测数据进行校正，保障了生产过程中数据的高效获取和及时准确，同时可通过 X 射线衍射仪实现熟料游离钙含量、水泥混合材掺量、石灰石掺量等物量测定，熟料 C3S、C3A、C2S、C4AF 等矿物测定及各种原材料的矿物组成测定，可取代传统实验室检验方法，与传统方式相比结果更加准确，对于精确指导生产、降低生产成本效益显著。

3. 系统运行稳

美诺福科技根据质量控制要求和流程运行要求，实现了系统运行的长期稳定和安全。除了在设计上减少安全隐患，为了应对各种突发情况，本案例的机器人、研磨压片一体机等设备都可切换至人工作业模式；煤粉系统也采用了惰性气体氮气进行输送，防爆等级高，保证系统安全运行；输送管道及接收站采用一对一或二对一形式，系统独立运行能力强，不同取样点之间的干扰小，保证系统高可靠性运行。弯管采用法兰连接，使用性能高于卡箍连接方式，使用期间基本不需要维护，直管采用焊接套管，连接精密，杜绝漏气。该公司开发的实验室数据管理模块、远程诊断模块、自诊断模块、配料软件模块，可集成第三方配料软件或同中子活化在线配料系统进行校对，互为补充，提高生产质量控制水平，保障系统运行稳定。

■实施效果

美诺福科技研发的水泥智能化实验室质量控制系统在国内多个水泥集团、设计院、科研院所得到了广泛应用和好评，解决了水泥生产质量管控人工劳动强度大、危险系数高、取样代表性差、检测效率低、质量反馈延迟、化学试剂污染等问题，且国产化装备和系统解决了进口自动化检测设备检测范围少、智能化水平低、装备造价高、维护困难等问题，打破了欧美等国外供应商的市场优势地位，打造了水泥智能化实验室领域的国有品牌，有效降低了水泥生产企业的智能化投入成本。

冀东水泥铜川万吨线级智能化实验室质量控制系统实景图

水泥智能化实验室质量控制系统投入以来,通过指导原材料配比,进一步提高了流程中间产品质量,如熟料强度显著提高,KH 值提高至 0.92,三率值合格率提高了 15%;水泥产品质量变异系数大幅降低,波动范围缩小了 3%。

在节约运营成本、提高生产效率方面,该公司全流程智能化实验室在入窑生料、出窑熟料和出磨水泥的取样检化验工作中使用全套自动化系统,实验室人员减少 75%,既解决了人工劳动强度大,又解决了人工取样、人工制样、人工分析等过程中人为误差对质量控制产生影响的问题,在冀东水泥铜川有限公司万吨线应用效果显著,实验室人员由传统的 40～50 人降低至 11 人,其中智能化实验室配置仅为 1 人巡检,基本实现无人化值守管理。

在节能环保方面,全流程智能化实验室稳定、准确的质量数据可精确指导水泥产品原材料配比,混合材料用量增加了 3%,提高了资源综合利用效率,稳定了烧成窑况,减少了电耗和煤炭等化石原料的使用,是助力行业实现双碳目标的重要技术手段。

美诺福科技研发应用的水泥智能化实验室质量控制系统得到了行业的高度关注,国家市场监管总局、陕西省工信部门、中国水泥协会、中国建材集团等政府部门、行业机构和其他企业多次来美诺福科技进行调研、参观。公司获得了水泥行业优秀供应商、省级重大装备技术认定、"揭榜挂帅"科技项目支持、协会团体标准起草单位等政府及行业认可,技术成熟、效益显著、可复制性强,起到了良好的行业示范作用。

下一步,美诺福科技将进一步完善水泥智能化实验室的布局、合作和建设,研发 MLD 熔融法检测技术和成套装备的应用,并对原煤、石灰石及辅助原料的智能化取样系统进行研究,逐步由化学指标、矿物指标、粒度指标向传统的物理检测指标的智能化检测方向发展，实现水泥生产过程和出厂全流程的质量控制，探索建立区域性、集团化的水泥中央质量控制一体化平台，实现水泥生产企业的产品质量"承包"，以更高的质量和先进的技术手段提升全行业的质量安全意识。

20 基于数字孪生的智慧管理平台

——江苏天辰智控科技有限公司

企业简介

江苏天辰智控科技有限公司是一家从事智能工厂的顶层设计及项目管理，工业互联网及大数据平台建设、智能化生产线的改造及专用设备的开发等业务的科技型公司。公司拥有一支由海内外高层次博士和硕士组成的强大研发队伍，覆盖信息、机械、电气、软件、工艺等智能制造所需的技术。

公司团队承担和参与多项国家、省、市重大项目。其中，包括科技部的国家重大仪器专项"工业机器人综合性能测试仪"，工信部的"基于三维综合化模型的工艺装备数字化并行设计制造集成系统"，省自然科学基金"神经体液调控机制启发的仿生制造系统自适应调度与控制研究"等项目。

公司在建材、化工、采矿等行业的智能工厂建设中有丰富的项目经验，近年来先后为云图控股、山水集团、紫金铜业等大型企业提供智能工厂整体系统解决方案的咨询服务。

案例实施情况

总体设计

本案例针对目前水泥行业智能管理现状，提出基于数字孪生的数字化转型建设思路。通过对厂内生产过程各工业控制数据、各设备行为状态数据、产线全景全貌画面数据等多方面数据信息的采集，开发数据汇聚判断分析软件、结合三维仿真软件的开发，形成一套综合的"基于数字孪生的智慧管理平台"。

项目总体技术架构分为物理层、采集层、网络层、平台层、应用层和展示层。物理层是构成整个系统的基础，由物理车间和虚拟车间组成。物理车间即显示中的生产车间，虚拟车间则是物理车间在三维环境中的投影。物理层、采集层和网络层是整个系统运行的基础。平台层由数据中心和核心算法组成。应用层实现工厂的业务集成，实现面向工厂的生产和经营的智慧化管理。

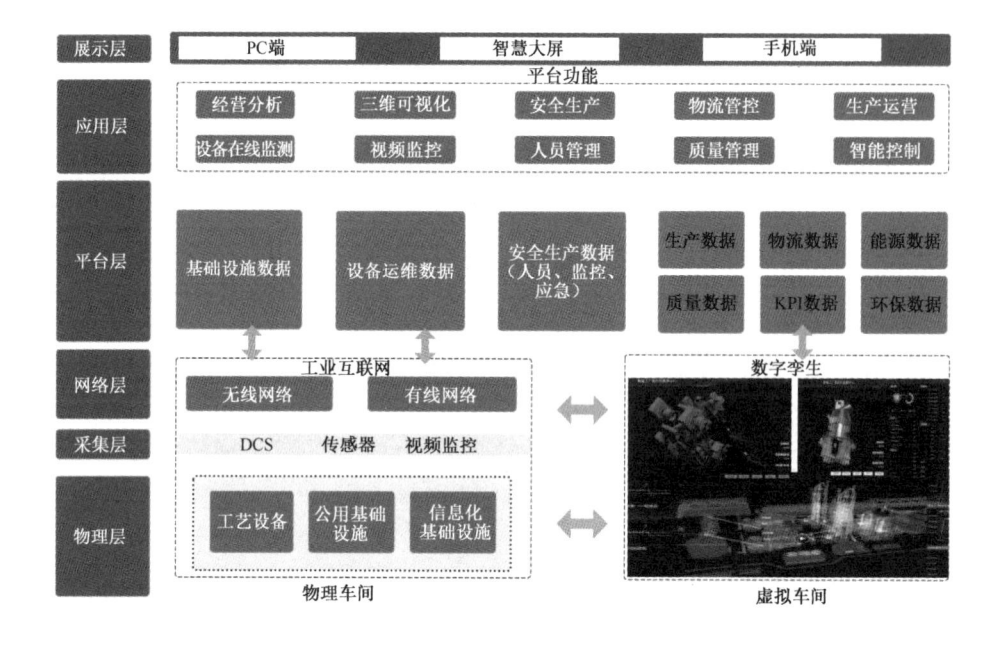

总体架构

···→ **实施内容与路径**

"基于数字孪生的智慧管理平台"通过工业网络改造、完善数据采集及实现相关系统的互联互通,搭建工业互联网平台;通过整体规划,整合优化现有控制、管理等相关系统,集成应用设备在线监测系统、辅助巡检系统、在线设备诊断系统、智能视频分析系统、远程诊断维护系统,构建三维可视的管控一体化平台。

项目建设主要包含以下几个部分:

1. 厂区三维可视化

根据厂区实地测量数据,依照物理车间实景照片及 CAD 总布局平面图,搭建厂区内部设备及厂房等整体三维模型,实现三维场景搭建、程序交互功能及自主漫游功能。

2. 人员管理

基于人员定位系统采集厂区现场人员空间信息数据,利用坐标系统比对、坐标原点比对等数据模式在三维仿真场景中自动生成相关人物模型,可追溯到平台进行人员信息的具体查看。

3. 设备管理

通过集成设备管理及辅助巡检系统的数据，将设备模型与设备台账、DCS 系统、巡点检系统进行数据关联和互通，实现三维可视化的设备管理、运维记录及报警信息。

4. 视频监控

通过集成现场视频监控系统，利用三维环境灵活调用视频监控信息和数据，实现视频监控与三维环境的互补应用。

5. 能源和环保管理

整合厂区内能耗数据，对厂区各子系统生产运行态势进行实时监控，支持对能源调度、设备运行、环境监测等要素进行多维可视分析，生成能耗趋势分析、能耗指标综合考评；实时收集、整理、存储环保监控数据，对污染物浓度超标、总量超标、数据异常进行预警预测，并对相关生产环节进行实时预警，提醒工作人员采取相应减排措施，有效提高环保排放指标的管控水平。建立关键部位的数据模型，减少污染，实现综合环保管理。

6. 智能安防

通过对视频监控系统、电子巡更系统、卡口系统等安防管理系统的集成，提供厂区的安全态势监测一张图，支持对厂区重点部位、人员、车辆、告警事件等要素进行实时监测，支持安防报警事件快速显示、定位，实时调取事件周边监控视频，辅助管理者有效提高厂区安全管控能力。

7. 数据分析驾驶舱

支持对接厂区各部门既有业务数据，提供大类数据可视分析图表，进行多维度分析研判，并支持组合为数据分析驾驶舱进行综合显示，实现多指标数据的并行监测分析，为管理者决策研判提供全面的数据支持。

8. 统计分析支持

提供统计图、统计表、单柱图、簇状柱图、堆积柱图、气泡图等多种统计分析视图，支持将业务数据的特定指标，按业务需求进行多维度并行分析，并提供数据分析支持，可点击查看同一数据指标在不同维度下的分布特征，帮助用户洞悉复杂数据背后的关联。

案例特点

采用"一个中心、一张地图、一个平台"的整体架构理念。一个中心是指企业信息化中心。一张地图是指建立和实际工厂同比例大小的三维数字化工厂地图,并根据现场等场景实地测量数据,依照物理车间实景照片及 CAD 总布局平面图,搭建厂房内景和生产设备的三维模型,在三维数字工厂上重点体现厂房建筑信息、生产信息、设备信息、安防信息等内容。一个平台,即建立公司级的生产、设备、安防等主要业务的集中数字化运营管控平台。

公司采用业界先进技术,构建合理的技术体系架构,以保证一段时间内画质保持一线水平。采用基于 Unity3D 开发引擎开发 B/S 架构,通过可视化编程,高效脚本编辑,实现高效率开发,只需一键即可完成多平台开发和部署,能有效地和硬件相关程序结合,支持 AR、VR。

平台的可兼容性以三维场景为数据展现前端,集成包括现场检测仪表、DCS、APC、MES、能源管理系统、设备管理等子系统实时数据,实现数据的协同、共享和分析。

实施效果

本案例的实施,实现了水泥行业生产过程的数据化驱动,生产管理的自动化、信息化、透明化,使企业的管理水平、装备水平、生产技术水平、能耗水平等指标达到国内领先水平。

(1)实现了水泥磨、辊压机斗提、斜拉链、高温风机、皮带机、收尘风机、斜槽风机、泵等生产设备的全厂联网监控,实现设备在线监测,异常预警,进而达到核心设备 6 个月、关键设备 3 个月的预测性维护,减少 35%的现场点巡检人员,降低了点巡检 50%的劳动强度。

(2)提高了安全生产的管控能力,视频监控、电子围栏配合劳动防护监视预警,将工厂生产的安全区域管控范围扩展至 85%。

(3)数据分析系统为企业的管理及决策提供实时、精确的数据支撑,达到生产模式最优,提高生产效率 20%以上。

(4)打通了企业的产销业务全流程,实现从生产到发运的全业务流程协同管理,发运效率提高 25%以上,产品柔性化调节比例达 30%。

通过本项目在水泥行业进行推广应用,一方面可以全面提升全行业的智能化水平,打造建材行业的中国智能制造新模式;另一方面可以通过典型示范和应用推广，大幅提高相关企业的竞争力，获得经济效益和社会效益双丰收。

近年来，随着工业互联网的快速发展，国内各大型企业都在设法改变传统的生产管理理念，希望依靠数字智慧管理手段，直观高效地管控生产过程，进一步解放劳动力，降低设备故障率，实现生产效率最大化，进一步提高企业的市场竞争力。

该公司"基于数字孪生的智慧管理平台"正是为了响应企业此类号召，凭借多年来深厚的自动化及数字信息技术能力和领先的软件研发水平，依托自身不断完善的行业解决方案体系，以实现企业生产管理数字智能智慧化、可靠实用高效化。利用自控软件一体化、软件平台一体化、平台数字孪生一体化的全新技术手段，将工业控制技术、物联网数字信息智能技术、三维仿真模型重构技术结合，使生产及管理者能够更直观清晰地对产线生产过程进行全方位实时掌控，充分实现生产过程的智能高效化，并同步实现智能工厂的数字孪生。

21 流向智能管控 SaaS 系统赋能水泥行业数字化转型升级

——深圳市汉德网络科技有限公司

企业简介

深圳市汉德网络科技有限公司（简称深圳汉德）成立于2015年，是一家致力于打造智能、高效、便捷的"车载智能称重SaaS平台"的高新科技企业，总部位于深圳，在北京、香港均设有研发基地。

2012年开始，深圳汉德便扎根于车载智能称重领域进行深入研究，目前是全球率先以超低成本实现实时监控车辆载重的企业。

深圳汉德拥有强大的核心研发团队，并获得多项核心专利，同时还多次获得中国交通运输部、中国交通运输协会、中国互联网交通运输创新创业大赛组委会等部门颁发的奖项，依托自主研发的"载重传感器+AI算法"核心技术，创建"载重+位置"车、货监管新模式；构建货物流向智能管控SaaS系统，赋能水泥、煤炭等大宗行业客户，实现提质、降本、增效的目标。

案例实施情况

总体设计

货物流向智能管控SaaS系统由AIoT北斗载重设备+流向智能管控SaaS平台两部分构成。通过对水泥行业进、出场采购物流、销售物流的营运车辆安装AIoT北斗载重设备，实时获取"位置+重量"数据信息，结合4G无线网络上报到流向智能管控SaaS平台。通过SaaS平台助力水泥企业实现物流管理透明化、可视化和经营决策数字化。

企业管理人员可以通过PC端、移动App对当前业务场景的订单运输状态进行实时载重监控、行驶轨迹监控、装卸货状态监控、运输时效监控、在途异常监控。当系统检测到异常事件（异常卸货、异常换货等）时，会自动触发告警事件，并将告警信息以微信、push等方式推送至企业指定管理人员，管理人员可以根据各自管理权限进行分级审核、调研、处理，有效排除水泥、原材料运输过程中的窜货、偷换货等安全隐患行为，并释放人力排查，提高管理效率。

同时，基于大数据分析技术构建可视化BI数据看板、数据统计分析报表，便于企业高级管理人员对各区域市场销售情况、各厂区销量情况、各经销商销售情况、车辆线路运输走向情况等统计数据进行市场趋势分析、研判，为企业科学定价、科学排产等经营决策提供有力支撑，实现提质、降本、增效、减排等目标。

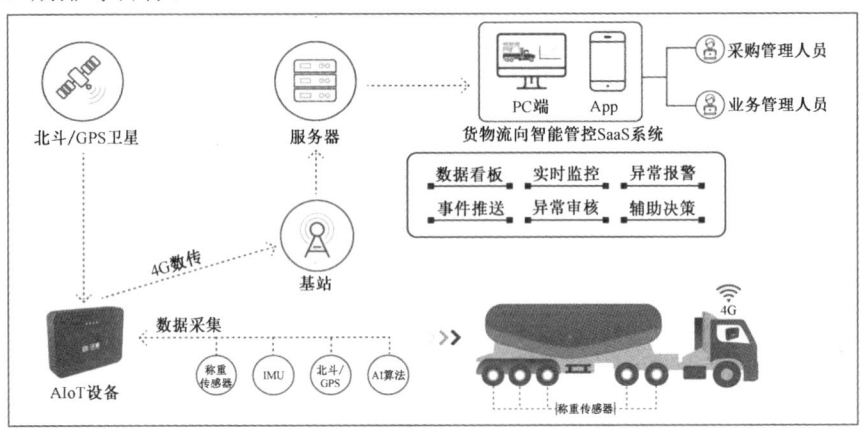

系统构成

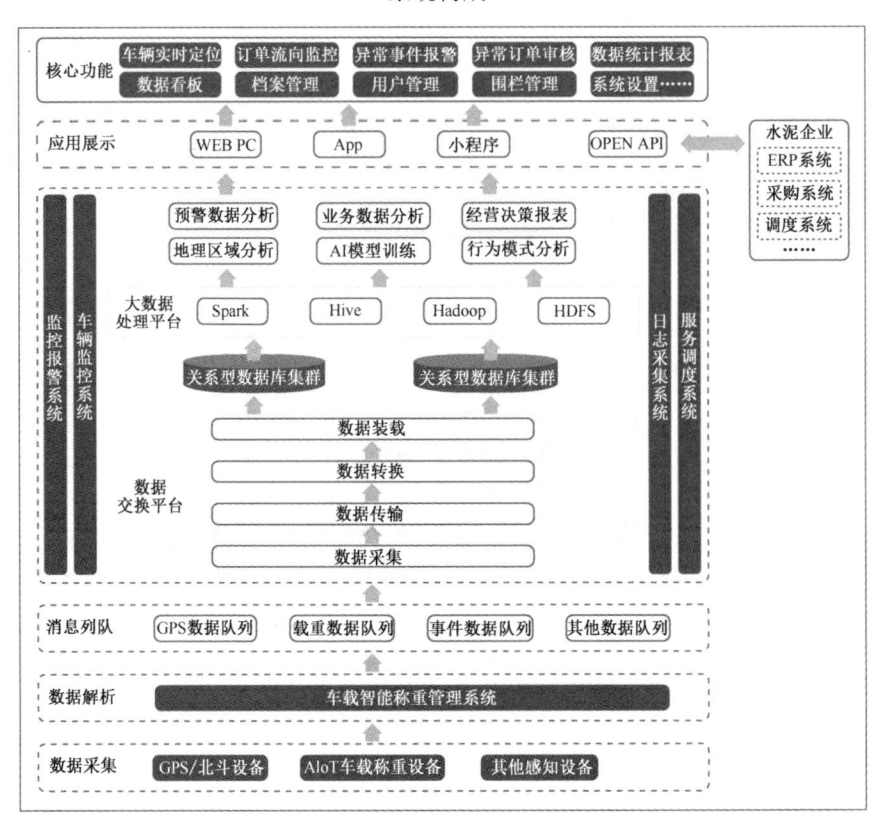

流向智能管控 SaaS 平台系统整体架构

1. 系统业务逻辑

（1）任务建立：对接销售订单系统，进行任务派发；

（2）车辆出厂：任务开始并进入监控列表，监控平台记录货物运载量及出厂时间，进入流向监控；

（3）流向监控：AIoT 北斗载重设备实时感知重量、位置信息等数据，若识别到当前车辆未在指定目的地卸货、换货行为，立即发送预警提醒信息；

（4）抵达目的地：电子围栏自动感知车辆抵达卸货区域，记录卸货重量变化过程及位置信息，生成卸货曲线及时标记卸货行为；

（5）任务结束：任务信息报表自动生成，提供人工复审的日志信息。

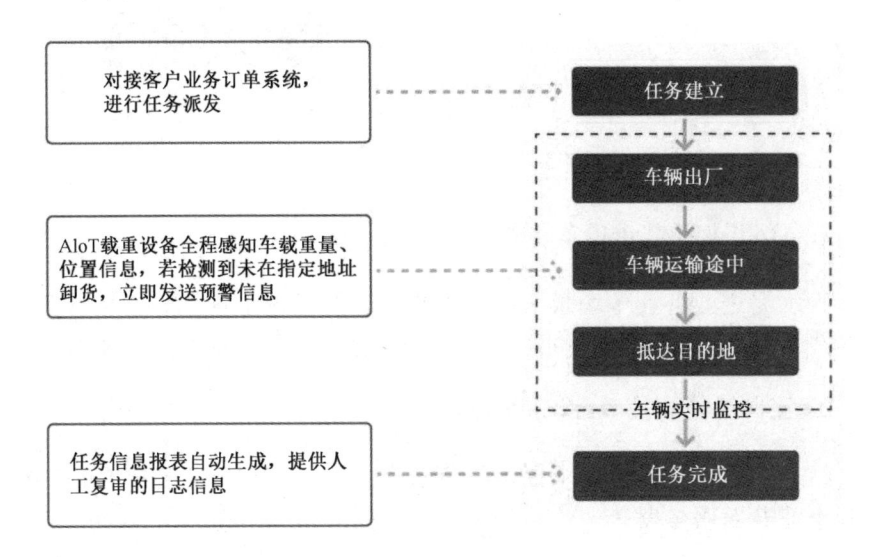

流向监控业务流程图

2. 异常事件识别原理

通过安装在货车上的 AIoT 北斗载重设备精确识别车辆的每一次装载、卸载事件，记录重量变化过程，实时上报监控平台。

监控平台采集车辆的重量变化过程数据，结合订单客户信息，提取客户卸货地址围栏，利用智能终端记录的卸货事件，判断卸货位置是否合规（围栏内卸货属于正常卸货，围栏外卸货属于异常卸货）。

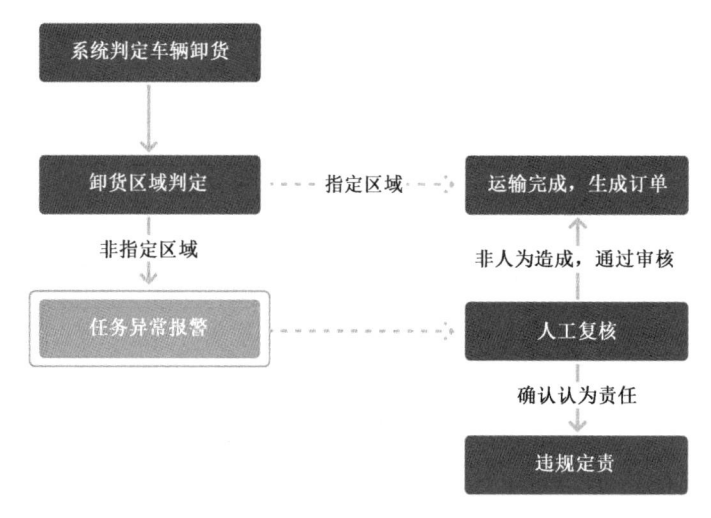

异常卸货订单判定流程图

❖ 实施内容与路径

1. AIoT 北斗载重设备安装

为水泥企业各业务场景下所有需要监管的运输车辆统一安装一套 AIoT 北斗载重设备，实现车辆位置信息、运载货物重量信息的采集及上报。

2. 流向智能管控 SaaS 系统部署

结合企业数据安全需求提供服务器资源，将流向智能管控 SaaS 系统部署到企业专属服务器。

3. 企业内部信息化系统数据对接

系统部署完成后，流向智能管控 SaaS 系统与水泥企业内部信息化系统进行数据对接，获取订单数据资源，进行信息交互，实现对订单状态的全流程监管。

4. 运营监管

数据对接完成后，流向智能管控 SaaS 系统会对水泥企业"采购订单、销售订单"的在途状态进行全程"位置+载重"实时动态管控，还原营运车辆在途真实状态，企业管理人员可对运输状态进行事前防御、事中管控、事后整治。

➡ 案例特点

1. 行业需求与痛点

自我国提出"2030 碳达峰，2060 碳中和"的远景目标后，水泥行业在供给侧结构性改革、常态化错峰生产、碳减排等各项政策下，行业竞争加剧、利润空间不断压缩、潜在隐患升级，为水泥企业带来较大的经济影响。据综合调研反馈，在水泥行业采购物流、销售物流两大业务场景的货物运输过程中，由于缺乏科学、有效的信息化管控方式，普遍存在"窜货""偷换货"隐患，导致市场真实需求缺乏科学分析、研判，企业经营成本增高。

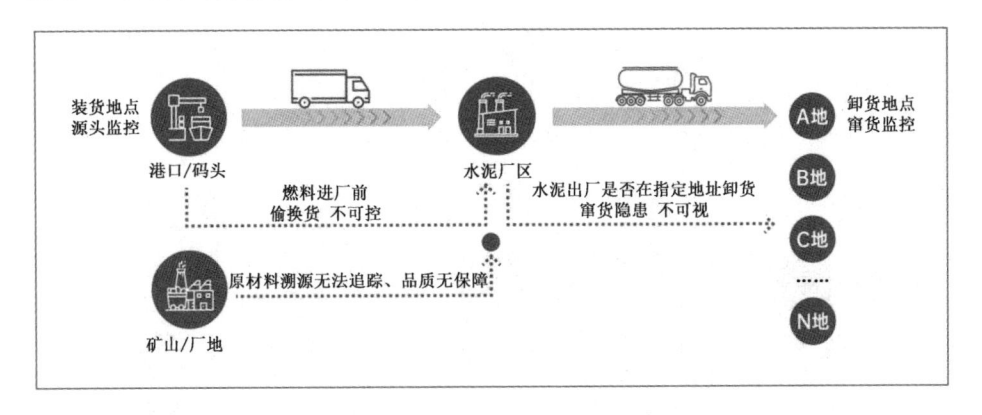

业务需求场景图

在原材料供应环节，煤炭价格持续上涨，导致煤炭在运输过程中，司机与不法分子勾结，在途中偷换货、以次煤充换好煤的现象频发，除了给水泥企业带来经济影响，更严峻的问题是煤炭作为熟料生产环节的主要供给燃料，严重影响熟料生产品质及碳排放指标。

在水泥销售环节，行业之间的价格战，给不良经销商带来"商机"，"窜货"问题成为常态。然而，"窜货"问题的产生，除了影响水泥企业盈利能力，更深层次的危害在于，销量无法充分体现各区域市场的消化能力，造成销量过剩区域依旧过剩，缺货区域依旧缺货的现象，对水泥企业制定市场策略造成极大干扰，影响水泥企业对市场形势的研判。

传统水泥企业的流向管控手段主要依靠建立人工路签单，或者根据 GPS 轨迹查看的模式进行在途监管，但这些方法都存在效率低、效果差、人工成本高、轨迹易造假等缺点，无法还原货物在途的真实运输状态。

2. 基于 AIoT 北斗载重设备的车货监管新模式

基于"AIoT 北斗载重设备+流向智能管控 SaaS 系统"软硬件结合的应用完美解决了传统模式存在的问题,以"位置信息+重量信息"的关键数据,构建"人(司机)—车(位置)—货(重量)—云(分析)—管(任务管理)"全方位立体服务管控体系,精准识别、判断水泥运输车辆在途真实状态,判责准、效率高,管车又管货、省时又省力,大大提高企业物流信息化水平,具有实时、便捷、可靠的特点。

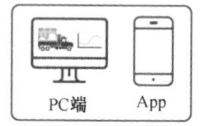

车、货监管新模式图

实施效果

1. 应用效果

目前,深圳汉德流向智能管控 SaaS 系统已服务于水泥行业客户近 40 家,其中包括海螺水泥、西南水泥、红狮水泥、万年青、尧柏水泥、鱼峰水泥、亚泰集团、南方水泥、上峰水泥、塔牌集团、华新水泥、天山水泥、山西山水、陕西生态等头部百强企业。

综合多家水泥企业的效果反馈,企业在应用"基于 AIoT 北斗载重设备的流向智能管控 SaaS 系统"三个月后,可在一定程度上防止水泥窜货、原燃材料偷换货行为,实现综合降本 20%,综合增效 30%。

2. 应用价值

（1）原材料溯源追踪、在途品质管控，规避偷换货现象

在原材料、燃料供应端运输车辆装货源头进行监控，对货物在途运输过程中"装货地址+GPS 轨迹+货物载重"状态全程动态感知，透明化运输管理，有效规避物资运输过程中偷换货、产地不明等问题。

（2）销售物流环节全程可视，规避窜货隐患

通过"GPS 轨迹+货物载重+卸货围栏+异常管理"对水泥销售出厂后的情况进行全程动态监控，实时感知车辆行驶位置、货物重量变化，如当前货物未在指定地址卸货，系统智能识别窜货车辆，有效规避窜货隐患。

（3）构建数字化销售网络，还原市场真实需求

整合水泥企业信息化管理系统的订单信息、物流信息，通过大数据对水泥企业各区域销量情况、司机运输路线走势情况、各经销商销售渠道情况进行统计分析，生成可视化 BI 报表，赋能企业构建数字化销售网络。

（4）助力企业优化产销策略，避免产能过剩

基于数字网络销售图谱，企业可根据市场真实需求，制定产销策略，科学排产，有效规避产能过剩问题。

（5）提供科学定价辅助决策，规避不良竞争

企业可根据各厂区、各销售区域、各经销商销售情况的统计数据，对市场真实需求及趋势走向进行分析、研判，制定经营策略，科学定价，规避因不良竞争带来的市场误判行为。

22

设备远程在线监测系统

——邢台金隅冀东水泥有限公司

企业简介

邢台金隅冀东水泥有限公司位于临城经济开发区，是北京市国资委下属的北京金隅集团旗下国有企业。

公司依托雄厚的资金实力和先进的管理理念，在各级政府的领导下，充分发挥自身优势，积极履行国有企业的社会责任，大力弘扬金隅干事文化，发扬"重实际、重创新、重效益、争一流"的金隅精神，走出了一条科学管理、高质量发展的道路。

公司积极响应国家号召，按照"行业一流"的发展定位大力推进两化融合，打造智慧工厂和绿色工厂，在智慧能管、智能物流、智能配料、智能设备巡检、智能脱硝等方面走在了行业前列。

公司先后通过了质量、环境、职业健康安全、测量、能源、两化融合、数据能力成熟度等多项管理体系认证。

案例实施情况

总体设计

根据生产企业的实际情况，以准确的状态感知为基础，将设备诊断与设备维护有机结合，通过大数据、云计算、5G、工业互联网，实现大数据支撑、智能预警、故障诊断、健康监测等技术，通过积累数据，丰富知识库，逐渐完成预防性维修转变为预知性维修模式的升级，充分发挥数据价值、共享知识经验，依托智能化技术手段，达到改善设备管理水平、提高设备效率、降低维修成本的目标。

系统结合当下流行的物联网、大数据、微服务等技术，采用分层设计的理念为客户提供完备的设备在线监控应用，平台主要分为数据采集层、平台核心能力层、智能应用层三大部分。

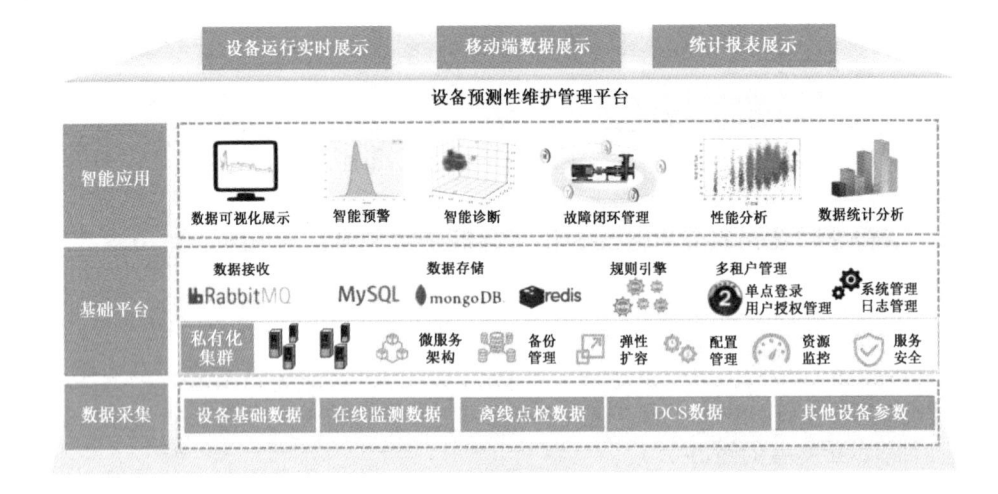

系统应用架构

➡️ 实施内容与路径

为实现设备智能化管理，设备运行状况可视化、设备巡检、维修管理闭环化，建设全方位设备在线监测与智能分析为核心的设备智能化管理系统。系统采用在线监测方式、频谱分析技术、数据挖掘和综合多参量设备模型对设备运行状态进行在线监测和智能预警、诊断。

1. 设备在线监测原则、范围及数量

该方案以避免设备重大故障、提高设备可靠性、控制成本、减员增效为核心目标。

（1）原则：矿山、生料、熟料、水泥各工序的关键、重点设备监测；高处、隐蔽处不易观察的设备监测；危险区域的设备监测。

（2）范围：关键主机全覆盖监测，监测设备137台。数量合计，现场目前确认设备监测总数747点。

通过现场数据采集技术对设备进行振动、温度等监测，采用波形频谱分析技术、数据挖掘方式对监测设备进行建模，状态智能诊断及时自动推送预警信息，实现关键重要设备管理的智能化。

2. 综合多参量智能诊断

将电流、电压、频率等电气参数，风量、风压、粒度、台时等工艺量参数进行整合，以振动、温度、转速为基础，综合电气、工艺参数进行模型设计，并不断优化，对设备运行状态进行综合智能分析，保证结果的准确性。

3. 数据标准化接口

支持 OPC/ModBus 等形式的标准化数据接口，支持与 MES、DCS、设备管理等系统数据的对接。

⇒ 案例特点

为稳定生产打好基础，实现公司水泥绿色环保、节能高效、可持续发展的智能化管理目标，以设备当前的实际工作状况为依据，而非传统的以设备使用时间为依据规划检修，即通过先进的状态监测手段、设备评价等级及根据实际运行特征自学习功能，准确判断设备的运行状态，为设备维护提供依据，对故障部位及其严重程度做出判断，并根据分析诊断结果在设备性能下降到一定程度或故障将要发生之前进行维修。通过提高设备的可靠运转率和明确检修目标，降低设备维护的综合费用，为设备安全、稳定、长周期、全性能、优质运行提供可靠的技术和管理保障。

（1）实现设备管理的信息化，对包括设备运行信息、报警等级、故障状态等信息进行数据的标准化采集、存储及进一步应用分析。

（2）通过智能预警、诊断，提升设备安全性。通过多工况的综合智能报警，避免因非设备自身因素造成的误报、误停情况，提高设备运行的可靠性，保证在设备和系统参数达到故障临界点之前进行精准运维的介入，有效防止实际故障的发生，大幅提升设备运行的安全性。

（3）建立设备故障诊断试验设施，培养设备诊断工程师，提升人员技术水平，进一步提升设备管理水平。

（4）在线监测与智能诊断，减少一线岗位人员巡检工作量，降低维修成本，延长设备使用寿命。

（5）实时、准确反映设备的健康状况，显著提高设备可靠性，降低备件库存成本。

（6）优化巡检岗位，大幅减少巡点检频次。

（7）配合设备的在线监测实现设备故障早预警、早诊断、早处理，继而实现预测性维修，有效减少突发故障导致的非计划停机现象，从而降低综合维修成本。

（8）可以及时反映设备的真实运行状态，有利于编制维修计划，合理地使用设备，提高设备的利用率，为分析延长设备的使用年限提供数据支撑，并提供技术人员报备件计划的准确性和科学性，有效降低备件库存。

实施效果

振动作为最有效的监测方法，本单位的设备远程在线监测系统（振动、温度数据采集与分析）项目具有如下特性：

（1）远程在线智能监测系统方案实施，生产、设备管理人员通过移动终端能及时掌握设备生产运行的各项参数和异常状况，通过各项数据的采集与分析为整个生产系统的精细管理提供数据参考。

（2）对监测范围内的设备进行实时在线监测和分析诊断，并借助先进的智能报警、诊断、体检等智能模型，开展设备预测性维护工作数据，对选取的关键机组设备加装采集硬件设备，对流水线上的主要设备实现 7×24 小时的在线检测和管理，为进一步检修维修提供数据，实现企业设备全生命周期管理，提高企业设备管理水平，提升设备技术人员整体素质。

（3）该项目结合工业互联网平台功能架构与设备预测性维护主业务，通过技术创新，将先进工业传感技术、高级计算与工业设备健康管理融合，为企业提供更加智能、安全、高效的机器健康预警、诊断等结果。

该公司在建设设备远程在线监测系统项目后，在降低维修成本、延长设备使用寿命、降低劳动强度、降低设备故障率等方面得到改善，主要体现在如下方面。

（1）减少70%因设备突发故障导致的非计划停机现象。

（2）系统使用10K加速度传感器采集信号，能有效检测设备中期或者早期故障，设备管理人员通过故障结论有计划地安排检修，不会因不可控因素导致设备故障，以至于出现晚期突发停机现象。

（3）系统趋势预警可以监测设备故障恶化较快的设备，避免人为巡检未及时发现隐患导致突然停机。

（4）优化30%巡检维修人员结构。

（5）优化巡检人员部署。设备在线状态监测系统的部署，现场设备运行状态数据实时采集到系统界面，关于设备振动和温度巡检的任务完全由机器代替。

（6）提高故障诊断人员效率。当设备出现异常时，系统推送故障结论，以前需要人员在现场诊断故障的任务现在完全由系统代替。

（7）减少巡检统计工作量。例行每日巡检报表填写与管理工作，以前由人员完成现在改变为由系统完成。

（8）提高资料管理人员效率。设备档案管理可以由系统来管理，不再需要安排专门人员管理设备资料。

（9）信息化工具提升工作效率。设备管理可采用系统工具来提升效率，实现设备的数字化、可视化和透明化，设备主管按照系统数据就可以触发相应管理流程，提升工作效率，同时优化人员结构。

（10）减少10%的备品备件库存。

（11）系统采用早期或者中期故障检测方法，可以提前1~3个月发现设备故障，为采购部门提供部分备件的合理采购建议。

23 玻璃行业智能化冷端

——中国建材国际工程集团有限公司

企业简介

中国建材国际工程集团有限公司 1991 年成立于上海，是中国建材港股（HK3323）的工程服务板块和平台，多次跻身美国 ENR "全球最大 250 家国际承包商"和"国际工程设计公司 225 强"。

公司主营业务为新玻璃、新能源、新型房屋、智慧农业的工程技术服务及装备制造。公司坚持自主创新与集成创新相结合，聚焦产业链高端进行工程技术的集成开发，推动行业转型升级，高端浮法玻璃、超白光伏压延玻璃技术在国内工程市场占有率超过 80%。公司作为建材行业龙头企业，专注于建材行业工业化生产与信息化结合，在国内，公司的经营网络以上海为中心覆盖全国，在国外则遍及欧洲和"一带一路"沿线国家和地区。

公司全面实施产品差异化、信息集成化、经营智慧化的竞争策略，选择走智能制造之路，把握智能制造的推广先机，提升企业的管理水平。同时，结合业务拓展，公司建设了面向全行业的工业互联网平台，并将此新模式推广至全行业。

案例实施情况

总体设计

智能冷端关键技术是一套从切割、掰断、输送到取片的一整套关键技术。该课题的智能方面包括通过感知玻璃表面缺陷信息实现玻璃的多订单优化切割，基于回归分析、误差推理的输送系统和基于多支线路由的立体输送等。

该技术是基于玻璃订单并实现优化切割和智能排产的柔性生产系统，此系统核心组件由优化系统、切割系统、线控系统，以及配套装备组成，协助外延的系统包含缺陷检测系统、完整性检测系统、成品堆垛系统、废品回收系统等。

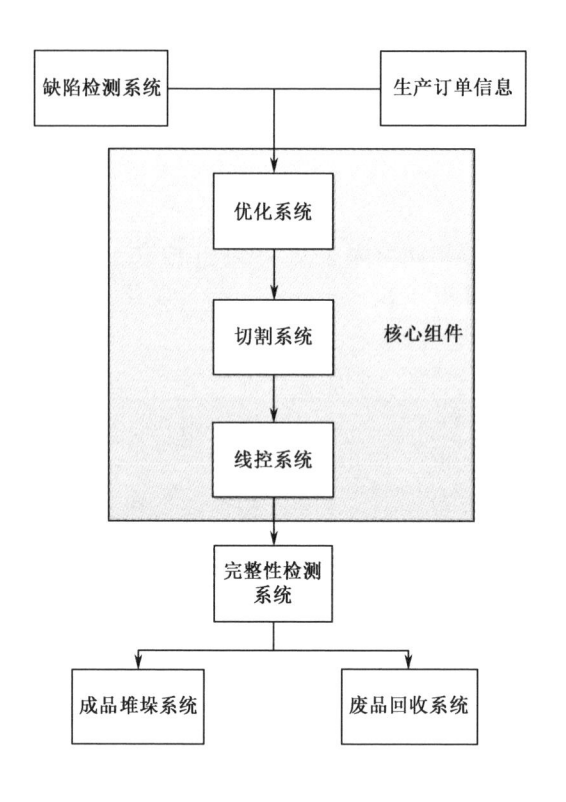

工艺流程关系框架图

实施内容与路径

（1）建设具备感知、分析、推理与决策功能的智能优化切割系统。

此部分细分为优化和切割两部分，优化侧重于对切割方案算法的研究，计算出优化的切割方案；切割侧重于对切割方案的执行，实现优化系统的切割方案。优化切割系统的另一部分工作是对在线玻璃和在线堆垛位进行监控，并利用这些信息及时进行学习，计算出最优方案后，提供给切割系统。

（2）建设基于回归分析、误差推理的切割后玻璃的二维跟踪系统。

在智能化冷端生产的优质浮法玻璃，进入掰边、纵掰、落板及支线后不仅需要对纵向位置进行跟踪，还需要对横向位置进行跟踪。因此优质浮法玻璃冷端后续需要实现横向和纵向的二维跟踪，并且通过计算机虚拟化每一片玻璃，在计算机后台进行分析、推理整个生产过程等。此项技术将计算机虚拟数字化技术与实际生产连接起来，实现智能化生产。

（3）研发多通路智能路由的玻璃立体输送技术。

智能化冷端的主要特点是节拍快，传统的单层输送辊道方式已经不适用于此生产方式，通过双层立体辊道的研发，公司解决了这一难题。由于双层辊道的存在，玻璃来片周期被延长至原来的两倍，再通过成组配合，玻璃来片周期被延长至原来的四倍，玻璃来片周期短、节拍快的问题得以解决。

案例特点

（1）开发了基于用户订单和玻璃带缺陷信息的优化切割系统，该系统实现了与缺陷检测系统完全的信息通信交互，使此系统能够根据玻璃板面缺陷分布情况，实现多尺寸、多规格智能推算切割。

（2）开发切割后玻璃的横向和纵向双向二维跟踪，实现玻璃运行轨迹的监控、掰边、纵掰、支线转向等装备动作位置和时机的精确控制。此项目实现了二维双向跟踪，以往的系统只实现了纵向一维跟踪，即在玻璃前进方向实现了位置跟踪。而此项目同时实现了纵向和横向两个方向的跟踪，掰边辊道、掰边装置、纵掰辊道、琴键落板可根据横向跟踪位置进行精确的位置控制，改变以往此处靠人工操作的局面，整体装备自动化水平又上升了一个台阶，生产效率也得到提高。

（3）开发了玻璃立体输送技术，该技术可以针对玻璃节拍时间短的生产线实现节拍加长控制，缓解冷端装备的工作压力。

实施效果

（1）以"优化切割"为代表的智能化冷端提高了玻璃成品率。

"优化切割"系统是此课题的核心部件之一，在浮法玻璃生产冷端工艺中，切割一直是冷端的核心。据统计，针对日熔化量600吨的生产线，全年综合提高4个百分点成品率，收入新增约1000万。"优化切割"填补了国内空白，此项技术可以在国内多条玻璃线上展开应用。

（2）玻璃二维跟踪使整个生产线更加智能，降低人工参与程度。

利用横向和纵向的二维跟踪使整个生产线实现全部自动化，利用纵向跟踪实现玻璃运行方向的位置跟踪，使掰边、纵掰、落板、转向全部自动化；当玻璃板漂移或纵切缝发生改变时，利用横向跟踪，使所有的跨越设备能够自动适应切割缝的变换，降低劳动强度，提高了设备动作的准确性。

（3）立体输送、成组等技术解决了高速冷端中的玻璃破损难题。

利用立体输送技术，将玻璃通过上下层辊道分流来片玻璃，将来片玻璃分流到不同支线。通过分流来延长每条支线的玻璃来片周期，降低支线的玻

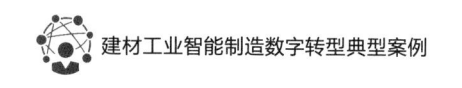

璃输送速度，解决了高速冷端玻璃破损的难题。

  优质浮法玻璃生产线智能冷端技术及装备提高了国内优质浮法玻璃智能装备的研究、设计、制造和全线的智能化能力和水平，并达到核心部件、核心算法和核心技术全部国产化的目标，打破了国外垄断，填补了国内空白，解决了卡脖子难题，使该技术从跟跑变为领跑。目前该技术实现了生产过程高效透明管理，生产故障风险率降低了50%，员工工作效率提高了20%，人力成本降低了25%，极大提升了企业生产智能化水平，提高了企业竞争力。后续该成果将在美国加迪安沙特生产线和卢森堡生产线投入使用，这也将成为发达国家玻璃工业巨头应用该技术成果的典型案例。

24

"1+N+N" 多场景服务平台

——中国建材集团财务有限公司

企业简介

中国建材集团是全球最大的综合性建材产业集团、世界领先的新材料开发商和综合服务商之一。中国建材集团财务有限公司（简称财务公司）是集团内唯一的非银行金融机构，围绕集团发展战略，贯彻执行"专业、高效、协同、创新"的经营理念，通过吸收成员单位存款搭建集团资金池，提高资金归集度，运用非银行金融机构的牌照资质，为成员单位提供金融产品和服务，提高集团整体资金使用效率和使用效益。

财务公司近年来研发了"1+N"共享资金服务系统平台、"1+N+N"多场景服务平台，提供深度产融生态协同服务，做到了商流、物流、资金流、信息流四流合一，真正实现了业财一体化，帮助成员单位实现广泛连接、智能响应、聚众创新，助力集团实现产业升级、高质量发展。

案例实施情况

总体设计

本案例为中国建材"1+N+N"多场景服务平台。其中，"1+N+N"中的"1"指一个数据标准，即贯标《水泥工业物资分类与代码》等行业或国家标准，第一个"N"指多个产业场景，如集采、商城等，第二个"N"则指以成员单位经营管理各环节与资金业务的衔接融合为切入点，为成员单位提供包含多种产融服务协同的共享云平台，构建业、财、资、税一体化的共享生态体系。

"1+N+N"多场景服务平台基于云平台的架构，满足弹性扩展、访问流畅的需求，同时支撑核心企业构建高并发、高性能、高可用、安全的多场景服务应用，满足企业多元化拓展的需求。

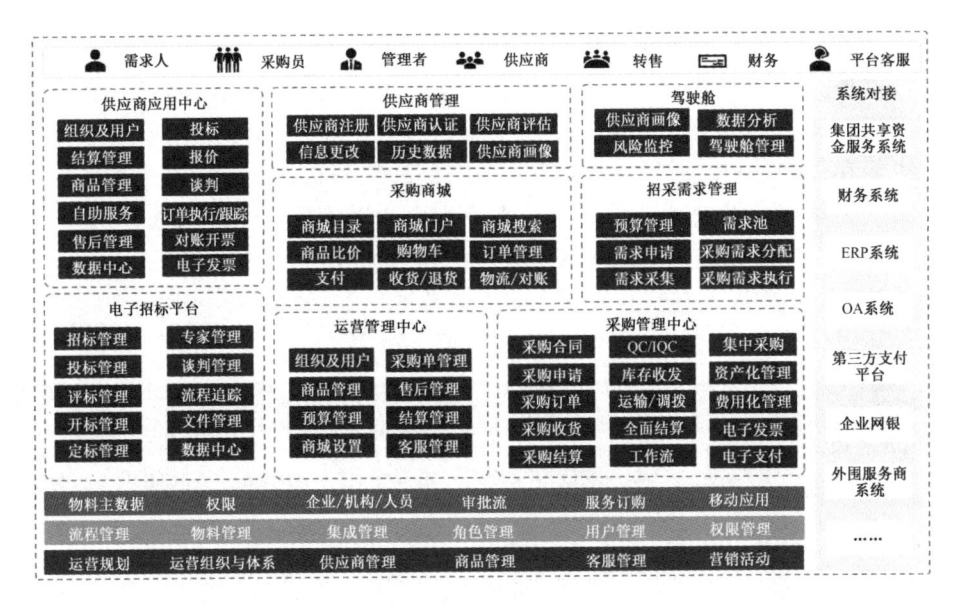

总体架构图

⇢实施内容与路径

财务公司在"1+N+N"多场景服务平台具体实施过程中，驻扎当地企业深度调研，对该案例进行统一设计规划后，分步骤、分阶段实施。

第一阶段，按照平台总体设计，平台完成试点单位全部数据接入，建设主数据标准，打通业务断点，与 ERP 系统、财务系统、资金系统互通。同时引入采购协同场景，为企业提供采购全流程交易闭环服务。

第二阶段，开展统一数据分析，平台实现供应商画像和分档分级。平台数据处理模块建成，构建采购管理驾驶舱，实现数据可视，充分释放数据价值。

第三阶段，接入多种产融服务，平台实现多场景服务的全面深化应用，提供"平台+生态"的新型云服务模式，实现产业链现代化建设。

具体实施内容如下：

（1）建设主数据标准。

"1+N+N"多场景服务平台贯彻《水泥工业物资分类与代码》，建设主数据标准。根据中国建筑材料联合会制定的水泥行标 38 个大类、349 个中类、2589 个小类，对现有 6 万条水泥行业物料代码进行了梳理、清洗与编制，规范数据标准，加强数据治理，确保数据同源，打通数据壁垒，激活数据价值。

该平台建立数据字典，按照数据标准规范要求，对主数据实施统一编码，为采购、生产、销售等业务系统和资金核算等财务系统联通和业财数据贯通奠定基础，为高效分析决策提供结构化数据支撑。

（2）引入采购协同，打通业务流程。

财务公司从四个基本出发点出发对采购场景进行建设，涵盖从寻源到合同再到支付的企业采购全流程交易闭环服务，企业可通过该场景进行采购决策和高效协同，通过直接物料采购、间接物料采购、工程服务类采购的三大交易场景，覆盖企业采购全品类，为企业采购提供一站式服务。

同时，该场景打通了与 ERP 系统的内部采购流程，连接财务系统、资金系统，让采购决策与执行更简单，从交易过程到采购执行管理全流程数字化、在线化。

物资编码治理	统一采购平台	供应链价值整合	采购组织与共享服务
■贯彻《水泥工业物资分类与代码》，设计适用水泥行业企业的物料品类编码体系，并通过系统实现统一分发，支撑中材水泥采购业务 ■与各类系统松耦合的主数据管理平台	■第一阶段，实现"多个系统统一采购门户，支持多个采购场景类别"，单点登录SSO ■第二阶段，以自有PaaS平台为采购中台，建立电子招标系统及采购商城微服务中台	■以提高存货周转率为核心目标，通过强化仓储现场管理、分拣发货、平衡利库等手段，降低库存水位 加强内部结算、补货计划、采购预测、库存管理 工程项目及资产设备管理的整合	■进一步明确集团的采购共享服务组织职责，加强服务水务协议标准的制定 ■通过不断发展的能力，构建生态圈

采购场景的四个基本出发点

（3）供应商画像。

本平台通过构建物资供应商画像数据库，采用相关模型算法对物资供应商的基本信息、中标情况、供货质量、履约情况、不良行为等维度的数据进行降维处理，并通过层次分析算法构建物资供应商评级模型，对物资供应商的综合得分进行良好的度量和区分，实现物资供应商的画像和分档分级，系统将通过模型结果发现供应商之间的明显差异。

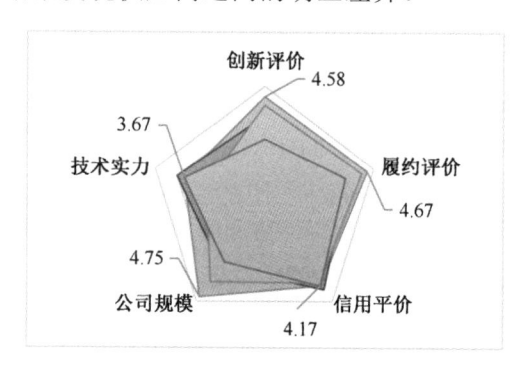

供应商画像示意图

（4）构建采购驾驶舱。

该驾驶舱面向企业高层领导，提供对采购业务推进的整体势态的分析工具，是"看得见、管得住、审得清"的高层次实现。高层领导可通过驾驶舱直接查阅数据，不再需要层层加工上报。

（5）"平台+生态"的新型云服务模式。

资金系统通过本平台与 ERP 系统深度融合，不仅实现预算资金全程透明化管理，还可以实现销售收入信息的实时获取，同时与财务公司票据池及征信系统进行关联，节省财务人员的大量时间，构建业、财、资、税一体化的共享生态体系，实现多场景服务的全面深化应用。同时，财务公司为企业接入科技创新金融产品及服务，提供"平台+生态"的新型云服务模式，实现产业链现代化建设。

➡ 案例特点

"1+N+N"多场景服务平台是利用中台能力构建的互联网云平台，能够提高业务风险防护能力，满足智慧工厂、智慧经营、智慧决策等智慧应用，不断创造和释放数据价值。

1. 低代码敏捷开发

完善的平台架构和丰富的图形化开发组件支持全程在云端纯 Web 界面下进行低代码可视化业务开发，实现数据、流程、展现、门户四层开发成果的自由组合，快速定制化实现企业级业务管理功能。

2. 图形化全栈数据工厂

基于数据中台技术，提供去技术化的全栈数据工厂，不需要 IT 专家即可发掘数据之美。

3. 智能业务协同

业务协同引擎利用统一服务接口，实现跨平台的流程、数据和业务展现的立体式整合，让数据在流程中传递，同时有效地控制数据集的读写权限，保护数据安全。

4. 数据治理全周期

将数据治理过程贯穿数据全生命周期，实现大数据的融合存储与计算，螺旋式提高数据质量，持续积累数据资产。

5. 多样化的创新数据服务

通过中台能力聚众创新，提供可视化 AI 建模服务、数据交换共享服务、智能数据分析服务等多样化的创新数据服务，充分释放数据价值。

实施效果

水泥行业作为内需区域型产业及高耗能、高污染产业，集团传统水泥企业一直面临着内外部环境的挑战，具有发展战略转型的迫切要求。水泥成本为标准长尾模型，主要成本集中在煤炭、石灰石领域，同时备品备件散乱杂。根据水泥行业特点，财务公司依据中国建筑材料联合会提出的《水泥工业物资分类与代码》建立采购目录，为集团水泥板块下属各家成员单位按照统一标准进行采购提供物资映射，逐步完善物料编码及描述，避免物料信息无法清晰识别，导致采购错误，影响后续数据分析。之后，财务公司对集团水泥企业现有信息化流程进行调研，打通流程断点，建立以"1+N+N"多场景服务平台为核心的集采一体化流程，完善供应商准入评价及风险管理。

财务公司资金服务系统与集团下属成员单位关联超过 600 家，这为平台的推广及运用提供了土壤，财务公司以成员单位经营管理各环节与资金业务的衔接融合为切入点，通过建设"1+N+N"多场景服务平台为成员单位提供包含多种产融服务协同的共享云平台，构建业财一体化的共享生态体系，为成员单位提供产融多场景服务和金融服务。

本平台使用 SaaS 系统，使得平台可以快速复制。自上线至今，四家成员单位已顺利上线，节约系统重复建设费约 1000 万元。同时，平台推动成员单位登录云上平台，支持全流程在线高效协同，支持对接企业 ERP、金融服务、电商、物流等平台，使业务效率提升约 58%；预算资金全程透明化管理，各单位库存成本及采购成本每年同比降低约 15%～20%，节约生产成本总计约 1.65 亿元。本平台提供的"平台+生态"的新型云服务模式，使成员单位系统可在云上快速实施上线，如果该平台对成员单位进行快速覆盖，就能大幅节约生产成本，推进成员单位降本增效、高质量发展，提高集团的整体效率及效益，真正做到集团与成员单位合作共赢，在建材行业具有示范意义及推广价值。

25

云天软件集中式产供销一体化平台

——杭州云天软件股份有限公司

企业简介

杭州云天软件股份有限公司（简称云天软件）是一家专注于水泥行业数字化解决方案的综合服务商，核心产品为产供销一体化集中式管理的数据中台系统，目前已经推出数字生产系统、数字仓储系统、数字销发系统、智能 BI 分析系统等一系列适应当前水泥行业特点的产品。成立以来，云天软件一直专注于将时代前沿的数字技术应用到水泥企业的现代化管理上，为国内外几百家水泥企业定制开发了专属系统服务，并积累了大量的实践经验，是国内专业且具有行业影响力的水泥工业系统服务商。

案例实施情况

总体设计

云天软件集中式产供销一体化平台系统基于 .NET MVC 设计，使系统能够分层开发，各层之间逻辑分明，层与层之间提供接口方式来实现业务和数据的沟通，使系统具有极强的扩展性。

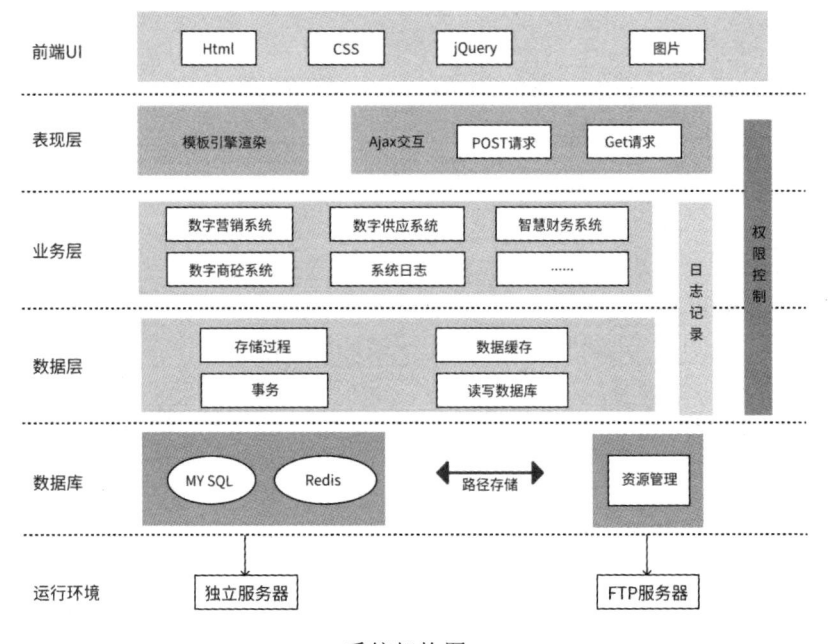

系统架构图

系统整体划分为不同组件或者应用服务，支持分布式部署及扩展，并通过 Nginx 组件实现站点的统一入口。根据逻辑关联划分为表现层、业务层和数据层。

表现层位于三层构架的最上层，与用户直接接触。主要是 B/S 信息系统中的 Web 浏览页面，能够兼容主流浏览器，业务层和数据层完全分离，通过跨域实现前后端数据通信。业务层的功能是对具体问题进行逻辑判断与执行操作，同时也是表现层与数据层的桥梁，实现三层之间的数据连接和指令传达，可以对接收的数据进行逻辑处理，实现数据的获取、修改、删除，并将处理结果反馈到表现层中，优化软件功能，同时业务层还负责系统数据存储、同步、缓存和备份管理。

整体而言，系统适应能力强，同步、异步操作都能处理，既能满足快速演变的业务需求，又能满足大数据量、复杂、异步的业务需求，具有很好的可扩展性。模块化使得系统很容易在纵向和水平两个方向拓展，可以将系统升级为更大、更有力的平台。

➡ 实施内容与路径

云天软件集中式产供销一体化平台包含集团数字营销系统、集团数字供应系统、集团智慧财务系统、集团数字商砼系统四大主系统，以及下属集团营销电商平台、集团销售管理系统、厂内智能物流系统、厂外流向管控系统、采购管理系统、备品备件仓库管理系统、电子招采平台、费控系统等 17 个子系统，通过集中式的平台系统满足客户多样化的业务管控要求，实现管理统一、数据统一、业务统一、全流程管控。

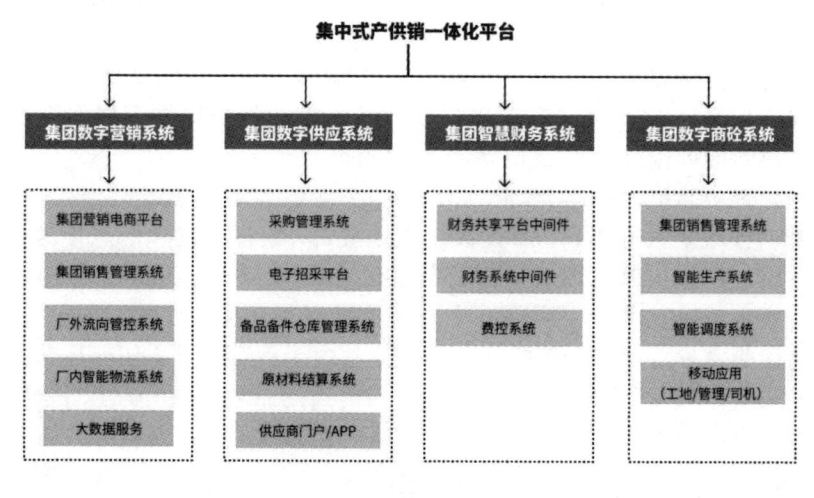

平台架构图

案例特点

大企业随着盈利的增长，纷纷加大企业科技创新投入，能效利用水平和资源综合利用水平明显提升，数字化、信息化技术的应用正引领行业转型升级，环境保护和安全生产标准进一步提高。对于大企业来说，要想统一管理、降本增效、建立标准化的管理体系，源头为重、移动办公、实时监控、效能提升是企业迫切需要解决的问题。

集团数字营销系统包含集团营销电商平台、集团销售管理系统、厂内智能物流系统、厂外流向管控系统、大数据服务。对销售端的合同、收款、定价、下单、对账、结算、开票等实现全业务、全流程线上管理闭环；物流端的智能设备和系统交互实现厂内智能物流；通过GPS+北斗定位系统实现厂外流向管控。除此之外，大数据服务能让客户实时了解全国水泥价格及指数等信息，辅助营销决策，整体实现全业务、全流程线上管理闭环，从工作效率、管理风险、数据精准等多个方面，助力企业整体管理效能的提升，建立一套完整的数字化管理解决方案。

集团数字供应系统包含采购管理系统、电子招采平台、供应商门户/App、原材料结算系统、备品备件仓库管理系统，整体包含备件采购仓储业务及大宗材料采购结算业务。通过五大子系统，实现整个供应流程的采购申请、招投标、供应商中标发货、货验收及最后的结算付款，整套供应流程实现全线上化，规范业务流程，建立了标准化的供应体系。

集团智慧财务系统主要包含财务共享平台中间件、财资系统中间件、费控系统，主要有以下特点。

（1）单据自动传输，线上数据采集对比

销售、供应等业务单据系统自动传输到用友财务系统，月末自动进行数据采集对比，差异数据主动推送。

（2）扫描影像智能匹配

与影像系统建立数据交互接口，业务单据与纸质单据形成线上线下数据关联，智能匹配并比对数据差异。

（3）银企直联，数据互通

客户打款至银行账户，通过银企直连接口，银行将收款信息推送至用友财务系统，将收款信息推送至云天集团化ERP系统，云天集团化ERP系统自动生成销售收款凭证，实现线上财务数据互享互通。

商砼是零库存类型，按照计划生产、站内无库存标准，任何环节的变化都会导致生产效率下降和差错率上升，当前商砼企业普遍存在以下问题：第一，运输成本增加；第二，工地压车、站内无车；第三，断料导致客户出现抱怨、投诉的情况；第四，司机偷油偷料。

为了解决上述问题，云天软件推出集团数字商砼系统，包含集团销售管理系统、智能生产系统、智能调度系统、移动应用（工地/管理/司机），以商砼销售管理系统为核心，结合智能化的生产、调度及便捷的移动应用，实现快速下单，迅速生产、智能调度发运，建立一套完整的智能化商砼业务流程，帮助企业减少因为各种问题而导致的损失。

实施效果

云天软件集中式产供销一体化平台的实施，逐步对系统的管理要求和业务流程进行了完善：

（1）业务升级：通过搭建统一的业务平台，实现西南水泥单个系统的数据统一，优化操作流程，加强系统管控，实现了数据统一和数据分析。

（2）全业务纳入信息化，进行线上系统化管理，使日常业务变得更加标准化、系统化和智能化。

（3）基础档案升级，冗余数据清理：重构基础档案管理维度，清理冗余的基础数据，缩减基础档案体量，实现以业务维度管理基础档案，提高业务执行效率。

（4）移动办公高效管理：结合互联网思维与模式，在企业微信、移动App完成业务执行、管理与审批，实现业务数据的无缝交互和传输，实现移动办公。

（5）业务数据自上而下统一管理：建立集团化管理平台，实现集团层面统一管理，集团、区域、企业统计报表实现统一数据平台管控，自上而下、分级展示。

早在我国国民经济和社会发展第十二个五年计划中就明确提出："企业信息化，信息条码化"，目前，两化融合的理论逐渐成熟，信息化成为工业企业经营管理的常规手段。如今大型的水泥集团越来越重视信息化，在高端化、智能化、绿色化方向持续发力，提高自身运营质量、管控水平，核心竞争能力显著增强。面对错综复杂的行业形势，各水泥集团大力部署信息化、数字化系统。云天软件集中式产供销一体化平台项目的成功实施，帮助企业实现降本增效、智能管控的目标，直接推动企业转型升级，帮助各水泥集团成为所属区域地区最大、数字化智能化程度最高的水泥产业集团，并大幅提高了区域内的行业集中度，改变了行业"小、散、乱"的市场格局。同时大型水泥集团发挥了行业引领作用，带头落实数字化发展，努力推动行业高质量发展，有力推动行业健康发展，也为地方经济建设做出了显著贡献。

云天软件集中式产供销一体化平台除了在西南水泥顺利实施，也在兆山集团顺利上线，与新都水泥的合作项目也在实施当中。

26 设备管理及辅助巡检系统

——安徽海螺信息技术工程有限责任公司

企业简介

安徽海螺信息技术工程有限责任公司位于安徽省芜湖市，是世界500强企业安徽海螺集团有限责任公司于2008年6月设立的全资子公司，是国家级技术中心——海螺集团技术中心骨干成员单位，获得高新技术企业、三体系（质量管理体系 ISO9001、环境管理体系 ISO14001、职业健康安全管理体系 OHSAS18001）认证、信息系统集成及服务资质及安徽省软件企业资格认定，取得多项计算机软件著作权、计算机软件产品、高新技术产品的注册认证，是水泥建材行业领先的智慧产业整体解决方案数据运维商，秉承"唯进步，不止步，为客户提供全方位的信息技术服务"的经营理念，在智能工厂、企业信息化方面构建起管理咨询、解决方案与产品、数据运维服务、数据监理服务的全流程、全周期的服务体系。

案例实施情况

总体设计

2015年初，该公司组织召开"两化融合"专题会议，明确了装备管理信息化的目标，成立信息建设小组。2015年3月，制定了全椒海螺设备管理及辅助巡检系统建设方案，研发了设备管理及辅助巡检系统，将先进的检测分析技术运用到企业设备的管理中，完善设备信息化和自动化系统的集成，建设具有海螺特色的设备管理系统。该系统硬件现场主要加装压力变送器、振动传感器、油位计、油位开关、铂电阻、光栅、视频等检测监控装置。软件主要对设备运行进行信息处理和集成，实现设备运行状态的实时分析、维修管理、润滑管理、故障诊断等，降低工作强度，提高效率。软件分为PC端和移动端，PC端重点在固定区域进行应用，移动端可随时随地掌控设备状态。

（1）设备状态在线监测主要监测设备振动、温度、压力、液位等状态数据，利用在线监测采集仪收集设备状态数据并上传至DCS系统。

（2）通过数据接口引入DCS系统、视频监视系统及手持式巡检仪数据。

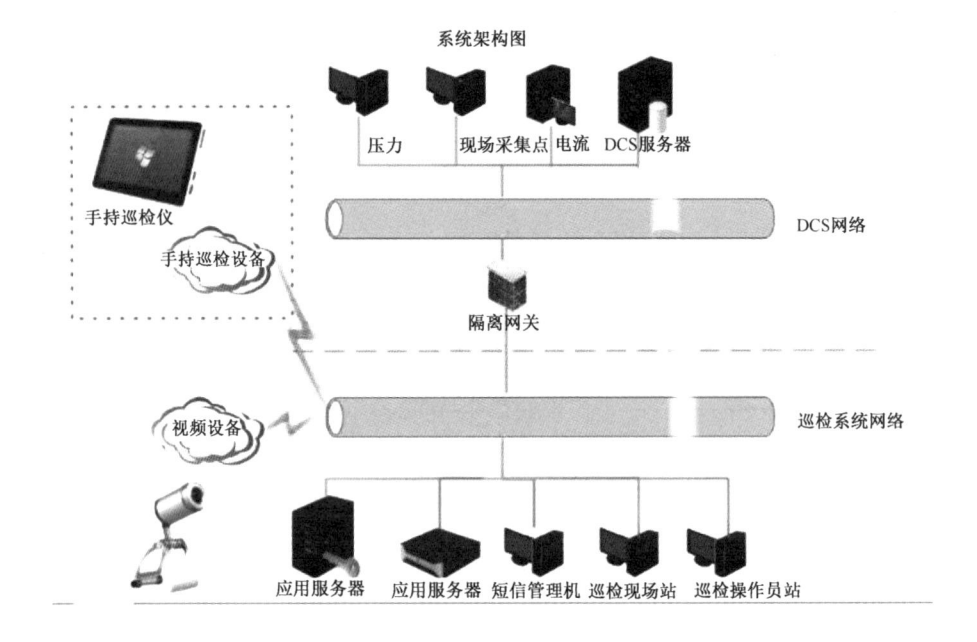

系统架构图

（3）采用 B/S 架构，建立设备巡检管理工作站。

（4）根据公司、分厂、区域责任人等不同管理层级、不同管理区域设置不同的管理权限。

系统分为数据采集层、数据处理层、监控展示层。

数据采集层：通过增加各类传感器，替代日常靠人工进行设备日常运行信息的采集。现场采集的设备状态数据进入 DCS，视频数据接入硬盘录像机，然后统一汇总至智能设备巡检系统。

数据处理层：将采集到的现场数据和设备基本信息、设备检修记录等数据进行融合，并根据人工设定的报警阈值进行报警提示。

监控展示层：设备参数超过整定值后出现红色报警界面，查看视频信息，点击报警设备后出现设备详细信息。

实施内容与路径

系统从筹划到建设完成正式投入运行共分为 4 个阶段。

（1）前期筹划阶段：2015 年 3 月—2015 年 9 月，机电保全部（装备管理部）牵头组织信息工程公司、全椒海螺研讨确定系统建设方案，进入软件初步设计阶段。

（2）开发施工阶段：2015 年 9 月—2016 年 4 月，机电保全部（装备管理部）、信息工程公司对系统软件进入模拟调试和初始化，全椒海螺组织对原料、烧成区域硬件进行安装、调试。

（3）一期建设阶段：2016年4月—2018年10月，系统在全椒海螺进入试运行阶段。机电保全部（装备管理部）组织皖北区域参与系统验收，全椒海螺优化调整制造分厂组织架构，并对试运行过程中存在的问题进行优化整改。

（4）二期建设阶段：2018年10月—2019年12月，在总结系统一期运行的基础上，装备管理部组织对矿山、水泥区域设备实施系统安装，实现全厂设备监测全覆盖，进一步优化PC端界面并同步开发移动端App，目前PC端和移动端App全面投入运行，系统在线率达到99%以上。

案例特点

公司设备管理及辅助巡检系统（Device Intelligence Online Manage System，DIOMS）是一项保障公司生产设备能够正常运转的智能管理系统，它的应用能够使员工及时发现设备隐患，延长设备的使用时间，同时它的运用也是企业实现信息化管理的有效途径，能够在真正意义上实现实时通信，为生产运行提供有力保障。根据现场生产的特点，以设备技术资料、设备日常保养维修、辅材备件等方面为基础建立起各类软件，整合到智能巡检系统进行调阅查看，全面走向智能化，迈出水泥行业信息化管理的关键一步。

在线诊断通过传感器对设备振动、温度信号的自动采集、分析、处理，实现设备无人值守监测。通过多种信号、多种报警机制相结合的智能报警体系，借助时域波形分析、频谱分析、趋势分析手段，基本判断设备的工作状态，提前定位减速机齿轮、轴承、润滑等异常部位劣化的情况，完成设备状态的评估和故障诊断，并滚动预测设备的使用寿命，提供维修建议和检修指导。

实施效果

全椒海螺设备管理及辅助巡检系统自投入运行后，在线率达99%以上，人机结合点检模式成效显著，设备隐患预判预知能力、设备运行受控度逐步提升，主要技术指标持续优化，现场人员管理效率得到提高，点检模式的优化能够有效减少人员的工作量。

技术经济指标方面：2019年系统稳定运行，全椒海螺两台窑综合运转率达 94.26%，全年共实现 8 次窑连续运行 60 天以上，17 个运转率 100%，其中 1#窑连续运行达 259 天。窑平均运行周期 79 天，较 2017 年提升 259%，较 2018 年提升 271%；窑系统机电故障率 0.18 次/条，较 2017 年下降 73%，较 2018 年下降 71%；备件消耗较 2017 年下降 9%，较 2018 年下降 14%。

管理成效方面：通过设备管理及辅助巡检系统的技术应用，切实提高生产线设备运行效率及监控质量，减少常规巡检造成的人力资源浪费，专业管理人员利用系统对数据进行客观的统计、分析，为专业管理工作提供迅速、准确、科学的依据。

提高管理效率：整合优化区域管理，改传统巡检为专业点检，将制造分厂原料、烧成、发电 3 个工段优化合并为 1 个运行工段，实行点检技师岗位制，推行扁平化管理，管理效率得到有效提高。

优化点检模式：通过将点检分类、点检标准、点检路线融入系统，实现设备人机巡检的有效互补，避免监控盲点，系统计算点检周期自动生成点检项目，点检全过程实现可视化，可实时掌握点检状态。

提高设备隐患预知能力：通过系统对设备运行状态监控、维修管理、润滑管理等功能的应用，移动端同步管理，实现远程掌控设备运行状态，大幅减少无效劳动，提高设备隐患的预知能力，专业技术人员集中精力对现场设备运行进行诊断，合理编制设备隐患预处理技术方案和检修方案等基础工作，从而提高技术管理水平。准确掌握生产线隐患点分布及故障等级，实现设备管理网络化，为生产线持续稳定运行提供技术保障。系统运行以来，累计发现原料磨、回转窑、斜拉链、辊压机等主辅机设备 65 项较大隐患。

推广情况方面：系统从正式在全椒海螺上线稳定运行以来逐步向全国子公司进行推广、实施、上线，目前已经成功推广并上线了 18 家子公司，并且各子公司上线运行系统后均有不错的反馈。

27 装配式建筑现场进度计划预测系统及预制构件生产信息化管理系统

——湖北广盛建筑产业化科技有限公司

企业简介

湖北广盛建筑产业化科技有限公司（简称广盛建科）是一家集建筑设计、生产、施工、研发、培训于一体的装配式建筑国家高新技术企业，成立于 2018 年 5 月，总投资 5 亿元，位于宜昌市夷陵区龙泉循环经济产业园 18 号，占地 300 亩，总建筑面积 120000 平方米，规划布局 16 条生产线，具备年产 20 万立方米的装配式建筑预制构件生产能力。2020 年销售收入 2119 万元，预计 2021 年实现销售收入 6340.74 万元。公司作为宜昌地区首家装配式预制构件生产企业，国家装配式建筑产业基地，湖北省信息化和工业化融合试点示范企业，湖北省支柱产业细分领域科技小巨人企业，在宜昌市的装配式建筑市场占有率达 74%以上，装配式建筑产业基地被列为湖北省重点建设项目。

案例实施情况

总体设计

由于装配式建筑项目施工现场存在众多不确定因素，导致其进度难以精确预测。而预制构件又属于高度定制化产品，不同项目间的部品部件无法通用。当现场发生延误时，极易导致库存积压，大量占用构件生产企业的资金及存放场地。

基于风险管理理论自主研发的现场进度计划预测系统，可在项目开工前对整个项目的进度情况做出预测，并将生产计划逐级细化至每日生产计划，便于工厂内组织有序生产。通过对项目实施情况进行跟踪，定期根据计划实施偏差情况对生产计划做出修正调整。配合 PCMES 预制构件生产管理系统及 RFID 芯片，赋予每个构件唯一身份标识，配合手机微信小程序扫码操作，实现预制构件厂计划、生产、质检、存放、发货、进场、检验及质量追溯全过程的信息快速采集。提高信息采集的及时性、准确性，减少人员间信息传递操作，提高工作效率。

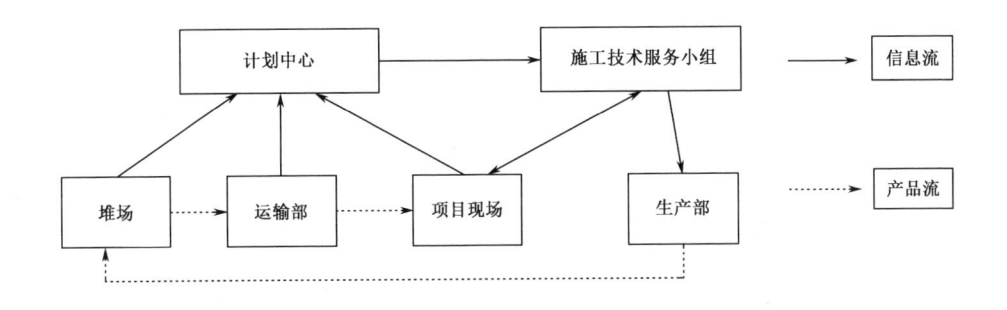

总体架构

⇢ 实施内容与路径

通过建立基线计划,将工地现状、工厂现状、预测现场状况、工厂生产情况等不同时间、空间的信息整合为一条信息流,从而将施工现场各阶段的状况及所需要的产品型号数量与工厂生产各阶段的状况,以及生产能力、仓储空间转换为可以通过计算机程序进行计算的量,并将测算结果与现场实际情况进行比对纠偏,进而不断修正项目进度曲线,最终实现项目现场不稳定施工到工厂连续稳定生产的有序转化,能够有效减少施工现场的不稳定因素对工厂生产的影响,尽可能实现均速生产,避免产能浪费与闲置。

⇢ 案例特点

由于国内装配式建筑发展时间较短,建筑业相关企业装配式相关技术实力参差不齐,即使 EPC 项目多数由多家企业组成联合体实施,但在统一管理、组织协调方面仍不能完全满足建筑工业化需求,导致施工现场的不可控因素较多。

据了解,国内目前还没有成熟的预制混凝土构件生产企业生产计划管理软件,依托于传统制造业的生产计划管理系统也无法满足装配式构件产品高度定制化的实际情况。而随着我国建筑业转型升级的步伐加快,截至 2020 年年底,全国规模在 3 万立方米以上的预制工厂已超过 1200 家,市场应用前景广阔。

■ 实施效果

通过建立现场进度计划预测系统,可以根据预测计划,合理准备人员、原材料、机械设备，组织有序生产；充分利用现有堆场的存储空间，调节各项目的进度。通过应用前述信息化管理系统，预制构件发货延误率降低至 0，堆场库存量降低 62%，库存平均周期由 45 天缩短至 15 天，堆场管理人员减少 40%。

通过对目前预制混凝土构件生产企业的调查，多数企业仍然依靠人员沟通跟踪施工现场进度的方式制订生产计划，计划的随意性大、准确性较差。总体生产计划和每日生产计划也主要依靠生产管理人员逐一核对，无法与信息化、智能化的工业建造方式相适应。

通过推广现场进度计划预测系统和生产信息化管理系统，可以提高预制构件生产企业在生产计划管理相关方面的信息化和自动化水平，从而避免发货延误，降低库存量，减少仓储成本及资金占用，具有较好的经济效益。

28

联合储库全自动智能行车项目

——葛洲坝宜城水泥有限公司

企业简介

葛洲坝宜城水泥有限公司由中国葛洲坝集团水泥有限公司与宜城市建设投资经营有限公司共同投资设立，是一条4800 t/d的水泥熟料生产线，于2008年3月25日注册成立。

公司年产水泥熟料148.8万吨，年产水泥200万吨，以P.O52.5、P.O42.5、M32.5级水泥和商品熟料为主导产品，并具备个性化产品研发能力。产品先后应用于蒙华铁路、汉十高铁、郑万铁路、麻竹高速、枣潜高速等重点工程。

公司建设运行9.0MW纯低温余热发电项目、生产线烟气脱硝（SNCR）技术改造工程项目和日处理200吨城市生活垃圾处理线，获"湖北省环保信用绿牌企业""湖北省守合同重信用企业""湖北省知识产权示范建设企业""襄阳工业企业税收百强企业"等荣誉称号，被核准为湖北省安全生产标准化二级达标企业。

案例实施情况

总体设计

全自动智能行车（桥式起重机）最大跨度38米、最大起升高度22米，包括远控中心系统、地面系统、机上系统三大部分。机上包括两台智能行车，一台用于原煤取投料，另一台用于石膏、湿粉煤灰等辅材取投料。每台配置16吨机械抓斗，全自动状态下每小时带料量不小于80 m³，并且能连续工作24小时。具备全自动、半自动、远程手动和现场手动四种控制模式，可实现联合储库桥式起重机DCS智能控制和中控室视频监控，提高水泥生产自动化水平。

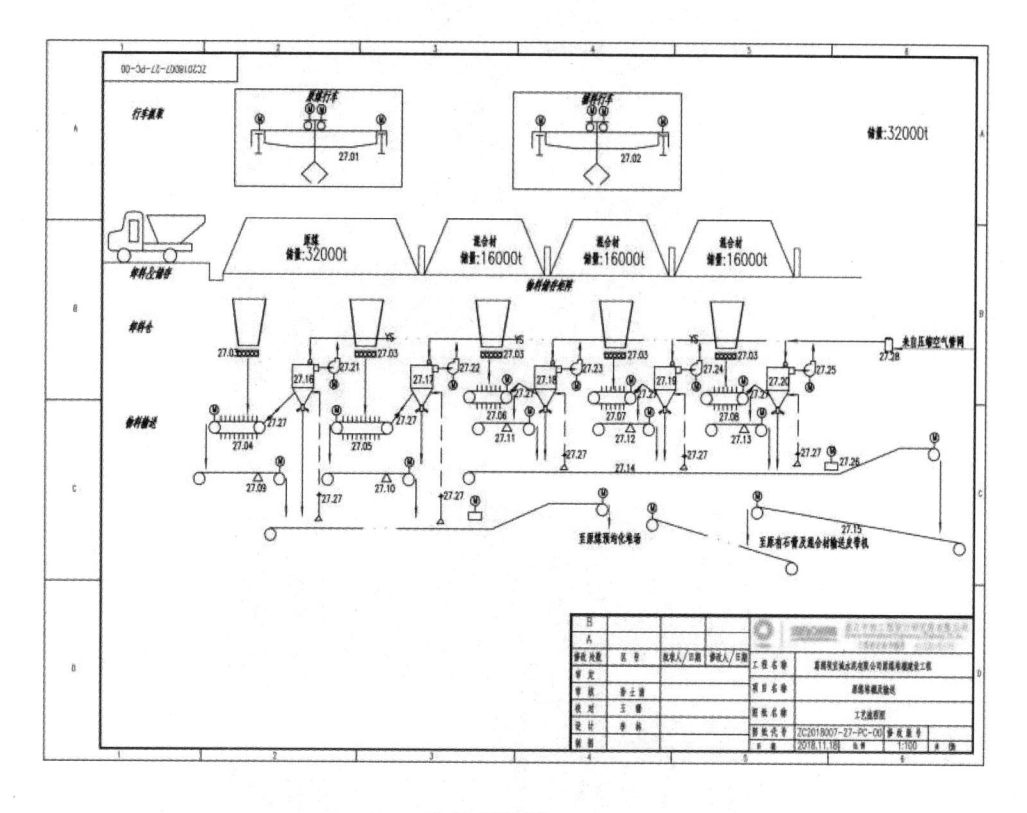

总体架构图

➡️ 实施内容与路径

1. 研究并新建辅料/原煤联合储库

公司对原煤露天堆场进行改造，新建长 200 米、宽 30 米、投料口高度 10.3 米的辅料/原煤联合储库。

根据物料特性、料仓构造、工艺特点、抓斗尺寸等多种因素对新联合储库物料存储区采用矩阵分块式划分，以桥式起重机抓斗抓取范围为一个基本矩阵单元，对物料库存情况进行全面管理。

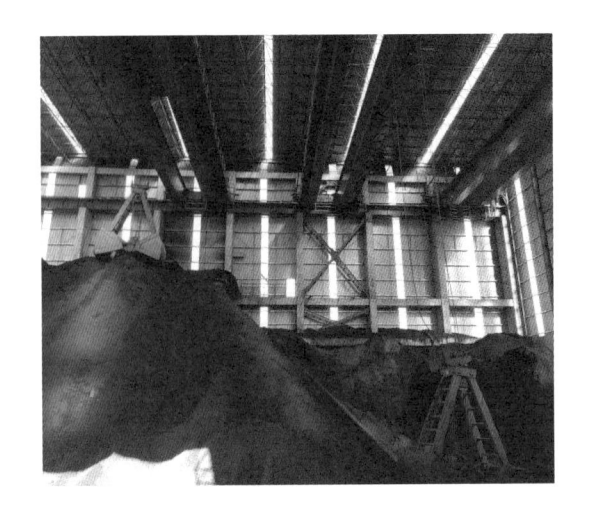

原煤储存矩阵单元

桥式起重机

2. 全自动起重机的控制方式与主要功能特点研究

1）控制方式

全自动智能行车兼具手动控制、半自动控制和全自动控制方式，操纵起重机完成移动、抓斗升降、抓取、投料等动作，在任何自动控制方式下，均有手动控制功能，且手动优先。即在任何情况下只要操作员触动操作台手动操作手柄，自动控制方式即刻停止并转入手动状态。同时，检修人员也可通过手持按钮式遥控器直接操作起重机，不需要与控制人员配合，减少维护人员，且方便、快捷，避免配合失误。

操作台操作手柄

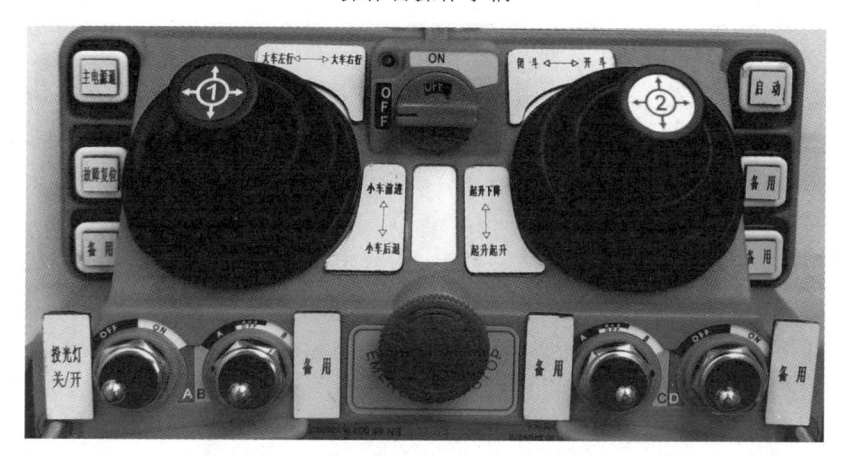

无线遥控器

控制功能明细表

控制方式 功能	手动控制	触摸屏半自动	全自动
料位信号	人工观察	人工观察	自动
选择抓取点	人工观察	人工观察	自动
选择投料点	人工观察	人工观察	自动
起重机启动	人工操作	自动	自动
移向抓取点	人工操作	自动	自动

续表

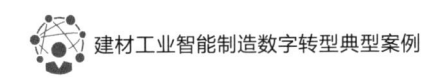

控制方式 功能	手动控制	触摸屏半自动	全自动
抓斗下降	人工操作	自动	自动
抓取物料	人工操作	自动	自动
抓斗边抓边提	自动	自动	自动
提升抓斗	人工操作	自动	自动
移向投料点	人工操作	自动	自动
开启抓斗卸料	人工操作	自动	自动
重复上述流程	人工操作	自动	自动
移向泊车位置	人工操作	自动	自动
故障诊断及报警	人工观察	自动	自动
远程在线诊断故障	有	有	有
检修遥控	有	有	有

2）定位与激光料位扫描

激光料位扫描定位系统用于掌控储库内物料的堆放情况，是实现起重机自动控制的关键。激光扫描仪安装在行车上对库区物料进行扫描，通过大车编码器位置准确区分各物料种类，数据处理后传给综合管理系统进行库区物料三维立体建模，行车大小车、抓斗编码器确定抓斗的三系坐标，与建模模型联动实现抓斗自动控制。当DCS给定加料信号时，工控机控制起重机自动从泊车位置启动、移向抓取点、下降抓斗、抓取物料、提升抓斗、移向料斗投料、返回泊车位置或重复动作。通过触摸屏点击抓取和投料的位置，也可实现上述工艺流程。

3）现场与中控联通

全自动起重机主要包括起重机运行位置检测信号、料仓料位检测信号、视频监控信号等，所有信号首先由各自处理系统在起重机上处理，后将远端控制所需信号采集后，采用无线传输方式传输到起重机地面信号站，起重机地面信号站信号采用有线方式传输到现场工作站，最后在中控室内将起重机系统信号采集使用。

4）安全防护

（1）库区地面防护。在进料口安装栅栏道闸机或卷闸门，库区登机楼梯口安装带信号反馈的安全门，道闸机（卷闸门）和安全门开闭状态反馈到中控，并与该库区起重设备进行作业连锁，防止人员任意闯入联合储库工作区域，导致发生意外事故。

（2）行车防撞系统。当大车行走时，判断起重设备轨道安全范围内是否有其他起重设备至关重要，否则可能出现直接碰撞的风险，导致停机甚至人员伤亡事故。在起重设备两个对角安装激光传感器，激光测距限位指向大车行走方向。激光信号接入起重设备的 PLC 系统，激光测距限位可以检测 10 米内是否有其他起重设备，当检测到其他起重设备时，可以实现自动减速停车。

3. 电气自动控制部分研究应用

（1）智能行车采用通用桥式起重机，大小车电机、开闭斗电机均采用特种起重电机，电气控制方面通过使用 ABB 起重专用变频器进行平滑控制。

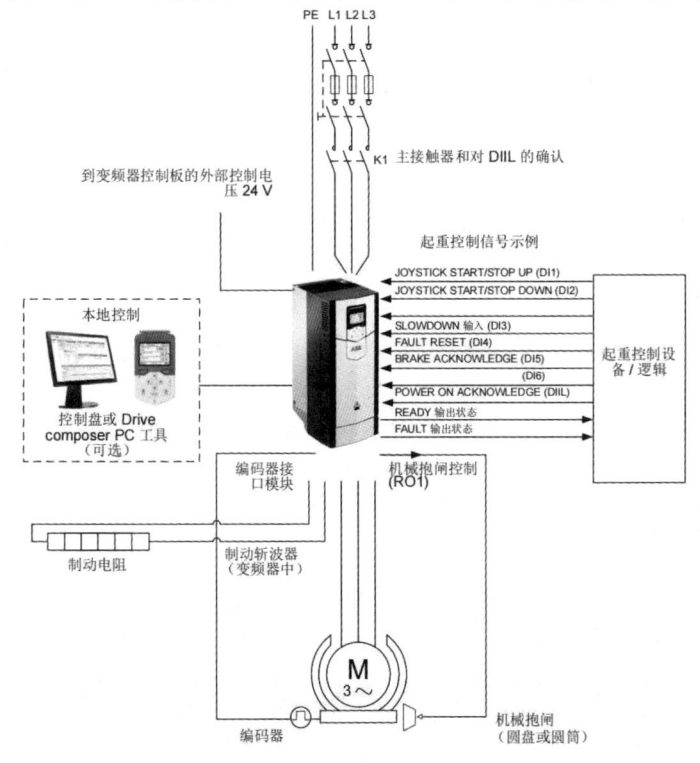

起重变频器及其控制接口总览

（2）自动控制方面采用西门子 S7 1500 作为核心控制元件，通过 Modbus 总线和 Profinet 通信协议关联所有重要控制元件。其中，Modbus 总线关联的设备主要为大小车电机变频器、升降电机变频器、开闭斗电机变频器、定位绝对值编码器和激光测距仪等；Profinet 关联的设备主要为西门子 S7 1500 控制组件、西门子触摸屏、智能远控核心交换机、称重系统、超载限制器、遥控器 AP 端、库区扫描仪等。

遥控器状态监视								
主画面	电源	起升1	起升2	小车	大车	数据	实时故障	遥控器
手柄状态：		手柄状态：		手柄状态：		手柄状态：	
起升上升档 ●		开斗档 ●		小车前进档 ●		大车左行档 ●	
起升下降档 ●		闭斗档 ●		小车后退档 ●		大车右行档 ●	
起升2档 ●		开闭2档 ●		小车2档 ●		大车2档 ●	
起升3档 ●		开闭3档 ●		小车3档 ●		大车3档 ●	
起升4档 ●		开闭4档 ●		小车4档 ●		大车4档 ●	
主电源通按钮 ●		紧停按钮 ●		故障复位按钮 ●		投光灯关/开 ●	
选择遥控器操作 ●				遥控器启动按钮(启动电铃) ●			

触摸屏画面

案例特点

（1）设计快速化：缩短行车产品设计周期，对桥门式起重机起升机构开展专门研究，开发了包含设计知识库和推理机的智能化快速设计系统，引入参数化设计、模块化设计、计算机辅助设计和仿真技术。

（2）结构轻量化：借鉴国外基于协同有限元方法的车体架构的轻量化设计，利用有限元的拓扑优化设计，通过对相关结构参数的控制和优化，实现节约材料条件下的最大刚度，与传统行车相比结构更轻。

（3）操作智能化：应用传感测控、模式识别、自动控制等技术，从传感器、智能控制算法和起重电机驱动方式等方向入手，在行车无人驾驶、精确定位和自诊断等领域成果颇丰。

（4）运行安全化：应用起重机起升机构防摆技术，针对各种形式的起重机和各种工况下的吊钩摆动现象，取得了较好的抑制效果，为操作人员提供了全方位的安全保护和舒适的工作环境，减少工作过程中碳排放和噪声污染等问题。

实施效果

（1）降低工作强度，提高原辅料输送效率，实现联合储库行车系统无人驾驶，减少行车操作岗 3 人，降低人员安全风险。

（2）增大公司原燃材料、石膏、熟料等物资储量，增强公司应对市场物价上涨风险抵抗能力。

（3）将原露天堆场改造为全封闭式新联合储库，极大减少粉尘污染，并配套专业污水处置管网系统，避免污水随意排放。

项目的实施践行《建材工业智能制造数字转型行动计划（2021—2023年）》要求，宜城公司作为试点应用单位，在集团内部及行业区域内起到了良好的示范作用。联合储库全自动智能行车的投入使用，让起重机抓取原辅料作业更方便，解放劳动力，减少人为操作带来的安全隐患，保证了员工工作安全性与舒适性，经济效益显著，极大提高水泥生产自动化水平。

集团水泥公司计划根据内部经验将其优化推广至所有窑线企业，并积极凝练应用经验，在核心成果基础上取得更多专利，并尝试在其他水泥企业、电力、化工等行业推广应用。

29 数字化供应链管理应用

——甘肃祁连山水泥集团股份有限公司

企业简介

甘肃祁连山水泥集团股份有限公司（简称祁连山水泥）是中国建材集团旗下企业，西北地区特种水泥生产基地。公司于1996年7月12日在"一五"时期全国156个重点工业项目永登水泥厂的基础上经过股份制改制而成，1996年7月16日公司股票在上海证券交易所挂牌上市。公司目前形成了水泥+商品混凝土+骨料的产业链格局，拥有16家水泥和9家商砼产销基地。公司先后荣获"五一劳动奖状""全国文明单位""全国建材百强企业""中国企业信息化500强""水泥行业信息化和工业化融合示范企业"等荣誉称号，系列产品多次被认定为"国家免检产品""甘肃名牌产品"，"祁连山"商标荣获"中国驰名商标"，并入选"中国水泥十大品牌"。

案例实施情况

总体设计

祁连山水泥经过多年的信息化发展，形成了以ERP系统、BPM协同办公系统为基础+专业管理系统的2+N模式的信息化架构体系，构建了数字祁连山2.0管控体系。实现了业务财务一体化、产供销一体化、经营核算专项化的全流程闭环管理。

在供应链管理应用方面，还属于传统的管理模式，存在管理链条不完整，数据不全面，信息不对称，业务流程没有闭环等问题，造成采购、销售成本居高不下、现场协调链复杂、客户及供应商满意度低等管理瓶颈。

祁连山水泥数字化供应链建设，以"建立信息化驱动，数字化赋能，智慧化转型的智慧供应链"为建设目标，在祁连山水泥信息化战略框架下，搭建"一平台、一中心、全链接"的数字化供应链管理体系。通过明晰权责、细分边界、流程再造来优化管理体制和管控机制，进一步对采购物流、生产物流、销售物流和售后物流链条上的供应商、客户、承运商、司机、车辆、资金等物流资源进行整合，实现供应链管理全业务、全流程在线的数字化供应链管理。

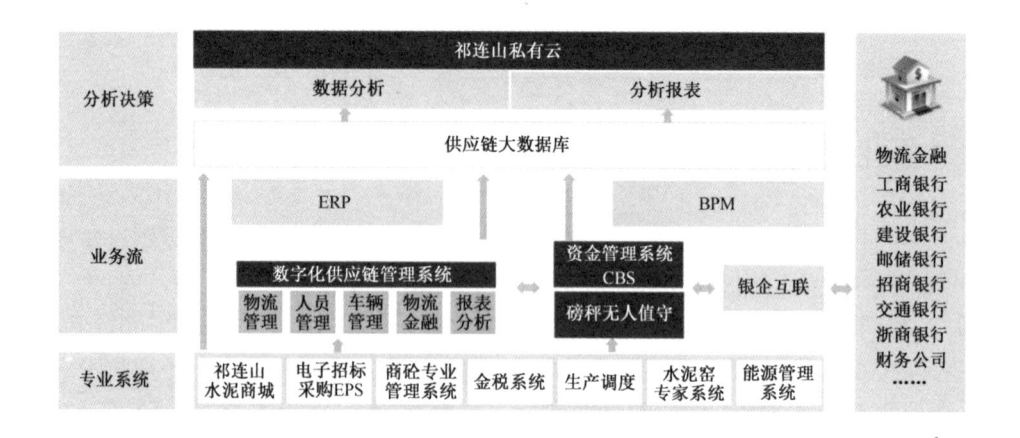

数字化供应链总体架构

➡ 实施内容与路径

（1）线上注册、报名、缴费、报价，基于电子采购交易平台的公开、公平、透明的招标环境。

（2）完备的供应商、客户、承运商准入、监管、考核管理机制，档案分级管理。对客户、供应商、承运商进行年度考评，将考评结果分级管理，完善分级、考评、奖惩管理制度。

（3）销售人员根据与客户商谈的销售价格制作合同、订单，合同、订单审批后生效，客户可以自主查询合同及订单执行情况。

（4）银联在线支付+POS机，资金直接同步至ERP销售订单，结合订单价格，自动核算控制发货。

（5）操作简便的自动开票系统，普通发票由客户通过水泥商城自主开具，增值税专用发票开票信息自动获取、自动打印，减少人工操作，提高工作效率。

（6）客户在线自主派车、下单，提货单信息由商城通过无人值守系统传递至中间库，无人值守系统在中间库读取提货单数据。司机凭提货单二维码，自主制卡进厂、过磅，全程语音提示，方便快捷，数据信息及时传递至ERP、商城，形成闭环管理。

（7）随车自助打印化验单、合格证，随时打印、立等可取，也可后期补打。

（8）在线与客户核对数量、价格、货款，并开具发票，形成对账单。

（9）运用GPS和GIS技术，实现PC端、App端、微信端的实时物流跟踪，实时展示地理位置、查看运输轨迹等；跟踪运输过程，实时反馈运输路径，车辆运行轨迹清晰可见，车主可以随时查看车辆行驶状态。

（10）驾驶员通过 App 对进厂、装车、出库、到货签收、回单等业务节点实时反馈，承运商实时查看了解物流状态。

（11）回程车辆，空车返程配货管理，减少司机空跑现象，司机利益最大化，降低企业运输成本。

（12）可视、直观、详尽的 KPI 查询分析，真实、准确、动态的报表展示和数据大屏，方便供应商、客户、承运商等及时了解最新的运价信息和进行不同维度的查询。

案例特点

（1）运用私有云、大数据、物联网、移动互联网等技术，为数字化供应链管理平台提供技术支撑。

（2）分级、分层、分类实施供应商全生命周期管理。形成从供应商入网、预备供方库、签订合同、合格供方、履行合同、业务协同、动态考评到最后供方淘汰奖惩的全生命周期供应商管理。

（3）以客户、供应商、承运商、司机关系管理为主线，提升核心竞争力。依托无人值守系统，实现数字化供应链管理应用建设，延伸采购、销售管理链条，实现进、销、产、运一体化供应链管理的突破创新。统一入口管理，所有供应商、承运商从电子采购交易平台进行注册，所有客户从电商系统进行注册，实现归口化管理。

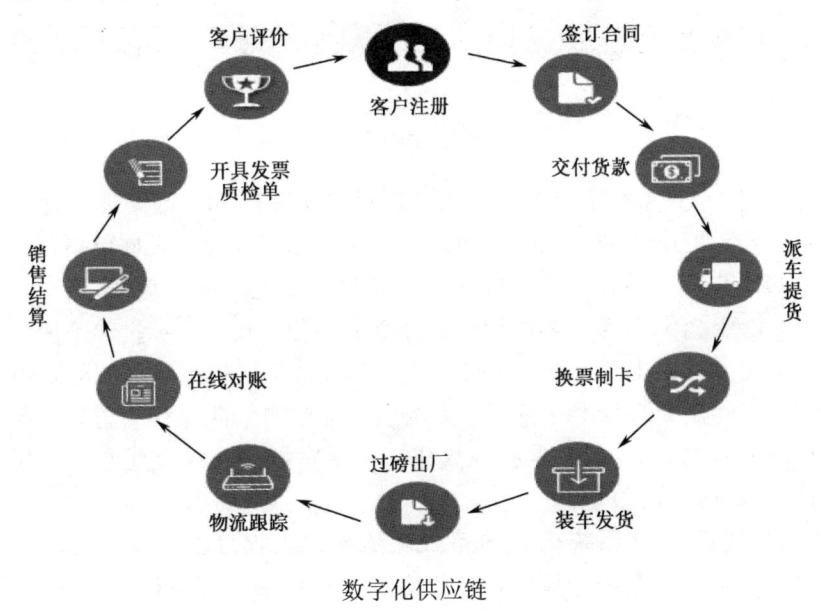

数字化供应链

（4）引入竞价和议价模式，减少环节，公平竞价，有效降低成本。通过公开透明的确定运价机制，有效降低运输成本，提升市场竞争力。

（5）搭建平台，打通货主、司机、承运商之间的信息孤岛。物流运输作为销售延伸服务，是供应链管理链条上不可或缺的一部分，打通货主、司机、承运商之间的信息孤岛，完成提货信息的有效传递，实现"客户提货需求—厂区装车—物流跟踪—收货确认"的全流程管控。

（6）以"简化业务流程，提升工作效率"为出发点，将供应链管理链条有效延伸至客户端，客户利用电脑或移动设备实现自我管理、交易管理、账务查询等功能，实现便捷式办公，为自助体验式供应链管理提供了工具支撑，提高了业务运行效率和服务水平。

便捷式办公

（7）引入 GPS 和车载定位技术，通过定位和运行轨迹实现对物流流向的在线监控，防止运输过程中货物缺失和区域窜货，规范区域价格体系，加强对终端用户的有效管控，提升区域市场管控能力和服务水平。

（8）以资金中心为主体进行资金计划的申报、审核、审批、平衡、下发等业务。通过收、支两大枝干申报，实现收入、支出申报数据的准确跟踪。

（9）以资金中心为主体依据，实现票据台账的集团化统一管理，实时监控票据执行状态。与 CBS 票据池集成，实现票据信息线上互通，提高企业票据管理水平，降低风险。

（10）搭建 ERP 系统与 CBS 系统集成接口，收付款业务自动关联 CBS 银行数据，实现资金统一调配，以收定支，收付协同账务处理机制。

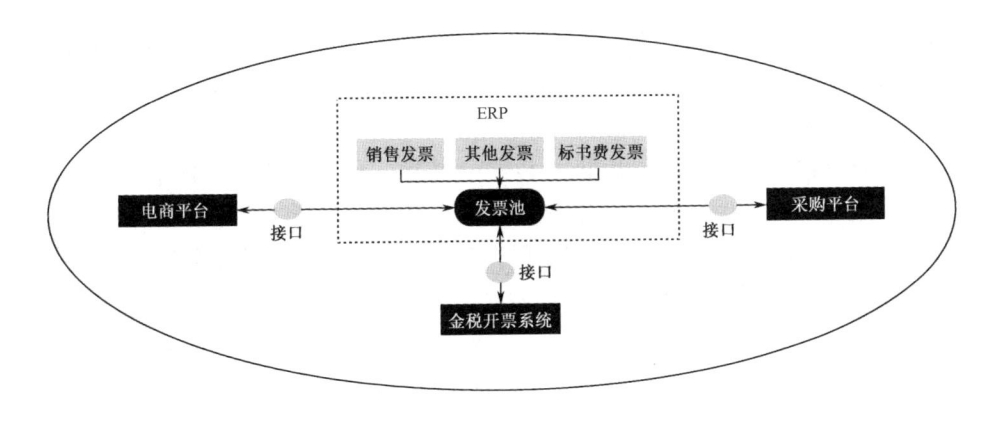

票据监控

实施效果

祁连山水泥数字化供应链管理的应用，为供应链的管理水平提升奠定了坚实的基础，通过系统间接口协议，高度集成 ERP、BPM、智能发货平台、银联及 CBS 资金管理等系统，达到互联互通，消除信息孤岛，实现数据共享。建立从供应商、客户、承运商、司机信息的前端管理，到司机运输、车辆跟踪的中间管理，再到客户售后服务的尾端管理，最终形成供应商、客户、承运商、司机等信息闭环管控。

管理效益：数字化供应链管理应用，实现了供应链信息集成和数据共享，决策层和各级管理人员可随时掌握销售、生产、采购、库存、财务和资金等方面的运行状况；提高了生产效率、按期交货的履约率、客户服务质量等；通过数字化供应链管理体系的建设，规范工作流程来优化员工行为，把人、财、物等企业资源有效结合，实现科学管理，提高企业的全员素质，增强企业核心竞争能力。

数字化供应链管理平台已在祁连山水泥 15 家水泥子公司和 9 家商砼子公司全部推广应用，形成了可复制推广的模式。截至 2021 年 11 月，管理平台注册供应商 8500 家，客户 2218 家，承运商 260 家，司机 33500 人，车辆 39180 辆。

在弥补了管理短板的同时，祁连山水泥又取得了一定的经济效益和社会效益，也进一步提升了企业形象和综合竞争力。

经济效益：2020 年年底总资产 110 亿元，年度营业收入 70 亿元，较 2015 年增长 42.2%；五年累计实现利润总额近 45 亿元，较"十二五"增加

105%。水泥生产成本同比降低 3.61%；吨熟料综合电耗同比降低 0.79kw·h/t；熟料实物煤耗同比降低 1.58kg/t；库存资金同比降低 3%；库存盘点误差率降低 1%；按期交货率达 100%。

社会效益：公司持续深度推进数字化转型，在提高水泥、商砼、骨料制造数字化水平的同时，加强供应链管理，增强资金管控，收付业务支持线上多模式，在方便用户的同时，降低了生产成本，延伸了服务链条，降低了公司风险，向社会展示了良好的企业形象，社会效益良好。

贰 技 术 篇

工业互联网场景

30 基于工业互联网平台的建材工业全生命周期数字化管理应用

——天津水泥工业设计研究院有限公司

企业简介

天津水泥工业设计研究院有限公司成立于 1953 年，是中国最早建立的国家骨干工业设计院之一。公司以水泥技术工程装备为主业，拥有集技术研发、工程设计与咨询、装备开发制造、工程建设、生产运维、固废协同和资源综合利用、烟气治理超净排放、碳减排服务于一体的全生命周期服务产业链，是中国水泥工业实力最雄厚的技术与装备供应商之一。

公司拥有 5 个国家级科技创新平台，荣获国家科技进步奖 10 项，国家专利技术 408 项，省部级科技奖 220 多项，获国家技术创新示范企业、工业企业专利试点企业、第六届中国工业大奖提名奖等称号。2019 年中标绿色制造系统解决方案供应商，2020 年中标原材料行业工业互联网赋能与公共服务平台项目。公司多项解决方案入选智能试点示范项目。

案例实施情况

总体设计

公司总体目标是自主开发工业互联网赋能与服务平台，基于数字孪生模型，实现工程设计、采购物流、施工建造、数字交付、运维管理各阶段数据共享和集成应用及各阶段的碳排放评估，实现全生命周期的标准化、流程化、可视化和精细化管理，推动建材工业设计及管理的数字化、绿色化转型。

方案采用的架构为工业互联网标准架构，包括边缘层、平台层、应用层三大核心层级，根据建材行业产业需求，构建更精准、实时、高效的数据采集体系，在此基础上建设包括存储、集成、访问、分析、管理功能的 PaaS 平台，实现建材工业技术、经验、知识的模型化、软件化、复用化，进而以工业 App 的形式为工程建设行业企业提供各类创新应用，最终形成资源富集、多方参与、合作共赢、协同演进的产业生态。打造集研发设计、工程管理、生产管控、装备管理、质量管理、供应链管理、能源管理及服务类应用等一系列创新性业务应用为一体的工业 SaaS 和工业 App。

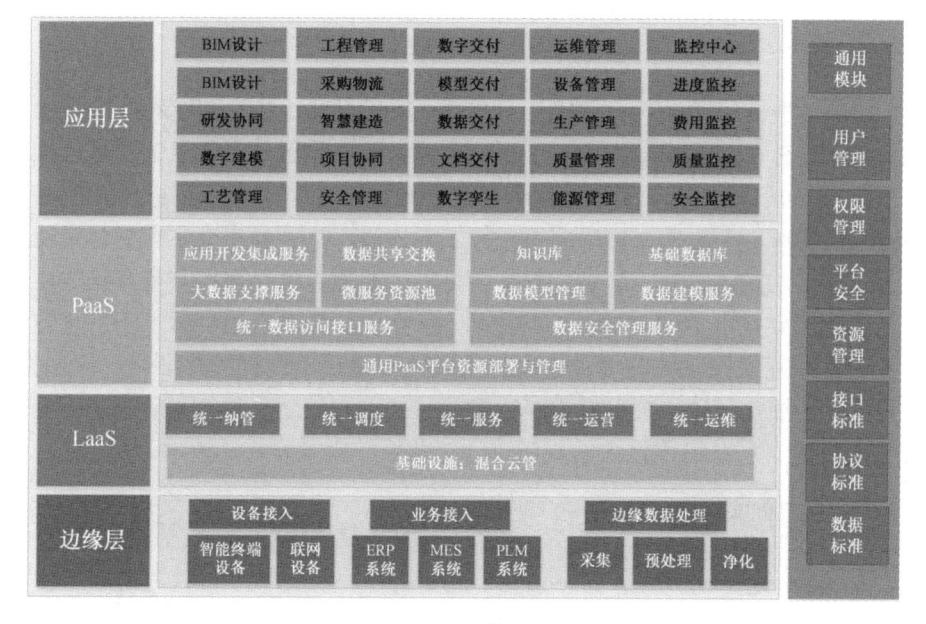

云平台架构图

⇢ **实施内容与路径**

1. 实施内容

基于完整准确的数字孪生模型，围绕建材工业全生命周期数字化管理，一个模型用到底，全面应用物联网、大数据、云计算等新技术，建立信息模型编码标准体系和数据交换标准，消除数据孤岛，实现建材工业研发设计、采购物流、设备制造、智慧安全、数字建造、数字交付、智能运维、双碳服务等全周期、全业务链的数据共享和集成应用。汇聚建材工业供应链上下游资源，建成工业互联网赋能与服务平台，服务于建材行业。

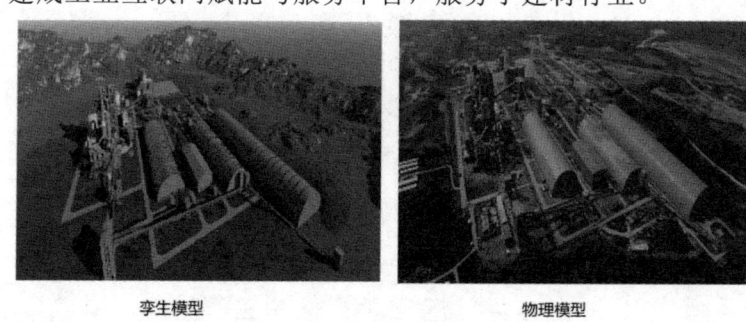

数字孪生模型

2. 技术路径

围绕建材工业全生命周期数字化管理，项目拟解决科学问题和关键技术问题，从需求分析、关键技术突破、平台构建、测试验证、应用示范及平台推广的思路确定技术路线。通过信息化解决方案对工厂全生命周期进行管控，以BIM、物联网、大数据、移动化等新技术为核心，基于数字孪生模型，实现工程设计、采购物流、施工建造、数字交付、运维等各阶段数据共享和集成应用以及各阶段碳排放的数字化评估与分析，建立了从数字营销到运维工厂全过程管控的工业互联网赋能与服务平台，实现工程建设全过程的标准化、流程化、可视化、精细化管理。关键技术路径主要包括工程数字化协同设计技术、全生命周期数据信息可追溯技术、碳足迹计算体系、大数据+AI技术。

⇨ 案例特点

1. 研发设计

实现全专业参与三维正向协同设计，以设计工业机理模型为核心技术要素，建设一套全专业的数字化、自动化设计软件系统。用户通过简单参数交互输入，软件自动建模、一键出图、自动算量、实时下料清单，打通三维数字设计的关键技术路径，大幅提高设计效率和质量，简化流程，实现二维设计向三维数字设计的变革。同时"以用促建"，推进系统迭代升级，更好地设计全生命周期管理服务。

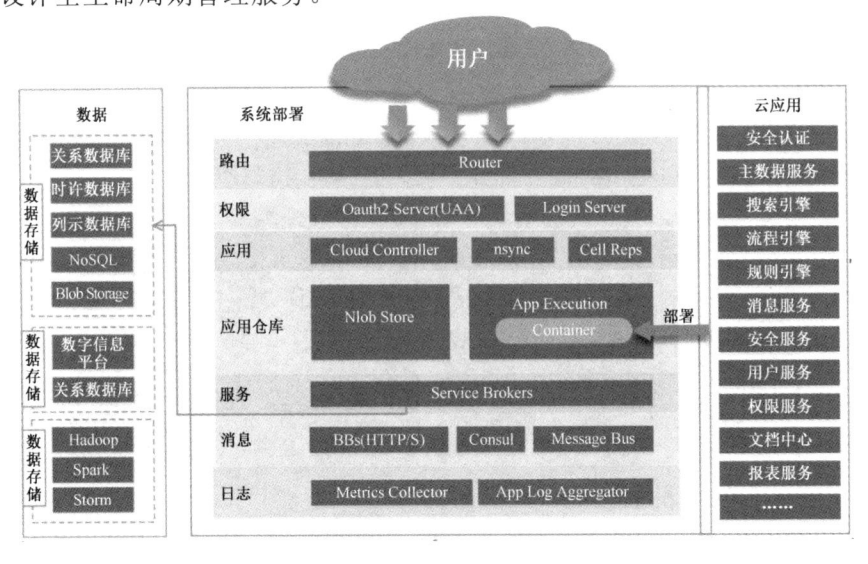

数字化、自动化设计架构

2. 工程建设

实现工程建设全过程精细化管理，一个模型用到底，全面应用物联网、大数据、云计算等新技术，基于信息模型编码标准体系和数据交换标准，消除数据孤岛，实现建材工业研发设计、采购物流、设备制造、智慧安全、数字建造、数字交付、工厂运维等阶段数据共享和集成应用。基于 BIM 模型自动生成进度计划，WBS 任务、模型、工程量自动关联，基于模型进行施工模拟，优化进度计划，对项目的进度、质量、成本进行可视化、精细化管控。通过移动端，施工现场人员实时进行现场进度、资源、质量、出入库等管理，极大地提高了作业人员的效率。

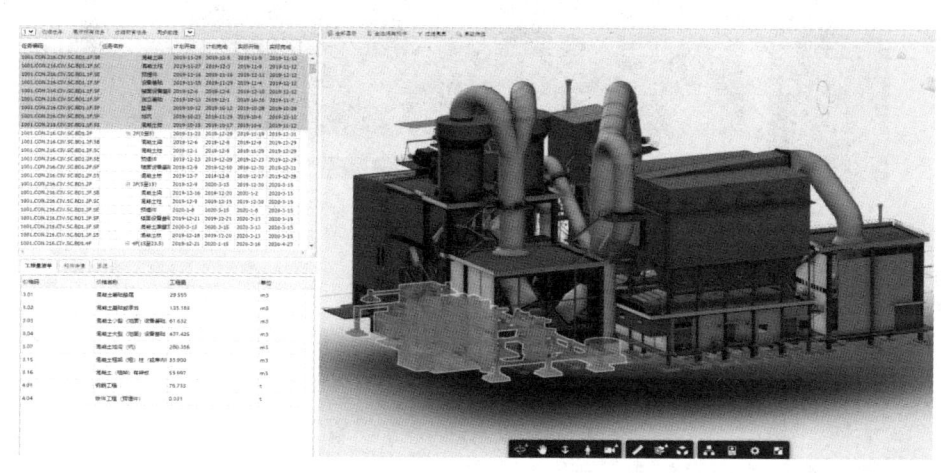

基于模型进度、成本、资源管理

3. 数字化交付

工程建设过程中的所有数据文件都会自动集成到三维数字模型，在工厂建设完成时，平台可自动形成与物理工厂完全一致的数字孪生工厂，包括三维模型、设计文件、建设过程中的质检资料、设备零部件清单、设备运维资料等，为工厂生产运维提供可视化平台和足够的数据支撑。

4. 运维管理

公司自主研发的基于互联网架构的数据、业务双"中台"技术，实现了工厂运维的智能化，功能主要包括设备管理、生产管理、能源管理、质量管理等，通过整合生产运营全流程实时数据，形成工业大数据仓库，建立大数据+AI 技术全流程生产智能控制平台，搭建专家知识库及异常工况规则库，实现智能识别，全局寻优，生产线实时优化控制，最终实现工厂"自动驾驶"。实现了生产数据自动采集率 100%，系统间互联互通 100%；关键设备数控化率达 96% 以上的目标；质量数据在线采集率达到 98% 以上；生产线 65 人定岗，减员 50%，制造成本每吨降低 30 元。

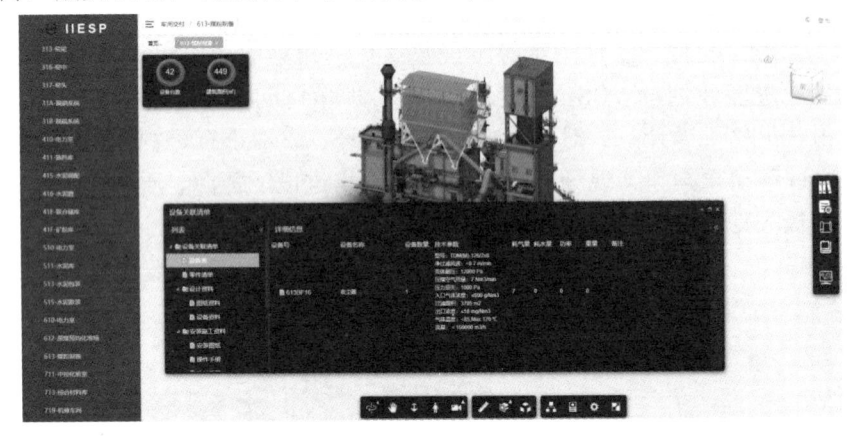

数字化交付

5. 碳排放评估

围绕工厂及建材装备产品全生命周期不同阶段、不同部分的碳排放数字化评估与分析，实现碳排放评估精细化计算和实时动态监控，包括材料生产、运输、建造、运营、拆除等阶段，可以实现设计方案对标、运输方案寻优、施工组织方案寻优等目标。

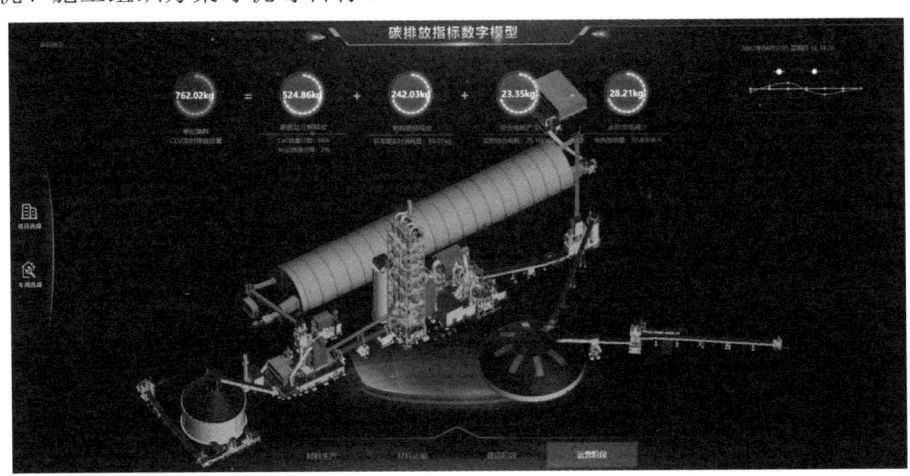

碳排放监控

实施效果

本应用案例基于数字孪生模型,自动集成设计、建设、运维阶段的数据,结合物联网、大数据、人工智能等技术,实现建材工业全生命周期的应用,实现全产业链的增值服务,各参与方基于统一平台共同协作,提高企业沟通效率,降低企业成本,实现整个产业链的价值增值,促进传统建材工业数字化管理向高质量发展,实现建材行业智能制造转型升级。

本案例拥有数字化管理应用点 80 余项,已成功在 40 余个国内外 EPC 项目中应用并进行验证,累计服务各参与方 2000 余个,取得了较好的经济效益和社会效益。

围绕建材工业全生命周期的数字化管理,通过率先在行业内开展全专业三维正向协同设计,基于数字孪生模型,自动实现工程设计、采购物流、施工建造、调试等各阶段数据共享和集成应用,构建数字化工厂的企业静态数据资产,缩短项目的交付周期及提高效率。基于自动化设计软件应用系统,相较于传统三维设计,设计效率提高了 600%,优化了 60% 的设计方案,减少了 60% 的施工现场调节问题,减少了 60% 的技术返工问题。

基于物联网技术、数字孪生模型,在供应链阶段实现对设备全过程跟踪监控,实现从设备零部件清单、设备制造、质量检验、扫码装箱、物流发运到现场出入库全过程跟踪。公司对物流发运全过程实时监控预警,杜绝错发、漏发问题,降低企业成本;在工程建安阶段实现劳务实名制、人脸识别、环境监测、车辆监控、视频自动识别预警,安全业务移动化管理,降低安全风险,实现项目安全零事故;在生产运营阶段实现了生产数据自动采集率 100%,系统间互联互通 100%;关键设备数控化率达 96% 以上;质量数据在线采集率达到 98% 以上;生产线 65 人定岗,减员 50%,成本每吨降低 30 元。

本案例可实现碳排放评估精细化计算和实时动态监控,包括材料生产、运输、建造、运营、拆除等阶段,可以实现设计方案对标、运输方案寻优、施工组织方案寻优及生产运营碳排放的动态跟踪等。

本案例具有可复制性和极高的推广应用价值,为行业转型升级提供了一套系统的解决方案,同时加快推进建材工业企业数字化转型升级,促进建材工业转方式、调结构、增动力,加快高质量发展的步伐。

31 信义 XinYi 工业互联网平台

——信义节能玻璃（芜湖）有限公司

企业简介

信义玻璃控股有限公司（简称信义玻璃）创建于1988年，总部位于中国香港，2005年2月在香港联交所主板上市，是全球领先的综合玻璃制造商，致力于生产优质浮法玻璃、汽车玻璃、节能建筑玻璃等产品，销售网络遍布全球130多个国家和地区，信义节能玻璃（芜湖）有限公司是其子公司。经过30余年的发展，信义玻璃在中国经济发展最活跃的珠三角、长三角、环渤海经济区、成渝经济区、北部湾经济区建立了大型国内生产基地，并积极推动业务全球化和全球战略布局，在马来西亚马六甲州建立了大型海外生产基地。公司目前总资产超过565亿港元，年营收超过304亿港元，总拥有占地面积超过737万平方米，员工超过1.4万人。

案例实施情况

总体设计

聚焦工业互联网网络、数据、安全三大能力体系建设，依托工业互联网平台建设，综合运用物联网、云计算、大数据、人工智能等新一代ICT技

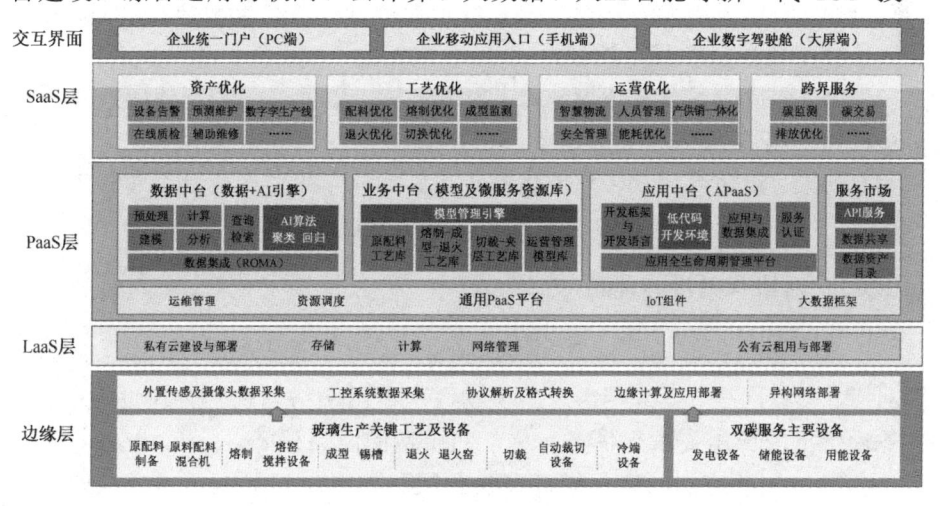

信义XinYi工业互联网平台总体架构

术，围绕加强集团管控、快速扩大产能、降本提质增效等核心需求，打造具有一流管理水平、一流生产技术、一流服务的杰出玻璃企业，成就世界一流品牌。工业互联网平台整体架构设计主要包含边缘层、IaaS 层、PaaS 层和 SaaS 层等核心架构，在每一层又进一步细化和分解为不同功能模块或子系统。

实施内容与路径

1. PaaS 基础能力建设

以 PaaS 基础能力建设为主体，围绕数据建设中心，着力打造数据采集、集成、传输、处理、融合、治理、存储、开发、分析、应用数据一体化建管服能力；工业知识沉淀转化；低（无）代码的敏捷开发环境等。

（1）数据中台能力建设，主要聚焦数据架构、数据融合集成、数据标准管理、元数据管理、数据质量管理、数字资产管理、数据安全管理等能力平台建设，打牢企业信息化建设、数字化转型过程中的数据基础能力；

（2）业务中台能力建设，主要聚焦数据模型、工业模型、算法模型、微服务组件等能力建设，保证基于数据建设的各类应用具有科学性、有效性、准确性；

（3）应用中台能力建设，主要聚焦数据开发管理能力建设，通过构建一组数据敏捷、高效、可视化开发工具，实现应用快速构建、快速部署、快速上线；

（4）服务市场能力建设主要聚焦于数据开放共享能力建设、数据服务开放平台及数据资源目录的建设；

（5）敏捷应用开发环境建设，主要聚焦内置低代码和无代码开发工具，实现面向快速开发的环境支持；

（6）工业知识沉淀转化能力建设，主要聚焦各类工业模型库和工艺库的建设，实现工业知识的快速积累和迭代更新。

2. 网络基础设施建设

进一步升级并增强现有网络基础设施能力，推进实现 4G/5G 移动通信网络、有线网络、无线网络及新型物联网专用网络四网融合建设，为不同业务场景下的应用需求提供多元化、高质量的网络保障。

（1）生产控制网络建设，在设备层和边缘层建设高可靠、高安全、高融合的网络，支撑生产域人机料法环全面数据采集、控制、监测、管理、分析等。

（2）企业与园区网络建设，在企业层建设高可靠、全覆盖、大带宽的企业与园区网络。

（3）业务系统组网建设，根据工业互联网平台建设的整体规划和需求，完成各业务系统和平台之间的网络建设。

3. 云基础设施能力建设

建设 IaaS 层、PaaS 层云基础设置及安全运维运营系统，支撑工业互联网平台部署，满足平台计算、存储和网络等基础环境需求。

（1）IaaS 层基础资源建设，包括提升硬件设备能力，提供服务器、网络、存储等设备；资源池能力建设，提供计算资源池、网络资源池、存储资源池、安全资源池；基础资源服务能力，提供自动伸缩、网络服务、存储服务、VPC 服务、弹性主机等服务。

（2）安全运维运营建设，包括安全运维运营体系建设，这是云计算平台的保障支撑部分。

4. 新一代 ICT 技术融合创新型应用建设

融合人工智能、5G、区块链、大数据、数据孪生、物联网等新一代 ICT 技术，完成工艺优化应用、人工智能融合应用、智慧分析应用、智能表单流程应用、数字孪生应用等一批创新型应用建设。

（1）工艺优化应用，建设故障诊断、能耗管控、生产优化、预测维修、视觉识别等各类工艺优化类应用。

（2）人工智能融合应用，建设智能管理、包装智能、生产智能、工业视觉智能、缺陷智能分析、智能化设备检修、智能物流等智能型应用。

（3）智慧分析应用，建设公共、采购销售、财务、运营、风险管控及智能制造等领域智慧分析类应用。

（4）智能表单流程应用，建设申请审批、综合查询、登记记录、任务发布等各类智能型表单流程类应用。

（5）数字孪生应用，建设工厂模型可视化、全产线状态监控、远程控制、物流可视化、产业设施模型等数字孪生类应用。

5. 测试验证能力建设

建设企业应用综合测试验证平台，打造应用测试验证能力体系，为应用切实满足企业实际需要、快速投入生产使用提供有效保障。

（1）协同应用测试平台，面向工业软件应用能力，构建协同测试管理平台，提高协同应用测试能力。

（2）数字孪生应用测试平台，面向工业制造管理，构建数字孪生模型，提高数字孪生应用测试能力。

（3）AI融合应用测试平台，面向AI融合应用，发展AI融合应用测试能力。

（4）5G创新应用测试平台，面向5G融合应用，实现5G创新应用测试能力。

案例特点

（1）工业连接：互联互通，万物互联，连接各式各样的机器、传感器、控制系统、数据源和设备，汇聚海量数据至工业互联网平台。目前平台接入工业设备7000余台，对10万多个点位进行数据采集，每天采集数据约2.4亿条，兼容Modbus、OPCDA、IEC104等10余种工业协议。

（2）先进计算：新型构架，高端应用，基于新型计算基础设施，服务窑炉能源、玻璃切割、电机故障诊断分析等专业领域，平台具有工业模型25个。

（3）自助开发：信义玻璃工业互联网平台具有良好的应用可视化开发能力，支持通过"拖拉拽"的方式，便捷快速地实现应用开发，实现应用快速构建、快速部署、快速上线的目标。

（4）开放生态：平台提供企业管理智能决策、生产模型化、数据可视化、数字孪生、车间智能巡检、设备运行状态监控、故障诊断、远程控制等工业App 67个，目前服务于原材料领域、浮法玻璃领域、汽车玻璃领域、建筑玻璃领域、物流领域、船舶领域等企业2000余家。

实施效果

实现信义玻璃8个园区，工业企业四大数据要素互联，并融合ERP、CRM、SRM、OA等IT数据，实现以下目标：

（1）优化运营管理。提供统一的数据中台，采集清洁、透明、标准、可信的数据。沉淀数据资产，以及数据全生命周期管理；基于数据实现线上自动分析报表200多个，同时建立生产、采购、仓储、销售、财务等12个驾驶舱，设定不同业务的指标体系300多个，实现各业务对象、流程、规则的数字化建设。支撑各层级相关业务人员及业务领导的高效决策，建立了相应的价值链分析体系，提高了整个企业的运营效率。

（2）优化生产执行。通过数字孪生技术实现生产园区、生产过程、生产设备在线实时可视化，实现对全国工业园生产状况的集中管理和各产线生产进度的实时掌控，加强不同园区、产线、部门、人机的协作，有效减少各园区的差异化动作，实现异常情况及时处理；线下手工生产业务线上化管理，减少手工数据不及时、人工失误等问题，同时提高生产效率，加强生产管控。AI 工艺优化：包括冷端切割优化以及窑炉温控优化两部分，基于冷端工艺流程调研，对缺陷历史数据进行分析，确定优化方向及模拟切割的依据，基于二维方形切割参数自适应学习优化算法开发冷端切割算法模型，根据实时缺陷检测数据，实时优化切割方案。窑炉优化通过融合窑炉数据、老师傅控制经验，以及工业机理，利用 AI 技术对窑炉进行温度趋势预测建模，实现对碹顶温度未来超过一个小时的变化趋势进行预测，对未来的温控、进燃料等操作进行优化，使未来的碹顶温度走势达到稳定效果。

（3）优化设备管理。实现统一远程实时的设备运行状态监控，工艺参数监控，日常事件告警处理，同时提供统一远程实时的设备运行管理，包括设备监控、环保监控、生产报表、能耗管理等，提升设备管理水平，为后续的设备预测性维护建模沉淀数据基础。

（4）经济效益。本项目平台的建成和应用，采用平台的服务功能，预计带动相关关联企业生产效率提高 30%，产品质量提高 0.8%，能源利用率提高 8%，生产成本降低 3.8%，年综合收益预计达到 3.4 亿元。

32

水泥行业智能制造工业互联网平台

——中材邦业（杭州）智能技术有限公司

企业简介

中材邦业（杭州）智能技术有限公司（简称中材邦业）成立于2017年，由浙江邦业科技股份有限公司与天津水泥工业设计研究院联合创建。中材邦业以打造水泥行业"国内领先的综合智能化总承包商和平台服务商"为战略定位，深耕水泥领域，聚焦"工业智能控制、大数据支撑与智能化协作"等关键技术研发，打通"规划设计、产线技改、智能升级和运维服务"等重点价值链环节，助力客户实现节能降碳和转型升级。截至2021年年底，公司已经部署了60余条综合智能化改造、AI智能工厂建设系统，实现了集团管理模式的区域一体化智能管控升级；产品销售区域覆盖全国各地，同时销往欧洲、非洲等地；入选浙江省"专精特新"企业、浙江省"制造业与互联网融合发展试点示范企业"等。

案例实施情况

总体设计

水泥行业智能制造工业互联网平台（简称"水泥工业互联网平台"）是中材邦业在完成单机装备智能化（篦冷机、立磨、余热发电、辊压机）、单厂智能化和区域集团智能化的建设框架的基础上，实践创新，组合形成的水泥工业互联网平台。

水泥工业互联网平台作为水泥工业信息化和智能化的决策大脑，涵盖了强大的数据集成及优化处理功能，赋能企业全方位的数字化转型。同时，融合应用物联网、大数据、先进过程控制、人工智能、AI+专家规则库等技术，实现了水泥生产全流程数字化生产管控及智能运维的一体化。平台采用标准化设计，充分考虑了平台、主数据、接口、云功能等底层技术的标准化，便于快速实施推广。其中，数据中台、业务中台的无缝协同，极大地提高了数据可视化能力和系统快速部署能力。平台能力赋予"APC控制、集团化管控、单厂应用"等多类场景端应用，实现了集团升级管控、数据归集管控、业务综合流转，促进了水泥生产节能降碳、减员增效，以及管理的可视化、决策的智能化。

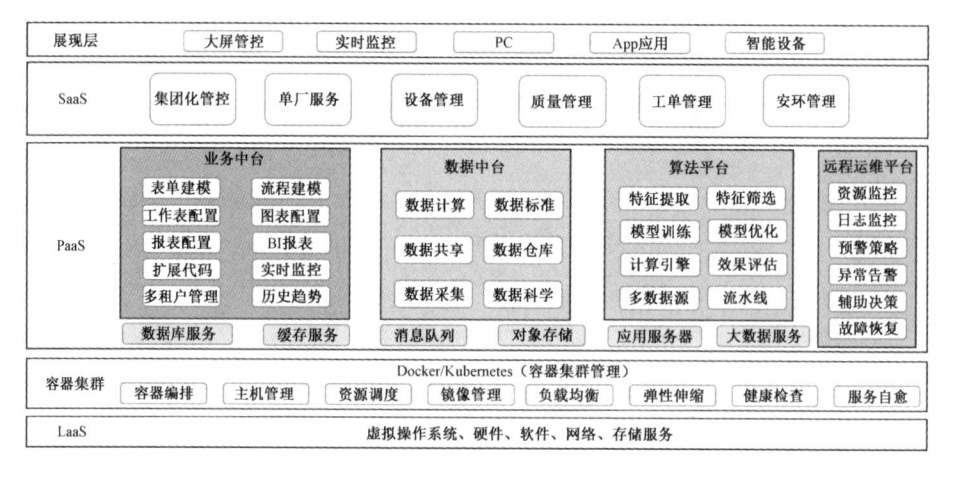

水泥工业互联网平台总体架构图

⇒ 实施内容与路径

水泥工业互联网平台围绕业务环节和"工艺、设备、生产和管理"四大场景展开，工艺方面，通过对全流程数据监控、实时计算和算法介入，实现了智能工艺诊断和工艺优化；设备方面，通过对设备状态智能评价，及时预警，保证了设备运转的连续性和高效率；生产方面，通过AI技术和先进控制实现一键启停和自动驾驶，通过大数据分析和算法及时进行能耗分析和质量分析，实现质量效益最大化；管理方面，在能源、设备、生产、质量、安环等维度统一管理，辅助生产决策。

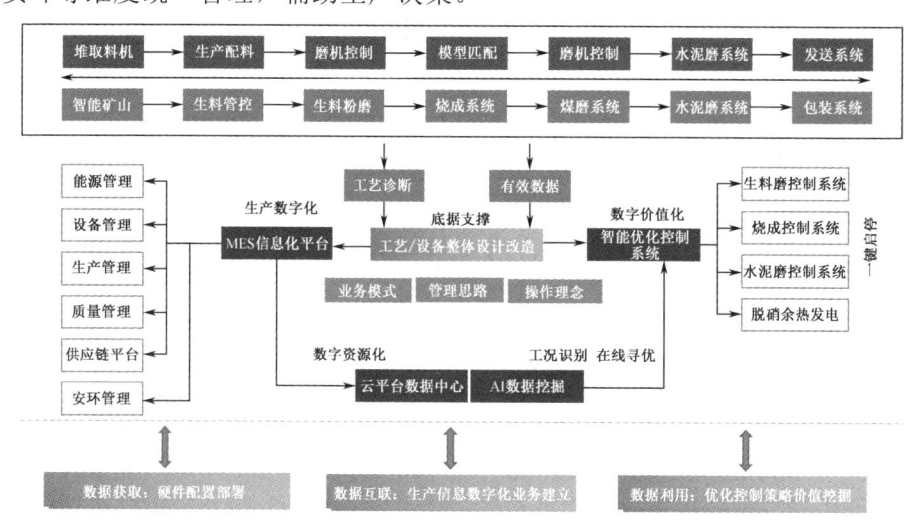

"工艺、设备、生产、管理"一体化应用场景

平台从形成智能装备、智能生产、智能运维、智能运营、智能决策五方面赋能，重点实施以下四个部分的内容。

第一部分：集成应用智能化设备仪表进行数字化采集

从生产运营全流程数字化、智能化出发，顶层规划设计，通过全自动化验室、先进智能化仪器仪表的配置，合理优化现场传感器采集点，弥补水泥工业生产数据、质量数据的缺陷。整体优化 DCS 架构及工业网络，将多项数据形成闭环，为水泥工业互联网平台的搭建打好数据采集的基础。

第二部分：基于"APC+AI+大数据"技术进行生产智能优化控制

平台将生产过程中的历史数据和实时数据采集进数据中心，从海量的历史数据中建立生产模型，并根据实时工况输出优化值，供 APC 系统调用，输出至 DCS 和最终的执行机构。系统具备自学习和全局优化的功能，适应性强，通过叠加专家知识库、异常工况识别和底层安全机制，保证了生产的安全、可控和高效，形成以"APC+AI"为控制终端，以大数据、云计算为优化决策大脑的"全链路"智能控制系统。

第三部分：构建水泥生产全流程数字化管控平台

通过工业互联网技术，自主研发"数据+业务"双中台，将原本以功能为中心，离散孤岛的信息化系统，转为以数据为驱动，以客户价值链为中心的一体化数字生态。简化开发环境，重视水泥业务标准化的建立，便于系统整合和维护。围绕能源、设备、质量、生产、安环等生产运营管理维度，构建全流程数字化生产管控平台，实现生产工艺实时监控，生产管理、停机管理、能耗监测及异常分析、过程质量检测及闭环控制、设备动态运维智能管理、安环监测及隐患管理等业务流程数字化自动流转，深度融合智能工厂管理理念，实现闭环管理。

第四部分：建立设备智能运维平台

设备智能运维平台集成智能点巡检系统、主机设备健康状态在线监测和故障诊断系统，以及辅机设备振动温度集采系统等第三方设备运维系统，实现在线+离线、AI 诊断+人工服务模式，对设备隐患触发、工单流转、派单验收等流程闭环管控，提高运维质量和效率。开发手机端 App，实现关键信息推送与机修车间运维大屏协同，提高设备运维效率及质量。

➡ 案例特点

水泥工业互联网平台以数据透明、生产可控、信息可溯、设备互联、管理智能为目标，提供标准化、高复用、快速灵活适配部署和体验友好的用户服务。

该平台支持工业主流数据的集成采集接入和数据治理，实现了数据指标、模型、算法的统一管理；搭建水泥行业通用业务模块，自主开发的"套账"模式，实现了单厂无代码化快速复制、集团SaaS化快速部署；自主开发全流程数字化生产管控平台，构建了设备智能运维、AI诊断+专家优化的组合模型，研发窑况分析、异常工况辨识、自主寻优、游离氧化钙和熟料强度的实时预测等AI算法，应用成效显著。

实施效果

水泥工业互联网平台完成建设并经过一年的全面投运磨合，已经在槐坎南方、独山南方、合肥南方等水泥生产线全面推广应用，对水泥生产过程减排减碳及提升行业数字化、智能化水平具有重要技术支撑作用。在"浙江湖州槐坎南方7500t/d熟料生产线优化升级示范项目"中的应用，起到了示范作用，具备可复制性和行业推广前景，主要成果包括：

（1）集成应用全自动化验室、在线分析仪、质量闭环控制算法等技术，在产品过程质量管控方面，出磨生料KH合格率从76.8%提高到88.2%，提高了11.4%，熟料率值KH合格率提高到98%，熟料28天强度提升1.0MPa，预估可同标号水泥降低0.6%熟料掺入量；

（2）设备智能运维平台集成点巡检系统、关键设备在线监测及故障诊断系统、数字孪生三维工厂等子系统，实现巡检少人化、设备状态可视化、预警智能化等目标，融合三精管理及TPM理念，搭建全息设备台账，针对性巡检、计划性和预防性维修策略，隐患工单流程闭环管控，手机App关键信息推送与机修车间运维大屏协同，系统可靠性系数提高到99.8%，吨熟料设备维修成本降低8%；

（3）借助智能优化控制系统，实现磨机一键启停、窑磨智能实时优化控制、脱硫脱硝智能控制功能，依托30项大数据算法进行质量预测和异常工况识别，全工况智能控制投运率在98.7%以上。智能化投用后熟料综合电耗降低1.15kW·h/t，标准煤耗降低1.26kg/t.cl，吨熟料余热发电量提升1.07kW·h/t；

（4）环保排放指标达到超低排放标准，粉尘排放浓度<0.78mg/Nm^3，氮氧化物排放浓度<78.19mg/Nm^3，二氧化硫排放浓度<23.68mg/Nm^3。智能化投用后，吨熟料氨水用量降低0.48元/吨；

（5）生产运营成本降低6%以上，定岗65人，生产效率提高30%以上，每年节约生产运营成本约1672.5万元。

33

基于私有云模式的水泥生产全过程大数据智能管控

——临沂中联水泥有限公司

企业简介

临沂中联水泥有限公司（简称临沂中联水泥）成立于 2008 年，是中国建材集团有限公司的下属企业。公司拥有一条 5000t/d 新型干法水泥生产线及配套装机容量 9MW 的纯低温余热发电系统、年产 200 万吨水泥磨机生产线。公司拥有一条利用水泥窑协同处置 10 万吨/年危废的生产线，下辖全资控股年产 100 万吨水泥的郯城分公司，拥有 6.5MWP 光伏发电示范线，构建起了完整的"水泥+"绿色发展产业链。

公司是安全生产标准化一级企业、国家工信部认定的"绿色工厂"、企业和省级安全文化示范企业，通过了质量、环境、职业健康安全和能源管理体系。2020 年通过了两化融合管理体系评定，是国家工信部企业上云典型案例。公司产品获得了 2020 年度"山东省优质品牌"和"山东省知名品牌"称号。

案例实施情况

总体设计

基于私有云模式的水泥生产全过程大数据智能管控平台，通过整合公司各个管理系统，实现云端运行，消除信息孤岛，实现各工业软件的互联互通，打造"实时监控""能源管理""生产管理""设备管理""质量管理""仓储物流""环保管理""数据中心"八大模块。

实施内容与路径

临沂中联水泥基于私有云模式的水泥生产全过程大数据智能管控平台，名称为智能数据分析平台。

该平台功能主要通过以下方式实现。

1. 数据采集

公司生产全部配备 DCS 系统，平台通过 OPC 接口与数据采集服务器进行数据交互，能源数据通过智能电表、智能水表的 485 协议进行采集。如果没有进入 DCS 的数据,系统会通过 OPC 协议接口采集数据。部分无法通过设备采集的数据将通过人工录入平台。

2. 实时监控

通过与 DCS 通信,将 DCS 的所有画面呈现在智能数据分析平台上,对水泥生产各工序及各主要运行设备进行监控。

3. 生产管理

(1) 生产计划和实绩

生产计划主要包括产品生产计划和设备利用计划,每月月初根据生产经营计划手动录入。生产实绩是通过系统获取的数据,自动计算生产实绩及完成率,有利于企业及时做出调整,更好地完成计划。

(2) 生产分析

生产分析主要针对生产过程中的数据,进行纵比分析或者横比分析。生产分析包括生产对标分析、工艺参数分析和报警分析。

(3) 水泥生产智能专家优化

学习中控操作员的操作数据,融合数据挖掘、控制理论、人工智能、信息处理等技术,从建模、控制及优化角度出发,开发水泥生产智能专家优化系统。

4. 能源管理

主要对煤、电、水、汽等能源消耗进行实时监测,生成班次、工序日、月、年能源消耗报表。

1) 能源计划

制订各个能源介质的供需计划,通过计算能源单耗,对能耗历史进行分析,为节能降耗管理提供指导性数据。

2) 能源实绩

根据采集数据,按工序、班组等计算出各个能源的统计信息并形成日报、月报,与计划行程进行对比。

3) 能耗分析

对不同时期的能源单耗按介质、工序、重点用能设备进行查询、比较,实现各工序的电耗、煤耗分布统计分析。统计各产线和工序峰、谷、平的用电量,班次和主要设备在峰、平、谷各个时期的用电量。

4）用油管理

加油工下班前根据加油情况人工录入加油记录。管理人员可随时查询设备加油记录，统计加油情况，根据加油记录对加油节点进行决策。

5. 设备管理

1）设备台账

设备台账包括设备分类、设备台账录入和设备主要参数。设备台账除了基本信息，系统还记录了易损件的更换时间，通过人工设定易损件使用周期，实现易损件到期提醒更换功能。

2）设备点检

该平台融合原有设备点巡检系统，通过该系统可以查询设备运行状况、人员巡检质量、巡检率等，及时进行维修保养，提高设备运行质量，做到设备预维修，降低生产成本。

3）重点设备在线监测和油品在线健康管理

该平台融合重点设备在线监测系统和油品在线健康管理系统，通过震动频谱分析、应力波等探伤、诊断、油品检验技术，对减速机、辊压机等重要大型设备进行实时动态监测。

4）电机健康管理

该平台融合电机健康管理系统，使用仪器对电机检测，根据设定的数据模型分析电机健康状态。

6. 质量管理

1）人工检验数据管理

该部分数据主要为进厂原材料、原煤、生料熟料化学分析、过程控制数据及物理检验数据。该部分数据无法通过系统自动获取，需人工检验后录入系统。

2）生料、水泥在线分析

该部分数据通过 OPC 将平台与生料在线分析仪和水泥粒度在线分析仪连接，实现产品质量自动检验和自动调整。

3）质量分析

通过记录水泥 3 天和 28 天的抗压强度，对水泥磨水泥质量与对应时段的 DCS 生产过程数据进行关联分析。从而挖掘历史数据，对生产起到指导作用，还可以对生产质量进行追溯。

7. 环保管理

公司环保数据已通过现场检测设备传入 DCS 系统，主要包括颗粒物、SO_2、NO_x、CO、O_2 浓度等。该平台通过从 DCS 系统采集环保数据，将各数据形成图画，设定正常区间、警示区间、异常区间，实现调度管理。

8. 仓储物流

将智能数据分析平台通过 OPC 与公司 ERP 系统进行通信，实现进出物料及产品在智能数据分析平台的查询功能，通过 DCS 物料消耗和生产数据的核算，实现库存的动态管理。

9. 数据中心

DCS 操作数据隔一小时进行抓取并计算平均数，形成中控运行记录。将每日生产工艺关键数据、设备关键数据、环保排放数据与质量数据串联起来，形成大数据中心。

10. 上云

公司建设私有云服务器，智能数据分析平台实现云上运行，通过公司内部光纤网络建设，建成完善的网络系统，智能数据分析平台通过云端网络发布，通过网络便可以登录智能数据分析平台。

◆ 案例特点

基于私有云模式的水泥生产全过程大数据智能管控平台作为水泥工业互联网平台，实现了水泥生产制造全过程的生产管控功能，实现了实时监控、质量管理、能源管理、生产管理、设备管理、仓储物流管理、考核评价等功能，管理人员通过手机就可以查看生产进度、设备状态、产品库存等。

■ 实施效果

基于私有云模式的水泥生产全过程大数据智能管控平台将多个零散的数据和系统串联起来，消除了数据孤岛，实现了 DCS、ERP 系统、能源管理系统、设备监测系统等互联互通，形成一个功能完备、数据齐全的水泥生产智慧数据信息平台，公司的智能化和数字化水平得到极大的提升。

该平台实现了云上运行，通过电脑或者手机，管理人员便可以实现能耗、质量、设备、生产、环保、库存管理，大大提高了管理人员的工作效率。自动采集生料在线分析仪、水泥粒度分析仪数据，将质量数据与工艺数据、原材料数据结合，形成数据链，运用大数据对生产系统进行优化调整，形成从原材料进厂到产品出厂全过程全方位的质量信息数据库，实现质量管理的信息化、精细化和智能化。实现水、电、煤三种能源的实时监控，并可横向、纵向进行能耗分析对标。平台将各种环保排放检测数据集中汇总，为管理人员提供可视化的环保排放数据。

该平台建设完成后，在数据利用方面得到了很大的提升，对数据开发进行专门的识别分析和管理，形成大数据中心，发掘了数据背后的价值，并将分析结果用于指导管理改进。通过该平台打通生产现场数据、企业管理数据和供应链数据，提高决策效率，实现更加精准与透明的企业管理，实现供应链管理优化、生产管控一体化、企业决策管理。在应用基于私有云模式的水泥生产全过程大数据智能管控平台后，公司的工作效率提高 8%~10%，产品产量提高 3%，产品能耗降低 2%，产品质量合格率提高 10%。由于对设备的监控手段更为先进和有效，设备维修费每年降低 50 万元。综合下来，该项目为企业带来的经济效益为每年 300 万元。

该项目的成功实施，为建材行业提供了一套可复制、可借鉴的模板。平台建设以来，已有多个单位来公司参观学习，公司已成为兰陵县数字转型示范单位。依托该平台，公司通过了两化融合管理体系贯标评定，获得了山东省两化融合优秀企业，是工业和信息化部企业上云典型案例，为行业数字化转型起到较好的带动作用。

34 基于工业互联网的玻璃装备全生命周期数据管理中心

——蚌埠凯盛工程技术有限公司

企业简介

蚌埠凯盛工程技术有限公司是中国建材国际工程集团有限公司全资子公司，成立于 2004 年 7 月，坐落于蚌埠市高新技术产业开发区中国凯盛科技园内，占地面积 255 亩，建筑面积 5 万平方米，现有玻璃成套装备生产能力 30 条/年，是亚洲最大的玻璃装备制造集成商和龙头企业之一，国家级高新技术企业，工信部智能制造系统解决方案供应商，单项冠军产品企业。公司集科研开发、设计、制造、安装及技术服务为一体，为国内外用户提供各种生产规模、高质量的信息显示玻璃、汽车与建筑玻璃、高硼防火特种玻璃、太阳能光伏压延玻璃等生产线的非标机电装备。主打产品退火窑、压延机和切割系统市场占有率 65%～70%，2021 年主营业务收入达 10 亿元。

案例实施情况

在企业加速数字化转型的背景下，本案例针对玻璃生产企业生产线中各设备运行数据孤岛化、生产风险不可预测化、产线效率受限于设备运行状态等问题，通过互联网各设备信息实现互联互通，装备关键数据的全生命周期记录与分析结果，将通过工业互联网技术实时上传高层管理指挥中枢系统或云端。公司以应用软件开发平台、统一展示平台为支撑，通过网关的数据转换，使工厂底层数据与上层治理信息系统连接，实现对玻璃生产设备可视化、网络化、智能化的监控与管理及玻璃装备的智能预测、智能分析、智能诊断。玻璃装备不再是个体信息数据孤岛，从而实现智能玻璃工厂的万物互联。

总体设计

（1）基础设施：通过玻璃产线的基础环境设备（PLC）与数据采集站（数据 PC）进行通信，获取的数据信息通过 OPC-UA 通信协议将数据传递到上层。数据采集站（数据 PC）起到数据桥的作用，负责原始数据和预处理的信息的采集，并进行简单的边缘计算，剔除无效的数据，提高数据的准确性和可靠性。将边缘计算后的有效数据通过相互认证的 OPC-UA 协议传递至上层本地数据服务器或云端数据服务器。

（2）智能化管控：通过 OPC-UA 协议把获取的数据信息配置成智能管

理、智能网络、智能分析三部分。其中，智能管理包括设备管理、物资管理、技术监督、运行管理；智能网络包括数据分析、智能巡检、作业协助；智能分析包括数据管控、故障预警、智能监控、智能预测。

（3）统一展示：通过智能技术的整合将数据以大屏可视化的模式进行数据的智能展示。利用丰富的图形、图像方式结合三维空间表现手段和智能化的控制实现玻璃装备全生命周期管理；通过专业渲染引擎形象立体地实现数据多维可视化展示、互动和设计，打造全方位的大数据可视化决策中心，帮助用户智慧感知业务态势及科技化的智能决策分析。

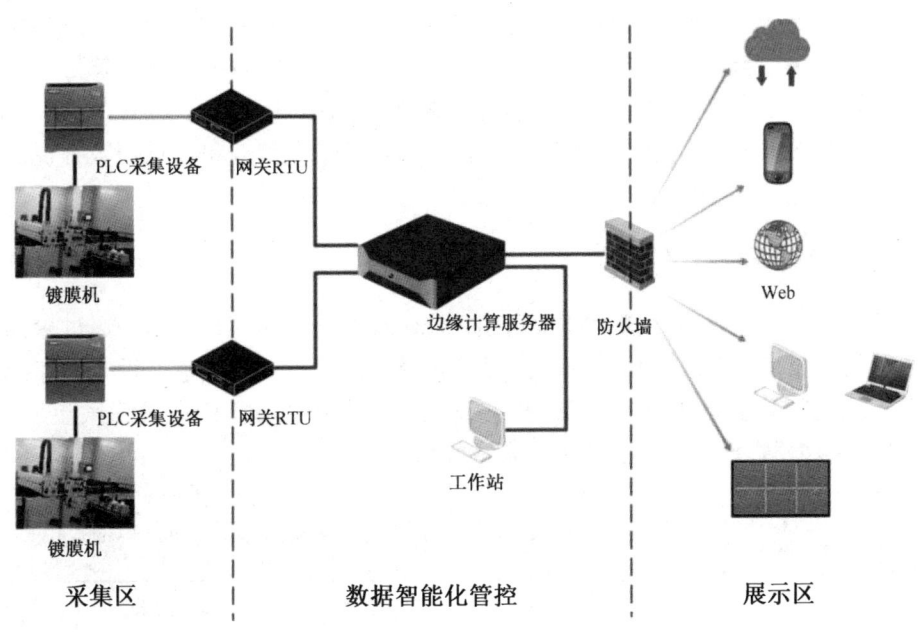

系统总体架构图

➡️ 实施内容与路径

1. 数据采集方案

在基于工业互联网平台的玻璃装备大屏可视化解决方案建设设计中，依托玻璃装备本体的控制系统网络或 PLC 设备网络，从该控制系统网络或 PLC 设备网络上能够获取玻璃装备的大量监控数据。数据采集站（数据 PC）通过玻璃装备本体的控制系统或 PLC 支持的协议（例如 TCP/IP、OPC Server、ProfiNet、.NET、串口协议等）进行数据采集。

采集方式包括从各工艺段装备已部署的工业网络中直接读取控制设备

的数据，以及通过串口读取相关仪表并转化成工业以太网输出。采集原则是以工艺段为主要分组原则，其次考虑采集设备的数量和规模，平衡数据采集站（数据PC）设备的数据采集负荷，满足方案建设的实时性要求。

实时数据库是实时数据采集的数据核心，其整体架构分为三层：数据采集层、数据存储层、对外接口层。

数据采集层：通过接口和设备采集底层相关数据。采集方式包括数据采集站（数据PC）或4G/5G网关采集PLC数据和玻璃装备散点数据，通过相关规约采集相关数据，通过接口程序读取自成套系统数据等。

数据存储层：数据存储层主要完成现场数据的实时存储功能。实时高频的数据首先存储于实时数据库中，提供现场实时监控、数据实时计算等功能。历史数据经数据处理及整合后为数据分析等应用提供数据支持。

对外接口层：通过统一接口平台，工厂数据库将整合和计算的数据提供给其他相关业务系统。

2. 玻璃装备数据开发

以大数据、数据建模为技术基础，融合玻璃装备及工艺特征，通过检测数据的上报，从而得出相应的故障报警信息。利用一套围绕生产设备的在线智能玻璃装备全生命周期监控，提前发现和识别玻璃装备潜在故障风险，降低玻璃装备故障率，全面提高玻璃装备利用率。

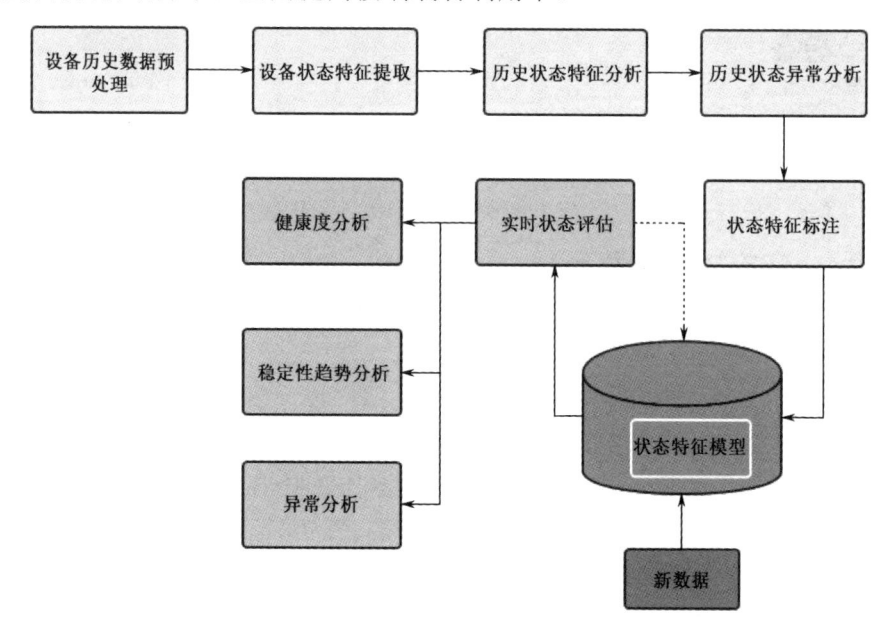

装备数据开发流程架构图

玻璃装备全生命周期监控是通过数据驱动的智能技术，实现对每个玻璃装备运行状态的历史分析、动态评估、异常预警、故障分析，即稳定性趋势评估。

⇒ 案例特点

基于工业互联网的玻璃装备全生命周期数据管理中心遵循以数据为核心，以应用软件开发平台、统一展示平台为支撑的策略，通过网关的数据转换，使工厂底层数据与上层治理的信息系统连接，实现对玻璃生产设备数字化、可视化、智能化的监控与管理及玻璃装备的智能预测、智能分析、智能诊断。

1. 跨系统连接

利用 OPC-UA 技术实现跨系统的数据传输功能，实现原始数据和预处理的信息从装备层级到管理层级的传输，统一访问，认证互操作性更好，能够统一不同系统和管理层级的数据传输架构。

2. 跨网络连接

设计用工业级 4G/5G 网管，支持所有运营商的 4G/5G 网络。数据采集完成后，经过 4G/5G 网络技术，将前端设备信息传输至云端数据中心，进行监管与分析。

3. 直观化体验

利用3D建模与数字映射技术，能够实现对设备的三维建模与数字对应，将数据与设备精确绑定，实现精细化管理。

4. 全域/局域语音播报

利用语音播报功能，在发生重大安全事故时，全厂区或自定义区域进行全域语音播报，及时指引和疏散人群，最大限度地降低安全事故人员伤亡的风险。

5. 安全性和可靠性

方案设计充分考虑安全性、可靠性、容错性和稳定性要求。对于方案中的业务系统支撑主机、操作系统、网络、数据库、应用软件设计，让系统能够 7×24 小时平稳运行。

6. 标准性和可扩展性

整个方案的建设都遵循国家及国际相关标准，其产品和技术具有良好的兼容性。方案设计在适应当前需求的基础上，为将来可预见和不可预见的性能扩充留有余地。

实施效果

系统应用前后运营维护成本对比表如下。

系统应用前后运营维护成本对比表

年度成本 / 年份	栏目	成本核算（1年）	
		运营成本	维护成本
2019年（使用前）		200万元	320万元
2020年（使用后）		178万元	290万元
累计节约		约22万元	约30万元

各栏目的计算依据：

2019年—2020年基于工业互联网平台的玻璃装备全生命周期大屏可视化解决方案为客户节省运营成本约22万元，节省维护成本约30万元。

此系统解决方案为高新玻璃生产线的降本增效提供保障，有着非常可观的经济效益。

此先进系统先后在中建材（宜兴）新能源有限公司、安徽华光光电材料科技集团有限公司、洛玻集团洛阳龙海电子玻璃有限公司、凤阳凯盛硅材料有限公司、蚌埠中光电科技有限公司（8.5代TFT项目）等玻璃企业投入使用，后续陆续会有碲化镉、铜铟镓硒项目投入使用，该系统具有巨大的经济效益和社会效益。

智能工厂指挥中心系统凭借其先进的技术和广泛的应用市场，在行业层面上为新型智能玻璃工厂提供了一个全新的应用平台。在企业层面上为提升企业智能化水平，提高企业的核心竞争力，为实现玻璃企业智能化起到极其重要的作用。

35 科顺全供应链协同生产运营平台示范项目

——科顺防水科技股份有限公司

企业简介

科顺防水科技股份有限公司（简称科顺公司）成立于1996年，位列全球建筑材料上市公司百强，经过二十余年的稳健经营和高效发展，该公司现已成长为以提供防水综合解决方案为主业，集工程建材、民用建材、建筑修缮、减隔震业务板块于一体，业务范围涵盖海内外的综合建材集团。目前，集团控股分子公司38家，在全国布局了十余座高度数字化、自动化，配备先进环保设备的生产及研发基地，拥有近20000个经销及服务网点，拥有和申请专利超过350项，曾服务国家游泳中心（水立方）、北京大兴国际机场、港珠澳大桥、中国文昌航天发射场、大亚湾核电站等经典工程，是值得长期信赖的建材系统服务商。

该公司近几年经营绩效持续向好，主营业务收入复合增长率超过35%。

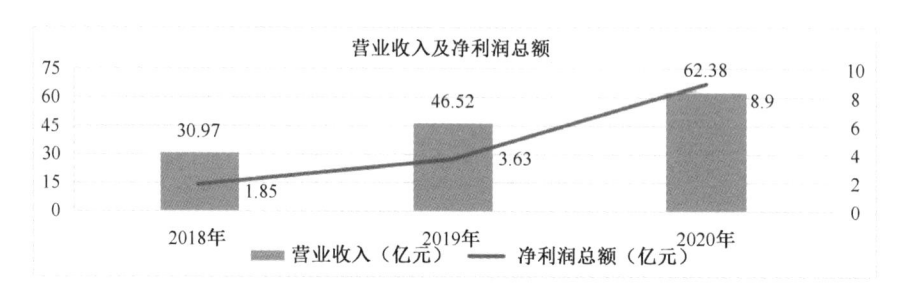

公司近三年经营绩效

案例实施情况

科顺公司高度重视信息化建设，根据公司的"百亿战略"制定了支撑未来发展的五年数字化转型战略规划，加快推进各业务数字化转型升级，有效支撑公司业务创新和卓越运营，提高公司数字化的核心竞争力。

总体设计

公司根据数字化转型战略规划，先后完成新ERP企业资源管理平台、CRM营销服务管理平台、SRM供应链协同管理平台、OA智能办公协同平台、EHR 人才管理平台、MES 生产管理平台、WMS+TMS 组成仓配物流一体化平台、财务管控平台等国内外一线的品牌信息系统。以 ERP 为核心中枢，串联前端的客户管理、内部的整个供应链管理与企业内部管理，对信息系统进行数字化整合，打通信息系统，打破系统间的信息孤岛。

客户商情跟踪、订单下达、订单排产、物料采购、生产仓储与物流运输的高效、透明、共享产供销体系，以 BI、OA、EHR 等数字化工作协同平台为主，加强数据的收集和价值挖掘应用，将底层的设备连接数据和生产物流的应用数据，汇聚到智能分析平台，形成数据仓统一运营，同时结合企业的人力资源和办公管理平台，加强人、机、物的协同发展，建立内部畅通的工作流与信息流，对内部职能部门赋能，在做好内部服务的同时也通过流程梳理、业务提速，为构建全供应链协同运营平台及企业降本增效提供动力。

科顺公司在致力于建设安全可靠、平台化、集成化、人性化的数字化运营平台和体系的同时，不断提高数据、信息和知识的质量，不断提升组织运营效能，不断为客户提供更优质的产品和服务。

总体架构图

┈➡实施内容与路径

科顺公司围绕公司"百亿战略"和业务发展需求，从企业价值链出发，以企业数字化、智能化转型升级为主线，建设全供应链协同生产运营平台。

在数据整合方面，首先通过整合物联网、5G、云业务、大数据等创新型业务，将新技术与实体设备进一步融合，构建一个创新性的生产模式，打造基于工业互联网的全国生产管理及实时监控中心，再通过结合企业的人力资源和办公管理平台，加强人、机、物的协同，保证业务的实时性与快速反馈。打造好前端数据的采集基础后，通过 BI 系统对收集的数据进行筛选及整合，加强数据的收集和价值挖掘应用，将底层的设备连接数据和生产物流的应用数据，汇聚到智能分析平台中，形成数据仓统一运营，构建实时数据分析平台，为智能化管理提供数据支持。

在业务流程方面，建设涵盖基础架构、业务运营、管理保障、决策支持和协同连接五个层面的运营平台，包括六大运营平台（ERP 集成管控平台、SRM 采购协同管理平台、CRM 营销服务管理平台、研发和质量管理平台、智能制造管理平台、供应链一体化管理平台）、三大管理平台（财务管控平台、人才管理平台、决策支持平台）和两大技术平台（IT 基础架构平台、协同办公平台），共涉及 40 多套系统。

在向客户提供更优质的产品与服务方面，产品的设计和生产制造应该是密不可分的两个部分，从产品设计到生产过程再到售后维护等环节应该形成一个闭环系统。而在制造业中，部分企业对于产品的全生命周期管理意识薄弱，这导致在产品消费过程中，无法及时将相关信息反馈至设计与制造环节。企业无法根据反馈进行及时的调整，导致产品生产制造中错误频发或者落后于市场需求，导致企业丧失部分竞争力。而企业全生命周期管理系统的搭建可以帮助企业完成需求、设计、生产、售后、反馈的闭环，及时响应市场端的需求，面向产品开发全过程，对产品开发中的动态过程及过程中产生的数据进行有效管理；提高企业产品设计知识、历史数据、成功经验的利用率，减少重复设计，提高产品自主开发能力和开发效率，控制产品成本。进一步打通市场、研发设计、工艺与生产的数据链路，为生产制造及时准确地提供所需产品数据，实现设计与制造的高度一体化集成。灵活调整各个部分，最终提高产品质量，企业也能够获得额外的竞争力，在竞争中获得优势地位。

公司在数字化升级项目上预计分三步进行，分别是业务全面信息化，信息系统数字化整合，最终通过数字化实现智能化管理。

第一步，全面信息化是企业内部的数字化，即启动以新 ERP 系统为核心的集团信息化建设，实现所有业务全面信息化部署。以企业价值链为基础，助力业务组织转型及工作落地、优化流程，实现业务全面信息化，建立全面数字化的基础。除了上线全球知名品牌的 SAP，还上线了国内知名品牌的泛微OA系统，在项目过程中对原有的流程进行了重新梳理，实现了企业资源的全面打通与流程的全面无纸化审批。ERP及OA系统的上线基本实现了企业内部业务操作流程的信息化。WMS系统把企业内部的物流现场数据与ERP系统打通，初步实现操作端自动化操作及数据打通，为后续各个系统的数据打通提供了基础。

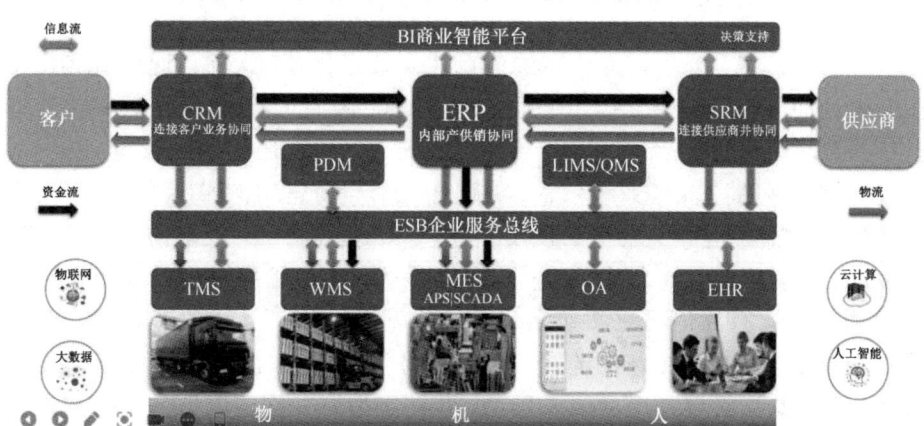

项目流程组成与关系图

第二步，信息系统数字化整合为了打通信息系统，打破系统间的信息孤岛，提升企业的产品与生产经营水平，在新建ERP核心系统的基础上，构建SRM、CRM和MES三大业务系统，打通企业内外价值链的协同，形成价值链闭环，为公司从需求拉动生产的转型赋能。在构建信息化基础架构后，实施了SRM、CRM、MES的三大上下游及生产的业务系统，全面打通了企业价值链中的各个节点。在SRM、CRM、MES三个软件项目中实现了对应业务功能的固化，并将其中的数据与ERP系统打通，实现了以订单排产、生产仓储、物流运输为一体的产供销体系，同时对前端数据的及时性提出了更高的要求。所以通过整合物联网、5G、云业务、大数据等创新型业务，将新技术与实体设备进一步融合，打造基于工业互联网的全国生产管理及实时监控中心，最后通过OA系统集中所有系统中的审批，通过EHR系统加强人才的储备，保证业务数据的实时快速反馈。这三个项目的完成实现了销售、生产与供给整个供应链的信息化，并将所有基础业务数据进行存储，为下一阶段的大数据分析及智能管理提供了数据基础。

第三步，数字化实现智能化管理标志着企业数字化转型的完成，从企业自身延展出去，实现企业级全供应链的协同，并最终实现企业的智能优化，业务实现与供应商的连接，对消费者、客户进行延伸，开拓新机遇。目前主要依托 BI 系统实现企业数据的整合、分析与展示。后续会继续引入低代码报表开发平台、大数据分析平台、业务数据中台作为企业的智能化数据核心，为全面实现企业管理智能化提供动力。

案例特点

项目实施前，公司拥有一定的信息化和数字化基础，项目通过数字化转型升级使企业节能减耗，提质增效，从而提高企业的竞争力。在数字化转型升级过程中，企业前期虽然购买了各个面向部门级应用的专用系统，在一定程度上提高了独立业务系统效率，但由于项目投资落实的时间不统一，当年整体规划有部分落后于现在的发展实际，欠缺整体协调，最终构建了多个信息孤岛，没有形成信息最大化合力，不能最大化利用企业已有的信息资产。而本项目在原有的信息化和数字化系统的基础上进行升级改造，以企业价值链为核心，将各个系统的流程打通，并将各个系统的数据进行整合，统一展示口径。数据经过建模和清洗以后，帮助制造企业摆脱以往各系统数据较为混乱的应用状态，打通企业的各个流程，实现从设计、生产到销售各个环节的互联互通，并在此基础上实现资源的整合优化，从而进一步提高企业的生产效率和产品质量，这对于推动工业互联网的实施及智能制造的深化转型有着积极的意义。

实施效果

通过 ERP、WMS、SRM、CRM、MES、BI、OA、EHR 等各个系统的落地与互通，科顺公司完成了全供应链协同生产运营平台的构建。平台构建成功后，科顺公司已经全面完成企业内部全面信息化和企业内部的数字化，信息系统数字化整合打通信息系统，打破了系统间的信息孤岛，将多个系统集成在平台中，解决企业内部的系统数据共享问题和整个供应链条上下游合作伙伴之间的数据共享问题。供应链协同平台将客户、供应商、司机等环节打通，储运配一体化信息共享，实现物流、商流、信息流与资金流的统一管理。API 接口平台无缝对接，实现信息共享互通、全程透明化管控、协同预测库存，提高供应链各成员的信息传递效率。

全面信息化与信息系统数字化整合两个阶段已经完成，并开始进行智能化管理，标志着企业的数字化转型从中级到高级发展阶段，实现了企业内部业务操作流程的全面信息化。数字化整合三大上下游及生产的业务系统，全面打通了企业价值链中的各个节点，为大数据分析及智能管理提供了数据基础。通过 BI 系统实现企业数据的整合、分析与展示，为全面实现企业管理智能化提供动力。八大系统的落地使销售额提高了 48.2%，整体生产管理成本下降了约 30%。除了数值上的数据体现，通过系统上线与对公司内部流程进行全面优化与规范，提高了业务效率，减少了业务矛盾，同时释放了员工的活力，在实现高效工作的同时让员工有更多的机会发挥主观能动性，公司提出各系统的提升方案，从而改进原有业务流程，再次提升工作效率。

项目实施后具有良好的复制推广和示范效应，解决了行业的共性痛点，提供了可在行业领域内复制推广的通用解决方案，解决方案推广场景及带动产业链上下游协同优化情况，对行业工业企业具有显著的引领示范作用。

36 基于大数据的建材家居产业数字化转型创新应用

——金电联行（北京）信息技术有限公司

企业简介

金电联行（北京）信息技术有限公司创建于 2007 年，是国内最早专注大数据行业的高新技术企业之一，目前已经发展成为国内数据智能的领军企业，开创了全新的大数据智能生态系统，可赋能全产业的智能转型与创新。在人工智能和大数据领域，公司开发出 30 多条产品线和百余套智能产品，拥有自主可控的核心技术，已为金融、政府、制造业等行业提供上万个大数据与人工智能落地案例。

该公司是中国人民银行首批全国性企业征信机构，北京地区征信机构总经理联席会议主席单位，北京信用协会会长单位，国家发改委合作的第三方信用服务机构，国家信息中心信用信息共享合作单位，第一批可为信用修复申请人出具信用报告的信用服务机构，科技部国家火炬计划的大数据信用服务机构。

案例实施情况

总体设计

本项目采用基于大数据的建材家居产业数字化转型创新应用解决方案，运用自主研发的大数据技术及全流程机器学习智能建模技术进行改造，主要切入场景包括数据治理、数字运营、数字交付及研发、数字营销四个应用场景，建立从底层基础到上层应用的大数据体系平台，自上而下推动数据在线化、业务流程化、流程信息化、信息数据化，助力新业务降低损耗、提高效益，全面提升传统企业核心竞争力，实现传统企业全面数字化转型，最终实现智能制造的终极目标。

实施内容与路径

主要围绕数据治理、数字运营、数字交付及研发、数字营销四个方面开展数字化转型工作，自上而下推动数据在线化、业务流程化、流程信息化、信息数据化，利用组织+流程+IT 固化业务能力，奠定战略转型的数据基础。最终实现针对新业务多快好省的目标，为企业降本增效。

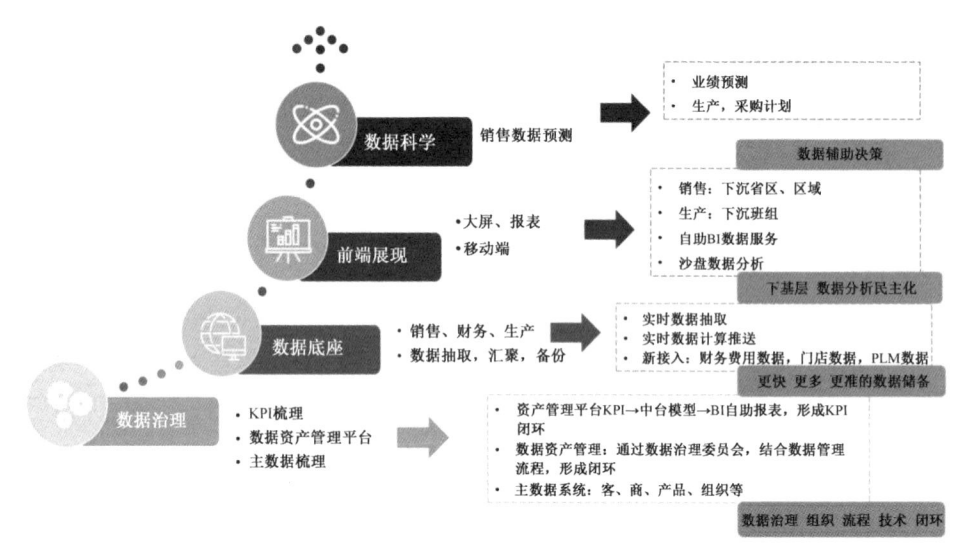

整体项目内容规划图

1. 数据治理

公司通过数据治理获得一致性和高质量数据的成熟度评估模型，帮助金牌厨柜有效改善数据管理环境，进而有效利用数据。5个核心维度，分为28个子维度，子维度又细分为179个单独的标准，用于评估企业数字化成熟度，从而得出数据治理的实施路径图。

2. 数字运营

在企业数字运营上，进行数字运营KPI调研，实现了KPI指标的标准化梳理，及时准确地反馈相关指标数据和报表；基于咨询结果，定义数据存取计算自动化过程，建立了企业数据资产数据库及数据分发、数据分析体系，建立基于数据决策的方法和文化，并透过AI利润预测模型实现从后知后觉到先导数字管理的转变。

3. 数字交付及研发

建立了柔性供应链体制，找到了质量效率和成本付出间的平衡点；建立了端到端统一供应链KPI，实现需求预测，拉动产品需求预测与供应链支持计划，有效把握预测绩效与供需平衡间的优化，管控耗用的预测与生产绩效，为后续的质量效率调优提供决策支持。

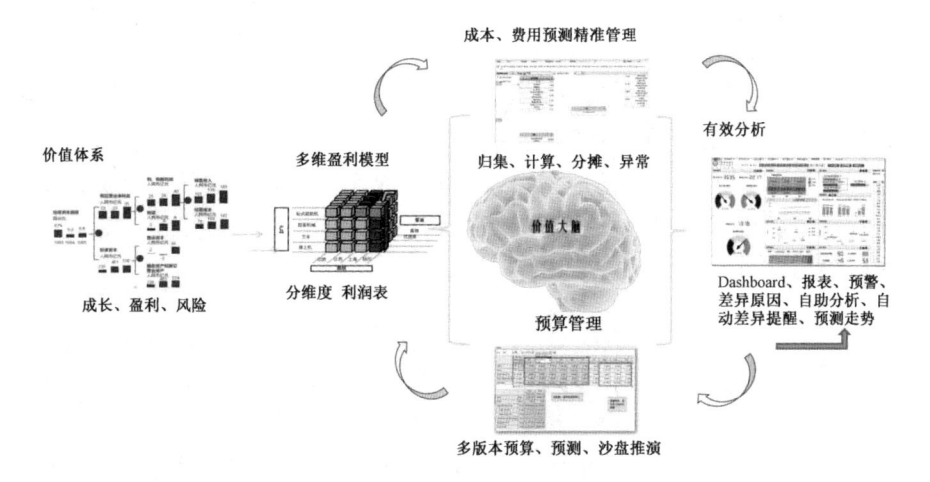

数字运营架构

4. 数字营销

在企业数字营销上，建立了客户网络并维护客户数据，实现了潜客获客率的大幅提升，提高客户黏性，形成客户数据的销售闭环；建立 DMP 及基于行为维护和数据拓展的新型 CRM，开展基于算法的精准营销，进行客户行为预测和潜客分析，实现线上线下数据的全贯穿。

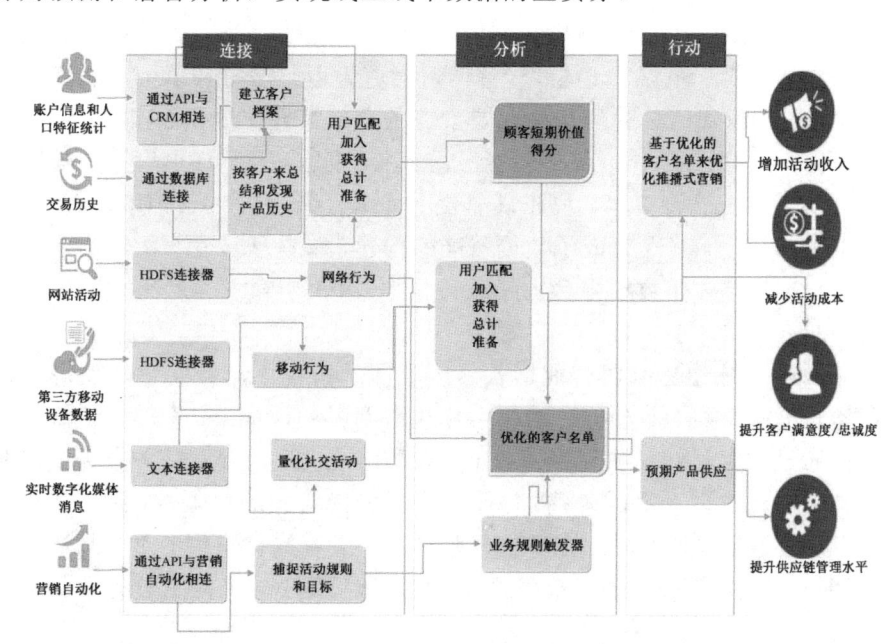

精准营销模型

案例特点

本项目基于全流程机器学习智能建模及大数据等核心技术，深入挖掘和分析金牌厨柜在研发、生产、营销、管理等全产业链数据，进行数据体系搭建、技术体系搭建、业务体系搭建，为企业实实在在地解决生产制造、设备维护、智能定价、智能分拣、智能物流、精准营销等问题，帮助金牌厨柜搭建价值最大化的数字化智能生态。

实施效果

根据金牌厨柜发布的 2021 年度业绩快报，公司营业总收入约 34.5 亿元，同比增长 30.70%；营业利润 36350.67 万元，同比增长 11.07%；归属于上市公司股东的净利润为 34084.74 万元，同比增长 16.47%。公告显示，公司围绕全年的经营目标，积极推进数字化转型升级，加快推进创新渠道模式，推动厨柜、衣柜、木门、电器等品类的渠道布局，实现厨柜零售业务稳步增长，衣柜、木门零售业务快速增长。报告称，营业总收入增长 30.70%，主要是厨柜、衣柜品类销量持续增长所致。公司海外业务、木门、智能家居、电器等新品类拓展均达到或超过设定的预期目标。

从 2021 年开始，金牌厨柜将原本用人工完成的一些业务链条全部在线化串联，从品牌、商品、销售、营销、渠道管理、服务、资金、物流供应链、制造、组织到信息管理等商业要素链条全部实现在线化。比如，此前公司做设计审单需要约 100 人，但是经过数字化改造，基于订单设计图的数据实现自动化系统流转审单，现在只需要十几个人来负责，人效明显提升。在数据中台部署上，首次完成了数据资产的构建，原本预估需要两年半才能处理完的数据报表，在数据中台上线后，不到 2 个月就能完成，有效节省了四分之一的人力成本。

在国内传统建材家居企业增长速度放缓的情况下，数字化转型可能是实现增长的唯一机会。全行业的数字化改造都已初现成果，大部分传统行业都可以通过数字化转型实现经济增长。在数字化时代之下，每一个传统产业都面临数字化转型升级的阵痛，越早意识到传统方式的局限性，跟上变化的形势，就能越早摆脱沉疴，在新的时代立足。只有原材料供应端、制造端、零售端每个环节都实现高度数字化，形成产业协同，才能为家居行业带来革命性的改造。

该项目针对建材家居的行业特点，在数字运营、数字交付及研发、数字营销等领域为企业提供全面的决策支持，自上而下推动数据在线化、业务流程化、流程信息化、信息数据化，助力新业务实现低损耗、高效益生产，全面提高企业核心竞争力，对国内工业企业数字化转型具有非常重要的借鉴意义。

37

基于水泥行业应用的凝智工业互联网平台 CIP

——中国中材国际工程股份有限公司

企业简介

中国中材国际工程股份有限公司是国务院国资委所属的中国建材集团旗下的重要成员单位，是全球水泥工程建设领域能够系统提供工程咨询、研发、设计、制造、建设、监理、管理、总承包等集成服务的国际化大型科技型企业。经过六十多年的发展，现已成为我国水泥工业科技进步排头兵和我国新型干法水泥生产技术及装备研究、开发、设计、装备供货及工程总承包建设等领域服务的工程公司。

公司积极拓展水泥行业智能工厂设计、建设、运维、服务等业务，将新一代信息技术与水泥行业深度融合，面向水泥智能制造领域，推动水泥企业转型升级，打造数字化、网络化、智能化水泥工厂的核心支撑体系。

案例实施情况

总体设计

1. 顶层设计方案

凝智工业互联网平台 CIP 是综合了物联网、大数据、人工智能等新兴技术，面向水泥行业的实际特点而构建出的更精准、更实时、更高效的数据采集平台，可以有效支撑水泥企业各类制造要素的泛在连接、弹性供给、高效配置，建设包括存储、计算、分析、集成、访问、发布和管控的赋能平台，并通过各类工业 App 为水泥企业提供行业创新应用和服务。

2. 技术构架

系统以前后端分离的微服务构架搭建，前端基于主流的 Vue 开发框架，后端开发框架主要使用 SpringBoot、MyBatis、FastDFS、Kafka、ElasticSearch、Nginx 等常用服务组件，基于 SpringCloud 全家桶从流量控制、熔断降级、系统负载等多个维度保障服务的稳定性。

每个微服务模块的业务规则不绑定具体的数据库，可以随意切换数据库的具体实现模式，通过合理的微服务拆分，实现微服务内部和外部的"高内聚、低耦合"。

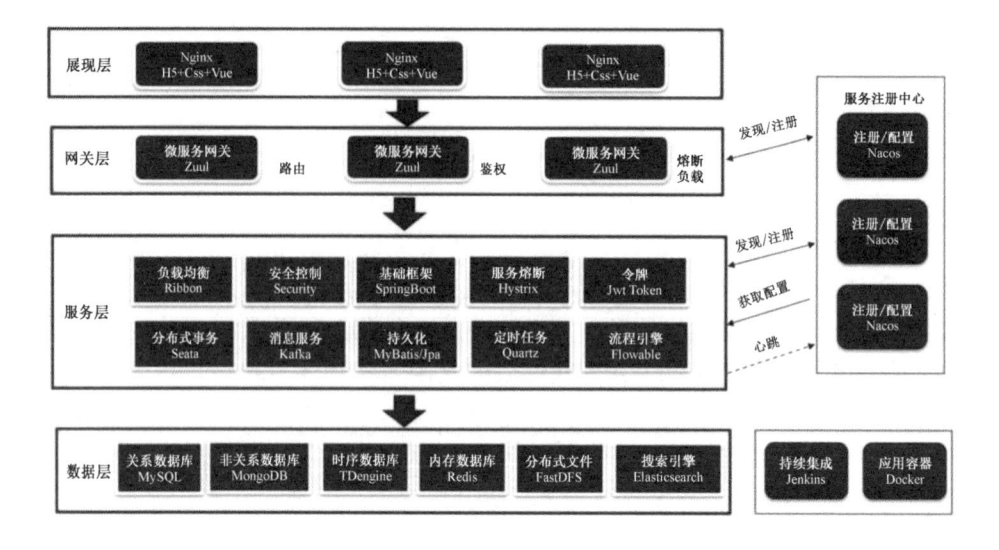

凝智工业互联网平台 CIP 技术架构

⇒ 实施内容与路径

1. CPS 建模平台

CPS 建模平台包含对平台核心配置信息的管理及通过配置信息快速实现可视化的过程。平台将设备、协议、边缘层采集设备、网络通道、数据情况统一监控配置，主要完成对工厂数字化模型的定义和配置。定义包括工厂、产线、车间、工段、工序、设备、部件、测点、协议等对象及其属性的配置。同时依据业务功能需要，将业务系统需要的智能设备的状态、报警、指标计算逻辑、规则判断逻辑、阈值预警逻辑、控制逻辑等进行配置管理，能够为数据平台的计算提供依据，同时为凝智工业互联网平台提供标准化能力。模型可以根据企业的实际情况进行灵活配置。

2. 数据中台

数据中台可以聚合和治理跨域数据，将数据抽象封装成服务，提供给前台。它是一套可持续"让企业数据用起来"的机制，是一种战略选择和组织形式，是依据企业特有的业务模式和组织架构，通过有形的产品和实施方法论支撑，构建一套能持续不断地将数据变成资产并服务于业务的机制。数据中台连接数据前台和后台，突破数据局限，为企业提供更灵活、高效、低成本的数据分析挖掘服务，避免企业为满足某具体部门，某种数据分析需求而投入过多昂贵、重复性的数据开发成本。它通过数据技术，对海量数据进行采集、计算、存储、加工，同时统一标准和口径。数据中台将数据统一之后，会形成标准数据，再进行存储，形成大数据资产层，进而为客户提供高效服务。

3. 业务中台

业务中台以形成水泥行业应用市场为核心目标，将系统中的服务提取成可公用模式，为凝智工业互联网平台 CIP 提供服务资源。同时，依据业务中台建立的各类水泥行业微服务和业务模型，结合本平台的开发工具，可以快速扩展更多的 SaaS 上层应用，做到来源于业务、反哺于业务。

4. AI 服务中台

它对生产过程数据、管理数据、质量数据进行综合运用和挖掘，利用海量的历史数据及在线数据进行模型的建模、训练、学习，使其能够在正常工况时，分析各项关键参数的最优值、关联性、预测性，发现有用的知识。

5. 安全中台

凝智工业互联网平台 CIP 是业务交互的桥梁和数据汇聚分析的中心，联结全生产链各个环节实现协同制造，平台高复杂性、开放性和异构性的特点加剧了其面临的安全风险。系统提供多方面的安全性服务，从而保障平台数据、网络、系统的安全。

6. 智能应用

基于凝智工业互联网平台 CIP，借助数据中台的数据湖和业务中台的知识组件、算法组件、业务组件和开发平台等，通过 SaaS 应用和工业 App 承载水泥行业的知识和经验，建立水泥行业垂直应用体系，业务应用覆盖水泥企业生产、质量、设备、安全、环保、能源、物流、服务、移动应用等环节。

7. 技术实现路径

数据库主要基于 Redis、MySQL、MongoDB、FastDFS、TDengine 等数据库系统及分布式存储。

（1）注册中心采用 Nacos，实现动态服务的同时还支持动态的服务配置管理；

（2）基于 Flowable 定制的工作流微服务，支持会签、委托、前后加签、批量审批等多种审批模型，具有强大灵活的在线流程设计器；

（3）采用 ELK 作为分布式日志分析系统，实现日志的采集、转换、存储及展示；

（4）采用 Seata 作为分布式事务中间件，以高效且对业务零侵入的方式，解决微服务场景下面临的分布式事务问题；

（5）采用 DataX 作为离线数据同步工具/平台，实现包括 MySQL、Oracle、SqlServer、Postgre、HDFS、Hive、ADS、HBase、TableStore(OTS)、MaxCompute(ODPS)、DRDS 等各种异构数据源之间高效的数据同步功能；

（6）采用 Sqoop 作为"Hadoop 和关系数据库服务器之间传送数据"的工具；

（7）采用 Flink 作为分布式处理引擎，对无界和有界数据流进行有状态计算。Flink 设计能在所有常见的集群环境中运行，以内存速度和任意规模执行计算；

（8）采用 Elasticsearch 作为平台的搜索服务器。它提供了一个分布式多用户能力的全文搜索引擎，支持 RESTfulweb 接口；

（9）采用 Hbase 构架高可靠性、高性能、面向列、可伸缩的分布式存储系统，利用 HBASE 技术可在廉价 PCServer 上搭建起大规模结构化存储集群；

（10）采用 Hive 作为基于 Hadoop 的数据仓库工具，将结构化的数据文件映射为一张数据库表，并提供类 SQL 查询功能；

（11）采用 Liquibase 管理数据库版本，将所有数据库的变化保存在 XML 文件中，便于版本控制和项目部署升级。

案例特点

凝智工业互联网平台 CIP 可以将水泥企业的市场、运营、生产等多维数据全面打通，将厂内的人员、设备、产品、质量、环境及厂外的合作伙伴、供应商、客户、物流商数据等紧密连接、融合，帮助水泥工厂拉长产业链，形成跨系统、跨厂、跨区的互联互通。通过云计算、大数据、人工智能等手段帮助水泥企业构建高度灵活的数字化、智能化水泥生产管控模式。最终目标是建立起水泥行业全方位深度融合所形成的产业和应用生态环境。平台总体架构采用分布式微服务架构体系，部署粒度细，服务扩展灵活，既能够满足集团化管控或区域化管控的系统要求，又能满足工厂本地化需求，具有高度灵活的阶梯化部署能力、异构系统的集成能力、定制性开发能力等，该平台也支持云端部署。

实施效果

为了推动基础建材行业实现"智能化、绿色化、高端化"的转型目标，凝智工业互联网平台 CIP 通过新技术、新装备及大数据、人工智能等技术运用，从优化设计、自主创新、装备提升、节能减排、智能化建设等方面进行系统集成创新，全面优化新型干法水泥生产线的产品制造、协同处置废弃物、综合利用资源和减少 NO_x/CO_2 排放。通过新一代信息技术与水泥制造业的深度融合，实现水泥工厂生产运营的数字化、自动化、集成化、信息化、可视化、智能化、绿色化、高端化。在保证数据的实用性、有效性、时效性、代表性、完整性、关联性的情况下，实现数据一体化、流程一体化、界面一体化、业务数据专业化、数据处理平台化、目标管理智能化。在管理、控制、设备等多场景、多维度，实现大数据及人工智能应用，助力数据价值资产化的实现。

凝智工业互联网平台 CIP 构建了生产管理系统、设备管理系统、质量管理系统、设备智能虚拟巡检系统、安环管理系统、能源管理系统、智能视频监控系统、设备预测性维护系统、智能物流系统、大数据分析及应用、移动应用等业务生态，通过数据互联互通、业务流程互联互通、网络互联互通，实现了生产过程质量管控、生产过程能耗管控、生产过程成本管控，最终达到了赋能管理、赋能控制、赋能装备的目标。公司成果已推广至铜川尧柏水泥项目、正安西南水泥、玉山南方水泥项目、广西锦象水泥等多条生产线，经济效益和社会效益显著。

应用成效性能指标

序号	指标名称	指标数据
1	过程控制参数采集率	100%
2	智能化操作软件投运率	100%
3	设备管理与智能巡检系统软件投运率	100%
4	能源管理系统投运率	100%
5	系统最优参数运转率	>90%
6	水泥智能制造与决策支持信息化平台使用率	>95%

38

变形积木智造管理系统

——变形积木（北京）科技有限公司

企业简介

变形积木（北京）科技有限公司（简称变形积木）成立于 2018 年，总部位于北京，在上海设有数字研发中心，在雄安新区有自建工厂，目前正在张家港筹建生产基地，服务类型涵盖酒店、地产、康养、公寓、商业等板块。

变形积木通过自主研发，夯实"标准化产品研发能力+智能化管理赋能平台"双轮驱动的发展模式，打造了智能化 B2B2C 全链路数字化产业平台。同时，公司也完成了"国家高新技术企业"认定，已取得 130 余项技术创新和发明专利。2021 年，变形积木营收预计超 3 亿元，持续保持 400%的增长速度。

截至 2021 年 10 月，公司已完成五轮融资，投资方有 GGV 纪源资本、钟鼎资本、金沙江创业投资、美团龙珠、不惑创投等。

公司作为中国装配式装修领军企业，装配式装修全链条服务商，拥有完备的产品设计及生产、技术研发、服务落地等能力。

案例实施情况

总体设计

变形积木智造管理系统涵盖生产制造、物料管理、设备运维三大业务环节，并开放数据接口，对接建筑设计信息管理系统和工程施工管理系统，为整个公司的经营管理提供数据支持。生产制造环节是系统建设的重点，系统功能有以下几个特点：

（1）以人为本，为员工安全健康保驾护航。
（2）严控质量，为高品质产品的生产提供数据支持。
（3）降本增效，以合理的、优化的计划指导生产过程。
（4）防患于未然，建立系统预警机制，提前感知经营和生产风险。

本系统目前服务于变形积木，可适用于排放粉尘废气的建材生产企业，特别适用于 PVC 墙板生产企业。

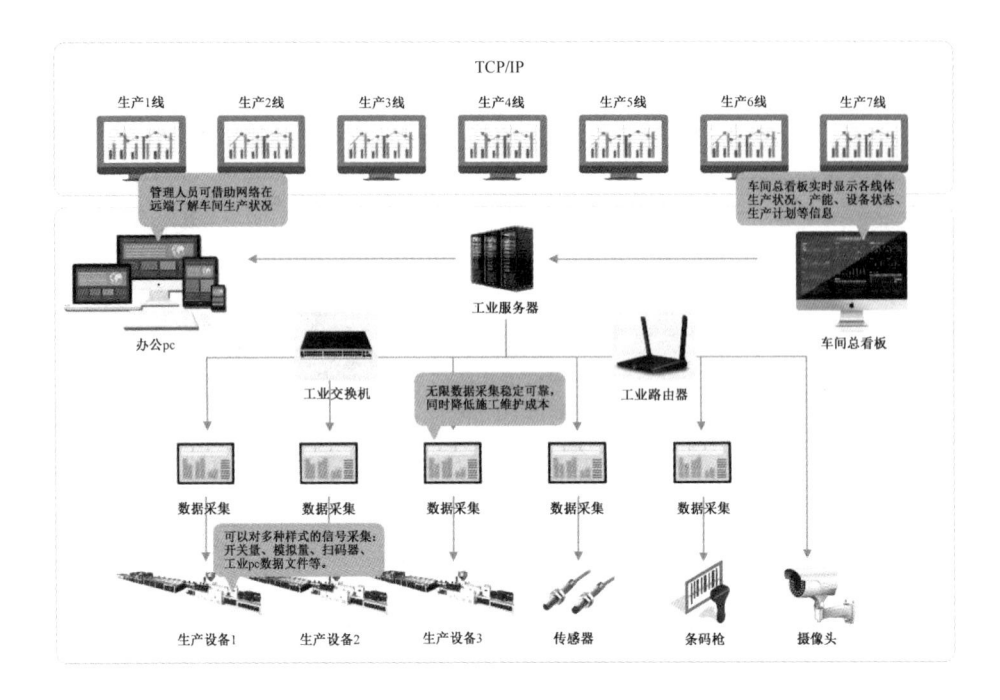

变形积木智造管理系统架构图

  变形积木智造管理系统建设了核心平台、用户入口群、IOT 平台三大模块。其中核心平台包括物料管理模块、生产制造模块、设备维护模块、AI 模块、采购管理、合约管理等模块。用户入口群包括扫枪入口端、PC 入口端、工厂大屏端、微信扫码展示页面等模块。

  整体系统具备高度拓展性，拓展成本低。设备和产线增加或拆除，常用传感器设备增加和停用都可以直接由管理员进行维护，数据报表也可由工厂数据分析员进行自定义创建。

  智造管理系统和设备系统全部打通，通过生产制造模块中的智能监控子模块可以实时识别设备异常情况，并自动下达停机指令，可以依据订单中的板长进行自动切板，自动码垛。

  实际工厂中配置 9 台污染物监测传感器，监测数据可以通过工厂大屏展示，出现预警后，通过大屏、扫枪端、工厂广播系统、手机短信等渠道通知相关人员，相关人员可以及时避让或采取应急处理。

  系统集成 AI 模块主要支持两个场景，其一是对产线板材进行视觉质量检验，及时识别出缺陷，并进行智能切板。其二是对工厂摄像头进行人员识别，记录人员位置，用于实时提醒和应急救援。

┅➡ 实施内容与路径

变形积木智造管理系统是软件加硬件的整体解决方案，采用市面上成熟的工业传感器及物联网技术，采集各类现场数据和信息，通过工业内网串口通信技术和 WIFI/4G 无线网络技术将现场信息及时发送到服务端，在服务端通过成熟的 ERP、MRP 系统，以及自研的生产管理系统对数据进行存储和逻辑分析，为管理者和决策者提供可靠的数据支持。其中几个子模块的架构和功能介绍如下：

1. 生产制造模块

该模块的主要功能有：车间环境监测、主要设备运行状态监控、危险区域警示、生产状况大屏展示。

2. 物料管理模块

该模块采用第三方成熟的产品金蝶 K3 云星空系统，实施仓库进出库管理、物料基础信息和 BOM 管理、MRP 模块和财务管理等。对原材料的采购、入库、批次、质检信息进行记录，对生产领料和成品入库进行标准化管理，最终实现可用条码技术对成品生产过程追溯，追溯内容包括生产批次、原材料批次、设备和班组信息。

3. 设备运维模块

该模块能够记录车间关键设备的运行情况、部件损耗情况，结合每台设备既定的维修保养规则从而为设备负责人提供维修保养提醒，同时该模块提供了一个企业设备维修保养的知识库，供技术人员学习和参考。

┅➡ 案例特点

本系统采用了多种类型的工业传感器和物联网设备，下面重点介绍几个关键设备的物联网技术应用于本案例的情况及特点。

1. SJZ80/156-YF600 PVC 墙板生产线

系统采用金纬机械常州有限公司的生产线，该生产线分为热熔区、定型区、牵引区、切割区和码垛区五个区段，内置多路温度、压力传感器和 PLC 总控设备。在工作过程中，传感器将各种实时数据传输给 PLC，PLC 根据既定程序运行并输出相应控制信号，同时 PLC 将传感器数据通过通信接口

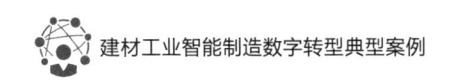

上传至上位机,上位机将信息加以处理存储至云端数据库,如果检测到有超出阈值的数据,可立即通知生产线操作人员和相关管理人员。

2. 萤石 C6WI 云台智能摄像机

系统采用海康威视公司的智能摄像机监控工厂多个区域,特别是人员进入危险区域时,设备可通过声音提醒人员做好防护,同时拍照记录相关时间和影像并上传到云端服务器。

3. 环境监测传感器

公司在工厂多个位置加装普锐森社公司的 PR-3002-TVOC-N01 空气质量检测传感器,可检测 TVOC 浓度、粉尘浓度、噪声、温湿度。各传感器通过 RS485 通信接口和 ModBus 协议将数据传输到上位机,上位机进一步将数据上传至云端服务器。如果检测到数据超标,可通过云端服务器立即发送警示信息,通知工厂管理人员。

实施效果

企业效果优化

系统于 2021 年 1 月首次上线,最新版本于 2021 年 10 月上线。2020 年 4 季度,变形积木雄安工厂发货单错误率为 4.22%。2021 年 8 月至 10 月发货单仅出错一单,错误率为 0.31%。每季度减少潜在运费损失 10000 多元。同时避免了大量线下补货,减少人工操作。

墙板从产线下线后的缺陷率约为 2.1%。系统上线前通过人工检查,能筛选出约 80%的缺陷品,但仍存在部分缺陷不明显,导致商品送至现场的现象。原采用的方案是结合现场安装经验,超发 1.5%货物。当前采用视觉检查的方案,通过参数调整,淘汰 2.5%左右的缺陷品和疑似缺陷品。当前仅需按 0.7%超发货物即可保证基本无二次发货需要。同时,基本可以减少工厂人员配置 1.5 个人。

2020 年年底,雄安工厂每吨产品运营能耗数据约 400kw·h,当前已降低至约 320kw·h。其中约 25kw·h 可归因于信息化系统上线应用。

设备管理模块上线后,没有出现过因为设备保养不当、不及时而导致的产品质量下降的现象。每次挤出生产线保养时间从原来的 4 小时,缩短到 2 小时左右。

⇢ 行业示范作用

由于墙板行业是按单生产的，产品定制化程度较高，但是单体价值不高，数量较多。原适用于离散制造业的 WMS、MES 系统都有其局限性，而适用于钢结构设备加工行业的 WMS、MES 系统又太重，按成品板材逐张管理成本过高。变形积木的物料管理模块做了大量针对石塑板材行业的优化，在管理成本、管理细度、生产柔性等维度上做出了平衡，可以明显降低产线风险，减少管理成本。

在石塑板材行业，引入的视觉质检模块也是行业领先的技术。石塑墙板的缺陷样本库是全行业最完整的缺陷信息库。

⇢ 复制推广情况

本系统目前服务于变形积木，可适用于排放粉尘废气的建材生产企业，适用于挤出、切割等有限维度柔性生产的制造企业管理，特别适用于 PVC 墙板生产企业。

接下来，为了持续优化和推广该系统，公司将采取如下措施：

（1）引入大数据挖掘能力，寻找数据中的管理优化点，提升管理水平。

（2）引入立体仓和 AGV，将进一步提升工厂的过程物流效率，计划于 2022 年年底达成"黑灯工厂"的目标。

（3）在一定程度上将供应链数据向客户公开。客户自己的数据系统也可以跟踪每一个合同对应的所有订单情况。

（4）研究建立供应链效率评价模型，帮助工厂在柔性、效率、风险等要素之间进行平衡。

工业 App

39 基于工业互联网的水泥智能生产管理 App

——中建材信息技术股份有限公司

企业简介

中建材信息技术股份有限公司（简称中建信息）是中建材集团进出口有限公司的下属企业，创立于 2005 年 4 月，注册资金 14936 万元，2020 年营业收入超 200 亿元。

截至目前，公司以北京为中心，设立了近 60 个分公司与办事处，业务覆盖上海、广州、深圳、成都、沈阳、西安、武汉等国内主要城市，以及埃塞俄比亚、阿尔及利亚等海外国家，并拥有两家全资子公司和两家控股子公司，形成了立足中国、辐射海外的全球化布局。基于云计算、大数据、物联网、人工智能等"云大物移智"新技术，通过多年的研发投入，中建信息拥有一系列具备自主知识产权的平台产品和解决方案，具备端到端的数字化转型咨询、设计、实施、运维及运营服务的能力。

案例实施情况

总体设计

基于工业互联网的水泥智能生产管理 App，通过数据中台整合视频监控系统、DCS 系统、APC 边缘端控制软件、云端工业大脑等系统及数据资源，形成云边端一体化的智能生产控制系统。

基于工业互联网的水泥智能生产管理 App，以数据中台技术为基础，建立应用系统集成平台，作为云管理功能的底层轻量化载体，进行多源、多类型数据的整合和标准化处理，对不同专业管理功能进行底层定制化的组合运用，实现业务流程和数据流程一体化。

实施内容与路径

生产管理 App 包括业务设置、排班管理、计划管理、库存管理、生产操作台账、调度管理、报表管理等功能。

通过制订生产计划、强化各车间协调生产能力、提升数据及时性和准确性，实时掌握人、机器、材料多维度数据，同时建立"流程功能化、功能任务化、任务指令化"创新应用模式。

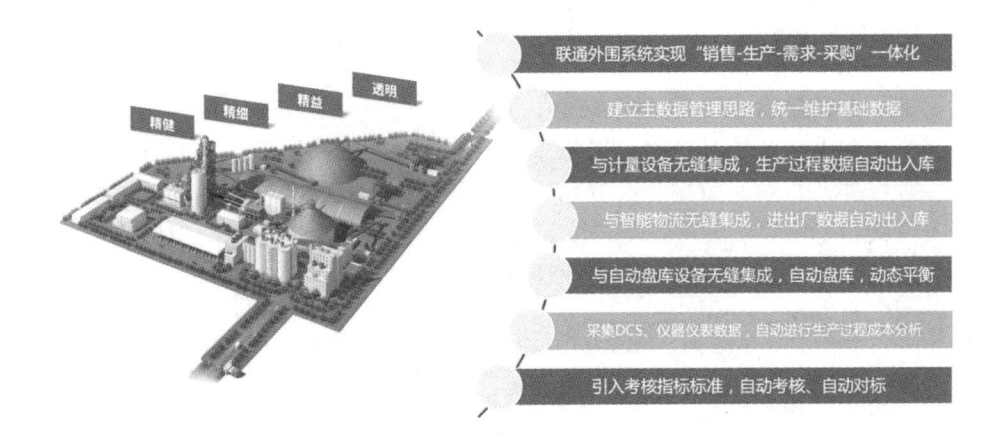

基于工业互联网的水泥智能生产管理 App——中建材信息技术股份有限公司

生产管理应用系统

1. 业务设置

业务设置包含生产管理所需的人、机、料等各类基础数据，如物料信息、测点信息、配方管理、工艺路线、仓库信息、供应商、客户信息、交接班模版等，最终建立一套用于指导和约束水泥工厂生产的数字化模型。

2. 排班管理

排班管理包含班次、班组、排班计划、排班日历、调班管理。排班管理支持多班组、多班次灵活配置，支持四班三倒、三班三倒、长白班等多种排班模式，可以基于规则实现自动化排班。每个工作人员均可查询个人、班组、部门不同维度的排班日历。

3. 计划管理

计划管理包含销售计划、生产计划、物资需求计划的维护和调整。系统提供各类计划维护功能，同时提供与外围系统对接的功能。

系统提供根据销售计划分解生成计划的规则，同时可根据产品的配方自动分解物资需求计划。

4. 库存管理

实现生产全周期内的各种原材料（原材料、煤、混合材等物资）、过程物资生料、熟料及产成品水泥的消耗量、产量、库存量的实时记录和监控。

5. 生产台账

生产系统融合自动质量化验室、DCS 等系统，综合采集、记录和监控破碎产量、半成品及产品产量、发电量、用电量、产成品质量、物料产品库存等实时数据，并判断数据是否异常，对异常数据进行报警提示。同时，系统引入考核指标标准，可根据生产实绩进行自动考核统计。各生产指标均可进行历史追溯，与操作员排班、生产计划进行关联，并以图表形式展现，供生产管理人员参考。

6. 调度管理

通过生产系统实现对原材料的进厂信息、成品、半成品的产量、库存、出厂信息、设备运转情况的实时记录、监控和分析，对企业的生产调度人员

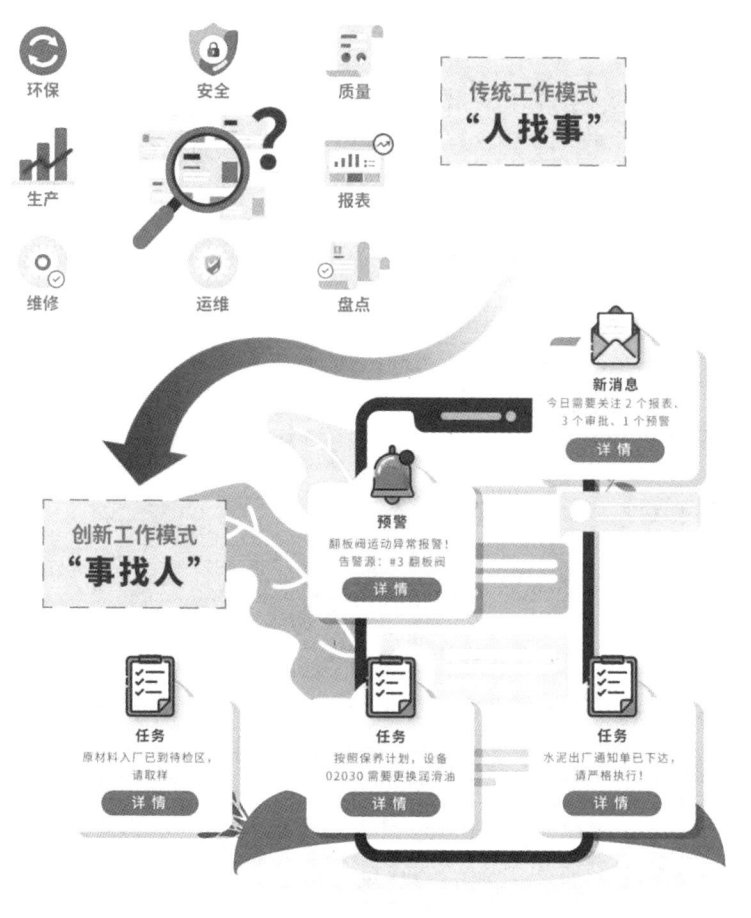

创新应用模式

有实际的参考和指导作用。调度人员可以对原材料进厂、产品出厂、中控室操作、设备开关机、停送电等各类情况下达调度指令，并对任务的执行情况进行实时监控，从而由"人找事"转变为"事找人"，提高工作效率、创新工作模式。

7. 报表管理

生产统计报表是企业分析每天生产经营情况的重要数据来源。基于事前计划、事中控制、事后考核的管理思想，系统制订企业生产指标、年度生产计划、月度生产计划，并通过车间、计量等系统的数据采集，形成企业的生产日报、月报等报表。根据企业管理要求，自定义各种管理统计图表，分析计划执行情况、生产经营状况等，为企业生产经营决策提供丰富的数据支持。

8. 生产监控

生产监视可以通过二维、三维、组态、图表/报表等多种方式以 Web、手机端方式监控全厂各生产系统实时信息，画面的调出时间小于 1s，画面的刷新率不大于 1s，为厂级生产管理人员提供全厂各生产系统实时信息，供信息分析人员使用。通过模拟图、趋势图、棒状图、表格和文字等形式直观地显示到用户终端。

终端展示

9. 生产决策

数据分析与智能决策将行业知识、大数据能力、AI 算法与工业互联网平台无缝集成，充分利用其集成的工艺、能耗、质量等多维度数据，借助大数据分析、机器学习、图像识别等 AI 技术，根据工艺机理对多维度数据开发算法模型，建立行业知识库，最终实现系统自动驾驶、自主学习、自主寻优、异常工况识别并给出预测预警。

案例特点

水泥生产管控系统的核心是基于工业互联网平台以数据驱动来实现水泥生产过程的运营升级。借助工业互联网平台的连接能力，实现信息充分共享，使水泥厂生产计划编制更为可行，进度控制更为精准，解决水泥生产效率低、不透明的问题。

CPS 平台、业务中台、数据中台、AI 中台四大卓越中台可以支持水泥企业的持续创新。工艺状态评估及故障预测、参数寻优，游离氧化钙及熟料强度的实时预测等 AI 算法，在管理、控制、设备等场景实现深度应用；智能设备管理、生产管理、能源管理、智能物流，满足了集团、区域、工厂全方位的生产智能管理要求，提高了劳动生产率、降低了管理成本，提升了管理水平。边缘计算、5G、AR 及 VR 等技术的应用，能够助力工厂生产制造的未来发展。

实施效果

生产管理贯穿整个生产业务流程，实现与其他业务系统的互联互通，包括 ERP、一卡通、DCS、能源系统等，从原料入厂、材料消耗、在制品流转到完工入库，最后水泥销售一卡通出库，核心数据全部为自动采集，不需要传统模式下的手工抄录，实现了水泥生产管理精细化、透明化管理，达到降本、增效、省人工的目标。

据中国水泥协会信息研究中心初步统计，截至 2020 年年底，全国新型干法水泥生产线共有 1609 条，实际熟料年产能超过 20 亿吨。从供给层面看，"错峰生产常态化""碳达峰""限电"等因素依旧对水泥供给压缩和有效化解过剩产能产生明显的影响，环保问题和环保压力日益加重。面对这种情况，以数字化、网络化、智能化为核心特征的第四次工业革命浪潮正在全世界兴起。作为新一代信息通信技术与工业经济深度融合的全新工业生态、关键基础设施和新型应用模式，工业互联网通过对人、机、物的全面互联，构建起全要素、全产业链、全价值链全面连接的系统，为实体经济各领域的数字化、网络化、智能化转型提供具体的实现方式和可行的实施路径，推动传统产业加快转型升级、新兴产业加速发展壮大，是实现制造业高质量发展、抢占新产业体系制高点的重要支撑。传统水泥行业也开始加大企业科技创新的投入，其中工业互联网作为新型工业领域的数字化神经中枢，是引领水泥行业转型升级的核心支撑设施，可以帮助水泥企业形成可持续竞争优势，实现创新、智能和绿色发展。

40

建材行业生产数据化运营 App

——广州博依特智能信息科技有限公司

企业简介

广州博依特智能信息科技有限公司（简称博依特科技）由华南理工大学院士科研团队于2014年创立，专注于运用工业互联网和人工智能技术提高传统流程型制造业生产效率和降低生产成本，助力制造业高质量发展。

基于工业互联网技术架构体系和工业智能技术，博依特科技自主研发的流程工业互联网 SaaS 平台（POI—CLOUD），集成了从生产到管理、原料供应到产品销售等全链数据，让"连接"加强生产要素协作，以"数据"助力精细化管理，用"模型"驱动优化生产，改变传统行业生产方式，实现产业智能转型升级，目前已服务超过500家建材、造纸、食品等流程型制造业企业。在此基础上，博依特科技将进入快速发展阶段，持续为客户提供安全可靠的生产数据化 SaaS 应用服务和工业智能优化解决方案，致力于成为流程工业智能转型升级的第一选择。

案例实施情况

案例实施单位：国内大型瓷砖生产 A 企业
项目名称：基于工业互联网的陶瓷砖生产管理数字化转型示范项目

⇢ 总体设计

本项目以工业互联网理念为指导，基于云平台大数据技术和工业智能等新兴技术，搭建面向未来的数据运营架构，聚合现有数据资源，将在工厂自动化的基础上，实现工厂设备的互联互通。通过建立企业大数据管理平台，集成生产各环节的生产数据、工艺数据、能源数据、质量数据等过程数据，使生产过程网络化、透明化、数字化，解决各生产环节内外部生产数据信息的断层问题，实现生产信息实时共享，为企业管理层的生产决策提供实时、准确的数据信息，帮助提高生产制造的效率，降低劳动力成本及生产能耗，最终提升企业竞争力。

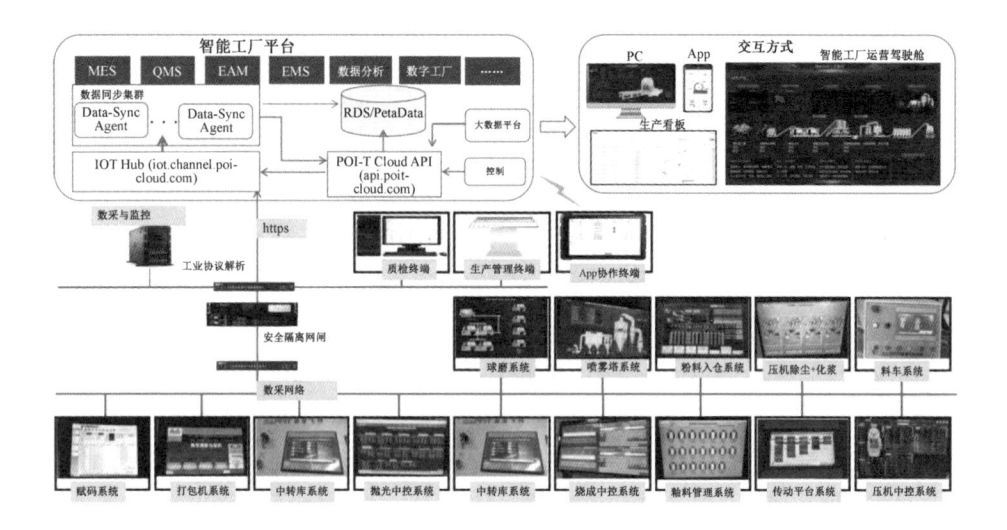

系统集成架构图

➡️ 实施内容与路径

针对本项目的规模和复杂性，公司采用分步实施的方式进行设计和建设，主要分为两个阶段。

第一个阶段：数据采集和可视化

该阶段的主要工作是打通原料、成型车间生产线整个数据链条，进行车间可视化展示，并将数据采集汇总至企业内部的大数据化运营平台（采集更多的业务数据，对无法直接使用采集设备直接采集的数据进行自动统计和实时采集）。数据采集后形成数据库，并实时上传到云端。数据采集分为自动采集和手工采集两部分，对制造过程中的关键实时数据实现自动采集，而无法通过仪表或传感器等设备获取的数据通过客户端手工录入。一些数据采集由人工录入，因此在数据采集点设置 PC 或移动 App 客户端，同时要有易于操作并符合生产业务流程的人机界面供生产工人做数据录入。采集数据类型主要包括设备数据、运行数据、产品数据和能源数据，将采集到的数据进行可视化展示，并将数据上传至云端。

实施内容：打造车间中控中心，实现车间生产可视化、数据化；将成型车间实时数据上传至云端，为数据建模、运行优化提供数据支撑。

第二阶段：打造基地大数据管理平台

该阶段的主要工作是将原料车间、成型车间等生产数据进行适度采集并存储于服务器，串联陶瓷行业从原料到产品的整线数据。此外，结合项目实际需求，建立基地的瓷大数据管理系统平台，实现企业生产信息的集中管理与分析，生产信息实时共享。

实施内容：建设集来料质检、过程质检、来料管控、过程质量管控、质检数据统计、分析、追溯为一体的陶瓷质量管理平台；实现铲车铲料、喂料过程透明化，异常情况实时纠错告警；实现球磨生产运行过程透明化，实现球磨过程追溯（上料、球磨过程参数、质量信息、能耗信息）；对原料车间物料调度、库存数据进行采集，实时展示车间物料调度状态、数量、调度时间、陈腐时长等数据，实现对车间物料的准确控制和管理，提高管理效率和排产准确性；原料车间生产用料追溯：坯料（喂料机）—浆料（球磨机）—浆池—喷雾塔—粉料仓—压机。对原料车间（喂料、球磨、喷雾造粒）、成型车间（压制成型、干燥、施釉）、抛光生产工序进行精细化管理，实现产品批次管理、批次能耗统计、批次过程损耗统计、生产进度过程透明化、异常情况实时告警、及时处理等。

➡ 案例特点

本项目数据化运营管理系统技术特点如下：

（1）基于云端部署的系统架构，数据采集没有点数限制，使用云端大数据存储，满足日后多工厂、大数据的应用场景。

（2）历史数据本地永久存储和云端数据备份永久存储，安全可靠。

（3）基于浏览器访问系统，支持主流浏览器，不需要安装额外的程序或插件。

（4）界面简洁美观，满足移动应用场景的需求，可随时随地（国内外）访问系统。

（5）不按用户 license 收费，不限制用户访问数量。

（6）专业运维，根据客户的需求持续迭代升级。

（7）提供完备的应用程序接口（API），不需要二次开发，容易与其他系统对接。

实施效果

1. 企业实施效果

（1）提高产品质量

通过自动配料系统替代人工监磅，提升配方准确性、稳定性；减少窑炉空窑频次，提高窑炉运行稳定性，从而提高产品质量。

（2）减少人工投入，提高工作效率

料仓识别+自动上料系统+平台数据分析，可以自动实现监磅员（监磅员：记录每一个球的喂料机上料的重量信息，识别铲车司机上的物料信息是否与配方相匹配，汇总统计每天的物料消耗数量）的工作，以每台喂料机1名监磅员，每天2个班组的工作量为例，原料车间监磅员工作量=2×5=10人/日；年节省费用为10×4000×12=480000（元）。

通过减少投料变量，缩短推荐球磨预磨时长，提高浆料一次合格率，减少员工多次开盖检测的工作量，提高任务完成效率，减少员工工作量；预计可减少6721次/年的开盖、检测工作。

（3）节约喂料时间，为错峰生产做准备

采用边铲边送工作方式：把铲料和放料的时间合二为一，可以节约30%的配送料时间，提高喂料机工作效率，为球磨错峰做准备。

采用多台铲车协同喂料工作方式：针对喂料时间紧迫、临时插单等特殊情况，可多台铲车共同铲料、交叉铲料，减少喂料时间，为球磨错峰、生产做准备。以每球进球时间1.5小时、每天50球的工作任务计算，累积节省上料时间=1.5×50×30%=22.5（h），折算成错峰效益=22.5×130×0.2×30×12=210600（元）。

（4）提高生产线产量

通过自动化改造，生产线空窑时长缩短61%（505min），空窑率降低0.52%～1.1%，单条生产线产量增加13500×0.7%×310＝29295m^2/年，换算为金额可增加146万元/年/产线收入。

（5）提高球磨机能效水平，降低用电成本

通过优化球磨转速、调整球蛋级配、更换损耗球衬等措施，提高球磨设备能效水平，单球电耗下降3kw·h/t，年电费减少95万元/年。

通过寻找单球各任务间变化趋势，对放浆残余、解胶剂、水加入量进行精细管控，提高浆料一次合格率，优化泥浆流速，减少各任务间工艺偏差，缩短球磨时长，从而减少能源消耗。一分部球磨车间全年可减少 30×70×310×0.52=338520 元。

2. 行业复制推广情况

目前方案基于工业互联网技术，从管理能力提升、效率提升、产品质量提升、生产制造成本降低等方面为企业带来效益。在过去 6 年内已在超 170 家建材企业得到落地，已服务的客户主要如下。

陶瓷行业 90 余个：东鹏陶瓷、蒙娜丽莎、马可波罗、欧神诺陶瓷、简一陶瓷、新中源陶瓷、冠星陶瓷、乐家等企业；

水泥行业 50 余个：海螺水泥、华新水泥、昆钢水泥等企业；

玻璃行业 30 余个：信义玻璃、南玻玻璃、旭硝子、建滔玻璃等企业。

41 盼砼——混凝土智慧物流 App

——重庆建工建材物流有限公司

企业简介

重庆建工建材物流有限公司是重庆建工集团全资子公司，成立于 2007 年，注册资金 1.5 亿元，主营预拌混凝土、大宗物资贸易及建材工业互联网综合服务等业务，是国家高新技术企业、重庆市混凝土协会会长单位、中国混凝土智能制造产业化联盟副理事长单位、重庆市企业技术中心、重庆市知识产权优秀企业，参编标准 15 部，授权专利 55 项，承担厅局级及以上科技项目 20 项。

公司近年来积极向工业互联网领域转型，在重庆率先打造了特色鲜明的"公鱼互联"云平台，先后被认定为"重庆市工业互联网试点示范项目""国家工业互联网试点示范项目""重庆市第三方工业互联网重点培育十大平台""工信部制造业与互联网融合发展试点示范项目"。

案例实施情况

总体设计

基于混凝土配送的痛点，建设跨平台的具备丰富功能的移动 App——盼砼，建设涵盖建材物流配送全行业的业务模式，并运用大数据进行运输线路优化及资源配置调整，实现降低物流成本、高效运转的目的。同时融入保险理赔、融资租赁及第三方数据保全机构，保障交易和数据安全，为物流服务保驾护航。

盼砼 App 包含 PC 端、Web 端、App 移动端，全面覆盖商品混凝土供应链行业应用场景，完全满足不同用户的业务需求。整体架构主要由官网及管理后台、App 可视化模块、系统服务智能支撑模块、数据交换系统组成。

各系统内容如下：

（1）盼砼官网：包含首页、客户端下载、团购、成功案例、公告通知、行业资讯、平台服务体系、企业登录注册入口、关于公鱼等模块及后台管理功能。

（2）App 管理平台：包含企业资质认证、项目监控中心、项目统计分析、供货需求中心、供货订单管理、配送需求管理、配送订单管理、泵送接管订单管理、项目评价管理、企业信息管理、设备管理、账户管理、合同管理、发票管理、消息中心、个人中心、人员机构管理、系统管理等功能。

（3）App 后台管理：包含 App 运营统计分析、项目监控管理、企业认证管理、供应链企业管理、项目模板管理、行业标准数据管理、账户管理、合同管理、发票管理、消息中心、个人中心、人员机构管理、系统管理等功能。

（4）App 可视化监管：包含智慧物流可视化监控大屏、运营可视化大屏、数据智能分析管理系统、可视化大屏设计系统等。

（5）数据智能分析管理系统：支持企业内部 ERP、POS、CRM、OA 等多 IT 业务系统数据接入，支持企业外部 PCMES、PIM5D 等数据接入，支持数据自定义建模分析，支持数据管理等功能。

（6）App 支撑平台：包含智能客服系统、智能工作流引擎系统、物流智能调配推荐、线路智能规划、LBS 实时定位跟踪、订单进度智能分析、智能语音播报提醒等。

实施内容与路径

以互联网思维打造面向混凝土运输行业的供需服务平台，为"生产资源就近找、配送服务线上配、业务流程全电子化、产品质量全数字化、物流过程全可视化"提供技术支持。实施过程主要涉及如下内容：

1. 供应链物流参与角色设计

参与的交易角色主要有 A 收货方（施工方/业主方）、B 发货方（混凝土生产企业）、C 承运方（第三方物流）、D 服务方（服务供应方）及平台方。

2. 商业模式设计

在实际的市场行为中，存在同时具备多个角色属性参与到交易活动中的情况，因此，平台需通过灵活多变的交易模式来满足用户的业务需求。根据平台不同参与角色的实际需求，支持以下交易模式：

（1）A—B—App—C；

（2）A—App—C；

（3）A—C（App 收取信息服务费）；

（4）B—App—C（常见模式）；

（5）B—C（收取信息服务费）；

（6）A—App—D；

（7）A—D（收取信息服务费）；

（8）B—App—D；

（9）B—D（收取信息服务费）。

3. App 技术架构设计

系统从逻辑层次上分为数据层、服务层、支撑层和展示层 4 个部分。

数据层：系统的数据可以分为结构化数据和非结构化数据两大类，结构化数据存储在 mysql 数据库集群中，支持读写分离，以保证数据库的高可用性；非结构化数据主要采用文件存储的方式进行存放，后期业务量增长后可以部署分布式文件存储；在上述的基础上引入 Redis 和 RabbitMQ 集群，以满足业务系统数据临时交换与存储的需求，从而保证整个数据存储的高可用性。

服务层：该部分主要采用 SpringBoot 框架进行开发，为了保证该部分的高可用性，引入了 LVS、Nginx、Keepalived，以搭建高可用微服务集群。

支撑层：该部分主要面向后端管理运营人员，采用前后端（动静）分离方式开发，技术上主要采用 angular6 进行开发，在部署时采用分布式方式进行部署，从而保障该部分网站的高可用性。

展示层：由门户网站、安卓客户端、iOS 客户端、可视化网站四部分组成。网站面向公共用户，采用前后端分离模式进行开发，使用 html、jquery、require、webpack、echarts 等前端技术，通过调用服务端 http 接口获取数据；手机客户端采用 HybridApp 开发模式，安卓/iOS 原生开发结合移动端 H5 技术，可以根据具体要求来实施；可视化系统为管理人员提供服务，采用前后台分离模式进行开发，主要采用 typescript、angular、d3.js、echarts 进行配置报表开发；在部署时采用分布式方式进行部署，从而保障该部分网站的高可用性。

➡ 案例特点

平台紧密结合混凝土运输行业实际，创新性地运用新一代 IT 技术，满足了用户多方面的现实需求。平台主要有以下几个特点。

平台构建了数字化流程闭环，通过电子运单串联起车辆签到、派单、装料、出票、运输、卸料交付及签收的整个物流配送过程，实现了数字化和流程化的物流管理。

实现全程可视化后，可实时查看物流订单状态、车辆位置、车速、实时路况、供应链伙伴、行驶路线、异常停留及交付状态等关键物流信息。

在线运行的数字化物流平台，能够确保物流高效畅通。企业的运输、泵送需求在线实时发布，可实时动态调配运力，支持签订电子合同，基于电子运单可线上完成签收、结算及支付；在新派单、装卸等重要环节具备智能语音提醒功能，能减少不必要的等待，提高物流供应链的综合运行效率；便捷的货运路径规划和导航服务，能有效避免司机寻址产生的问题，保障产品极速送达。

平台访问采用移动 App、个人 PC 多端同显模式，免于安装并能快速部署，且部署方式灵活多样，成本低廉。

运输平台

▍实施效果

盼砼 App 深耕混凝土运输行业，将互联网技术与传统实体产业深度融合，解决了商砼运输相关企业的痛点问题，实现混凝土运输全过程可视化，在接单、在途、交付、返程时，智能预测剩余时间，帮助用户实时掌握车辆调度信息；通过构建智能化、数字化、可视化的物流服务体系，提供准确和及时的物流服务，缩短砼车在途时间，实现混凝土运输过程的智能化控制，构建商砼智慧运输服务体系；打破建材配送市场格局，通过 App 协同供需关系，盘活社会闲散资源，同时，为建材运输车辆提供供需资源对接及线上交易服务，切实解决行业难点问题，实现社会运输资源最优化。盼砼 App 创造性地推出巡弋式接单模式，以降低资源消耗、提高效率为目标，串联供需各方，显著减少水泥、钢材、砂石等资源的浪费，实现社会资源最优化配置，引导行业进入以绿色、环保、零（低）碳、创新为导向的良性发展模式。智能化订单管理，能够有效整合运输资源，降低车辆返空率，实现降本增效。使用后车辆运行效率提升 20% 以上，运输成本降低 5% 以上。

平台拥有人车合一验证、路况及限行提醒、异常停留报警、疲劳驾驶及驾驶行为分析、凝结时间告警、交付环节的泵送在线监控等功能，有效降低安全事故率，交付质量投诉率降低 50% 以上，提高混凝土企业服务质量，具有部署成本低、功能适用性强、数据安全可追溯的特点，显著降低企业运输成本、提高运输效率、加强运输安全的智慧化监管，有效提升企业运输服务的智能化、数字化、可视化水平。其与国家经济转型、产业政策导向及传统行业转型发展相符，具有良好的行业示范作用。

平台已服务企业 116 家，注册用户 6000 余人、链接设备 4500 台，订单超过 110 万笔，累计服务工程项目 1000 余个，交易金额 6 亿元。

此外，公司设立了西南、华东、华北、华南、东北、西北 6 大区域公司进行对外推广，积极参加行业会议、论坛、大型展会活动，不断扩展产品影响力，为 10 余家的重庆区域外用户提供优质的混凝土物流信息化转型及应用相关技术咨询和服务。

42

乐石智慧制造管理系统 App

——厦门乐石科技有限公司

企业简介

厦门乐石科技有限公司（简称乐石）成立于2014年，是国内领先的智能制造信息化及智慧营销领域解决方案供应商，致力于构建领先级EI生态系统，成为智能制造和云服务领域的领导者，助力中国实体企业实现数字化转型。

乐石拥有专业的技术研发团队、系统开发团队及顾问服务团队，对泛家居、新零售、智能制造领域有深入研究。成立至今，乐石自主研发并申请了50项软件著作权，曾入选"福建省工业互联网App典型应用案例""福建省第二批工业互联网示范平台""厦门市工业互联网创新应用项目"。基于此，乐石被认定为国家高新技术企业，并获得"福建省'瞪羚'创新企业""福建省科技小巨人企业"等荣誉称号。

案例实施情况

总体设计

乐石智慧制造管理系统App（简称乐石系统）是基于新一代信息通信技术，以陶瓷行业为核心，整合五金、木工、玻璃等泛家居行业及离散型制造业，针对中小型制造车间现场管理，提供低成本、快部署、易维护的SaaS工业应用。

乐石系统以ISA95（GB/T20720）为理论基础，加入条码技术，采用分布式架构搭建，并支持CS和BS访问模式，同时具备PC端、CS客户端、网页端和移动端，实现数据展示、数据录入，更能适应制造工厂由于特殊环境需配有移动化功能的需求。乐石系统主要由维护运行管理、生产运行管理、质量运行管理和库存运行管理四大模块组成，涵盖了生产过程的各个方面，能够有效解决生产计划复杂、生产计划多变、产品复杂、物料多样、加工过程复杂、产品成本计算复杂、工作协同困难等问题，实现透明工厂、全过程质量管控、流程管控，实施监控产线与设备等资源状态，并且能够提供一个强有力的数据收集、存储、分析平台，切实助力企业提高生产效率和产品品质。

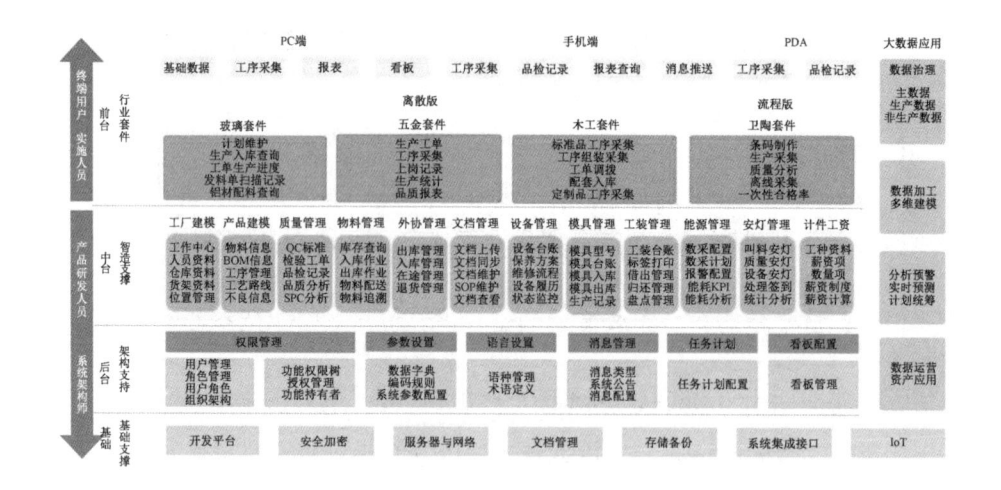

乐石智慧制造管理系统 App 总体架构

实施内容与路径

乐石针对大中小型客户的行业制造车间生产管理问题，打造了以 MES 为核心的智慧制造系统，提供一站式 MES 极简版解决方案，帮助企业制造数字化转型，实现绿色生产、安全生产。其主要建设能力如下：

（1）工业设备管理能力：借助 NB-IOT 窄带物联网技术，具备边缘计算能力，可对接工厂不同种类设备，实现设备数据实时采集与上传、设备状态监控、指令下发等。乐石系统的设备管理能力，主要通过减少非计划停机时间来实现更高效、更经济和更绿色的转型升级。从设备管理角度上看，需要增加 MTBF（平均故障间隔时间）、减少 MTTR（平均故障修复时间），实现系统可用度不断提升的目标［可用度 A＝MTBF/（MTBF＋MTTR）］。

（2）软件应用管理能力：以物联网平台数据采集为基础，致力于为客户提供四大子平台（物联网平台、智能数据平台、智能制造平台、大数据平台）与多个服务应用（生产制造应用、安全管理应用、能耗管理应用等）；同时，打造跨边缘层、IaaS 层、PaaS 层和 SaaS 层的应用体系，连通设备层、车间层、企业层，智能辅助生产者、管理者与决策者。通过平台开放共享，打造生态链，为客户提供高品质、高效率、安全可靠的智能制造服务。根据不同行业需求，平台目前可服务于陶瓷行业、离散制造行业、木工行业、五金行业、玻璃行业等行业应用。

（3）用户与开发者管理能力：乐石系统面向泛家居行业制造业数字化、网络化、智能化需求，构建基于海量数据采集、汇聚、分析的服务体系，可支撑制造资源泛在连接、弹性供给、高效配置，包括边缘、平台（工业 PaaS）、应用三大核心层级。边缘层通过大范围、深层次的数据采集，以及异构数据的协议转换与边缘处理，构建系统的数据基础；平台层基于通用 PaaS 叠加大数据处理、工业数据分析、工业微服务等创新功能，构建可扩展的开放式云操作系统；应用层形成满足泛家居陶瓷、五金、木工、玻璃、离散等不同行业、不同场景的工业 SaaS 和工业 App，形成系统最终价值。

（4）数据资源管理能力：乐石系统将针对泛家居行业企业进行数据解析清洗、格式转换、模型计算、元数据提取及知识库构建，全面提升泛家居行业工业数据采集传输、集成管理、价值挖掘和智能应用的能力，促进企业研发设计、生产制造、经营管理、市场营销和售后服务等全流程的智能化转型。除此之外，乐石系统还开始建设、优化和完善泛家居行业工业数据资源管理体系，推动互联网、大数据、人工智能和泛家居行业企业深度融合，通过海量计算和分析做出准确决策和提供即时反馈，并通过持续积累形成知识和技能的核心竞争力，有效支撑泛家居行业企业高质量发展。

●➡案例特点

乐石系统面向制造企业车间执行层的生产信息化管理系统，实现企业管理系统、生产制造系统、自动控制系统和信息系统之间互联互通，构建协同互动、紧密合作的智慧制造执行系统。乐石系统可以管理制造企业制造执行全过程，实现透明工厂、全过程质量管控、流程管控、实施监控产线与设备等资源状态，提供一个强有力的数据收集、存储、分析平台，提升企业管理水平，提高生产效率和产品品质。

乐石系统具有以下功能特点。

普适性强：适用行业广，可以满足多种行业需求。

模块设计：采用模块化设计，具有良好的扩展性。

协同制造：通过现代集成技术，协同完成车间生产任务和信息交流。

信息中枢：实现双向通信，提供横跨企业整个供应链中有关车间生产活动的信息。

实时响应：实时收集生产过程中的数据和信息，给予相应的分析处理和进行快速响应。

多客户端：提供多种客户端选择，更符合用户使用习惯和业务要求。

稳定高效：系统运行稳定，低配置的机器也能高效运行。

实施效果

乐石系统专注于陶瓷行业,整合五金、木工、玻璃等泛家居行业数字信息化的研发及应用,帮助九牧厨卫股份有限公司、泉州科牧智能厨卫有限公司、厦门致杰智能科技有限公司等企业实现生产制造数字化,使其平均每年提高15%~30%的经济效益,有效解决了目前制造行业普遍存在的生产计划复杂多变、产品复杂、物料多样、加工过程复杂、产品成本计算复杂、工作协同困难等生产经营问题。

在生产管理上,乐石打造的云 MES 应用系统能做到即买即用、购买费用低、上线周期短,适配工厂个性化生产流程;针对产品记录从原材料采购到成品出厂全生命周期闭环中每个环节的重要数据,提供车间常见标准化硬件配套设备,帮助传统制造企业实现智能制造软件硬件一站式落地。

在生产安全上,乐石联合中国电信打造智慧园环安管理、能源管理模块。消防管理利用电器火灾监控系统实现对异常信息进行预警处理、综合分析,确保电气火灾防患于未"燃"。能源管理通过水、电、气三表数据的实时自动采集,实现能源全场景的采集管理分析,保证制造企业各车间安全生产。

在信息数据安全上,乐石不仅联合中国电信天翼云储存保障企业数据安全,还可以备份数据,以最大限度地保障用户数据正确和安全。

以泉州科牧智能厨卫有限公司为例(简称科牧),该公司自2017年上线乐石系统后,取得了以下成效:

(1)硬件设备投入成本减少50%。
(2)生成准备时间减少27%。
(3)数据手工录入时间平均减少75%。
(4)产品缺陷率降低18%。
(5)人员投入减少20%。
(6)出错率降低90%。

具体经济效益如下:

(1)设备投入方面,2017年和2018年减少设备投入110万元。
(2)数据手工录入时间及人员投入减少,人工成本节省55万元/年。

（3）产品缺陷及出错率的降低，促进了产品质量的提高产品直接成本节省 60 万元/年。

科牧 2017 年上线乐石系统之后，与原本的经济效益相比（2016 年为 120%），2017 年的经济效益提升至 132%，经过磨合、稳定使用后，2018 年整体经济效益提升至 150%，系统的适用性及整体经济效益得到被广泛认可。

叁

生 态 篇

系统解决方案

43 水泥智能工厂系统集成解决方案

——丹东东方测控技术股份有限公司

企业简介

丹东东方测控技术股份有限公司是为冶金、矿山、水泥、煤炭、电力、石化、砂石骨料等行业打造智能工厂、智能矿山，为新型城市建设提供智慧城市解决方案的专业公司。

公司是国家重点高新技术企业、国家企业技术中心、国家"专精特新"小巨人企业、国家采选智能制造系统解决方案供应商中标单位、国家数字矿山 863 科技攻关项目领军企业、国家重大科学仪器设备开发专项领衔承担单位、中国矿山两化融合委员会理事长单位、中国矿联智能矿山委员会副主任单位、中国有色金属协会智能制造联盟副理事长单位、中钢协钢铁行业智能制造联盟副理事长单位、辽宁省 12 家智能制造标杆企业之一，拥有电子与智能化专业承包一级、电子系统工程专业设计甲级等资质。

案例实施情况

丹东东方测控技术股份有限公司水泥智能工厂系统集成解决方案充分利用了物联网、大数据、云计算、模型预测控制、中子活化等先进技术，打造国内领先的智能化水泥工厂。某水泥集团利用水泥智能工厂系统集成解决方案实现了水泥企业资源、生产、设备、安全、质量等多维度控制和管理，实现智能化。

⟶ 总体设计

1. 系统总体架构

某水泥集团水泥智能工厂系统集成解决方案系统架构采用多层服务架构，其中最主要的两个部分是数据采集服务和应用发布服务。数据采集服务基于 IoT 数据平台构建，实现从 DCS 和计量仪表等数据源接入和汇集数据，实现数据的存储、清洗、计算、建模等数据处理工作，并向应用服务层提供数据服务；应用发布服务基于工厂顾问平台构建，实现针对用户业务需求的应用功能，包括生产和能源绩效指标计算和分析、生产计划管理、生产管控和报工、质量管理、设备管理和能源管理等业务功能，以及帮助用户建立闭环事件管理的功能和子系统。

系统分为三个支持平台和四个功能平台。

（1）三个支持平台

硬件平台：建设统一部署和管理的 IT 基础设施，为信息化系统运行提供环境支持；

软件平台：建设软件集成和开发平台，加强业务快速建模和实施能力；

算法平台：建设与产线规模相适应的数据分析平台和决策模型平台，支持智能决策示范应用。

（2）四个功能平台

数据汇集平台：利用实时数据库技术，实现全域、全要素在线数据采集。

在线监控平台：利用在线数据，按照系统相关性组织数据与监控 HMI，建设在线综合监控系统，实现集中监控。

过程管理平台：加强产线各方面的管理功能，并通过数据和信息共享、业务集中处理、功能融合技术提高管控效率，实现精细化管理。

门户入口平台：建立统一访问入口，实现对集团各类应用系统、产线各类应用系统的直接访问，可定制个人专属应用界面。

2. 系统技术架构

智能工厂采用云—边—端一体化的架构进行设计和建设，云—边—端协同一体化满足智能工厂对数据计算的需要。

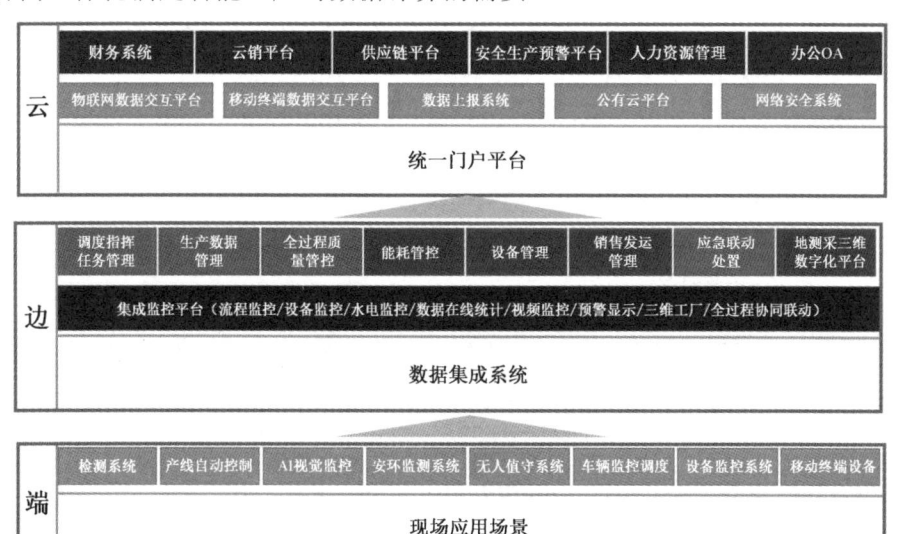

云	财务系统	云销平台	供应链平台	安全生产预警平台	人力资源管理	办公OA
	物联网数据交互平台	移动终端数据交互平台	数据上报系统	公有云平台	网络安全系统	
	统一门户平台					

边	调度指挥任务管理	生产数据管理	全过程质量管控	能耗管控	设备管理	销售发运管理	应急联动处置	地测采三维数字化平台
	集成监控平台（流程监控/设备监控/水电监控/数据在线统计/视频监控/预警显示/三维工厂/全过程协同联动）							
	数据集成系统							

端	检测系统	产线自动控制	AI视觉监控	安环监测系统	无人值守系统	车辆监控调度	设备监控系统	移动终端设备
	现场应用场景							

智能工厂的云—边—端协同一体化架构

3. 网络拓扑方案

系统网络架构采用无线和有线相兼容的网络架构，无线网络采用 5G 公网，构成控制层和管理层两层网络架构。

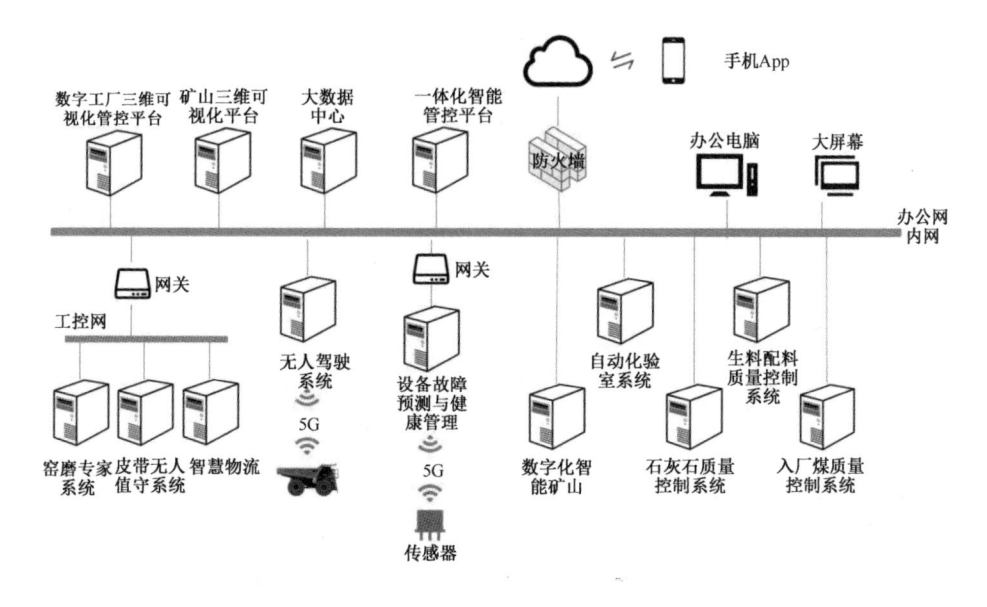

系统总体部署方案

⇒ 实施内容与路径

某水泥集团水泥智能工厂建设本着整体设计分步实施的理念，首先构建企业大数据中心和智能计算平台，采集、清洗、存储企业分裂的数据，实现数据资产化；基于质量控制、生产控制和安全控制建设数字化智能矿山系统、卡车智能调度系统、矿山石灰石在线分析仪、窑磨专家系统、生料配料分析仪系统、煤质分析仪、自动化验室、设备故障预测及健康管理系统、智慧物流系统、视频监控系统等应用系统，实现企业生产过程各个环节的智能控制，同时将数据上传至企业大数据中心和智能计算平台；利用企业的数据资产构建企业智能管控平台，实现生产、设备、质量、成本、安全环保、技术等管理的智能化，为企业管理者提供经营决策依据；利用数字孪生技术构建三维数字工厂，实现生产管理的可视化。

本套智能工厂系统集成解决方案是从资源开采到水泥发运的全过程一揽子智能化解决方案，充分利用了当前先进的人工智能、数据中台、大数据处理、数字孪生、5G、模型预测控制技术、中子活化等技术解决企业生产经

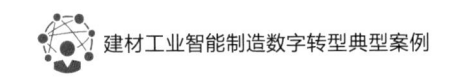

营方面的痛点。

案例特点

（1）全流程解决方案：本案例实现了从矿山资源开采、生料制备、烧成、水泥制成到水泥发运全流程的智能化，建设了真正的智能工厂。

（2）采用成熟先进的技术：本案例采用了人工智能、数据中台、大数据处理、数字孪生、5G、模型预测控制技术、中子活化等先进成熟的技术，延长了投资的红利期。

（3）效益突出：本案例的突出特点就是针对企业痛点进行设计，通过先进的技术解决企业急需解决的问题，实现投资回报的最大化。

（4）可复制性强：本案例是一套智能工厂系统集成解决方案，符合工信部《建材行业智能制造标准体系建设指南（2021版）》的建设标准，符合水泥行业的客观需求，因此本案例可复制性较强，有利于在行业内推广。

实施效果

通过本套智能工厂系统集成解决方案的实施，某水泥集团从生产到经营都取得了可观的经济效益和社会效益。

通过数据中心建设实现企业生产经营数据的资产化，为企业经营管理和信息化建设构建了数据资源池，杜绝了信息孤岛。

通过数字化智能矿山与卡车智能调度系统、车载视频监控、采场视频监控进行集成，实现采场生产可视化集中管控，进一步提高了作业现场的安全监控力度，解决了现场查处违章作业、人情处理违章、违章数据统计复杂等问题，现场违章驾驶、违章作业现象大幅减少。

数字化矿山系统智能配矿结合跨带分析仪、卡车智能调度系统、智能管控平台、数字化采矿软件，实现质量搭配的精准计算和实时动态反馈，避免了因人为控制质量导致高品位矿浪费、质量波动大等问题，使矿山质量控制更精准，大大加快了矿山低品位矿和边坡物料的搭配进度，延长了矿山使用寿命。

通过数字化矿山卡车调度系统对每台铲装设备和卸料点之间的路径和运距进行计算，根据生产组织情况自动指派矿车到铲装设备、卸料点，从而避免了生产过程中出现铲等车、车等铲、车等卸料点等问题，提高了生产中矿车分配的统筹性和合理性。

通过矿山在线分析仪、生料配料分析仪、窑磨专家控制系统、自动化验室等，实现全线质量管控，大幅提高产品质量，在保证产量和质量的前提下，有效减少石灰石和熟料的用量，实现质量和效益双丰收。

通过卡车智能调度系统、窑磨专家控制系统、自动化验室和智慧物流系统，进一步提高了企业生产过程的自动化水平，减少岗位工人，降低人员劳动强度，解决了企业用人荒的问题，同时降低了企业运营成本。

通过卡车智能调度系统和智慧物流系统的建设把住企业原材料和成品出厂关，杜绝了跑冒滴漏和徇私舞弊的现象，提升企业精益化管理水平，减少浪费。

通过智能管控平台和三维数字工厂建设实现了企业管理的信息化和智能化，实现让数据跑起来的目标，同时保证现场生产数据真实，使企业经营决策更加准确及时。

某水泥集团坐落于新疆维吾尔自治区，是新疆水泥行业龙头企业，是全国水泥行业 20 强企业，在行业内具有举足轻重的地位，因此其智能工厂的实施在行业内起到了引领作用，将对行业内正在观望的企业起到极大的触动作用，为智能工厂在水泥行业推广助力。

44 宁夏建材智慧物流与共享供应链解决方案

——宁夏建材集团股份有限公司

企业简介

宁夏建材集团股份有限公司（简称宁夏建材）隶属于中国建材集团有限公司，2003年8月股票在上海证券交易所上市交易，注册资本47818.10万元，总部位于宁夏回族自治区银川市，主要业务为水泥制造、销售，水泥制品、水泥熟料的制造与销售，混凝土、骨料的制造与销售等。

公司现有水泥生产企业12家，水泥产能2100万吨，混凝土企业4家，固井材料企业1家，物联科技公司1家，现已实现入网车辆82.9万辆，GMV（商品交易总额）163.32亿元。

公司坚持党建引领和战略引领"双驱动"，持续推进"三精管理+三链融合+智能制造"，聚焦发力"水泥+""互联网+""固井材料+""粉煤灰+"产业层次和新旧动能转换，进一步夯实"水泥制造+网络货运"双主业发展格局，全力打造国内一流生态环保型科技企业。

案例实施情况

总体设计

公司围绕延伸产业链、优化供应链、挖掘价值链，让"三链"融合发展，贯彻"高端化、智能化、绿色化、服务化"的发展要求，以"水泥+"为主线，建立水泥智能装车发运系统，提高水泥发运效率，提高产品流向动态分析能力，实现对销售区域价格分析能力的把控，保证市场运维稳定；借助3D数字化扫描技术、智能仿生技术，将纷繁复杂的水泥装车发运工作信息化、智能化、拟人化；"我找车"平台作为"共享工厂"的重要组成部分，为工厂上下游（供应商、客户）建立信息连接纽带，API接口全面开放，以开放、共享的合作模式服务于物流体系内各类角色，促进物流效率的提高；打造无人共享库房，以实用、高效、便捷、经济的建设方式为原则，为水泥制造企业建设符合企业发展的可扩充现代仓储管理平台。

```
┌─────────────────────────────────────────────────────────┐
│ 应用层    │ 我找车App    e仓储App    客商自助应用        │
├─────────────────────────────────────────────────────────┤
│           │ 智能仿生系统   自动装车控制   E客商电商平台  │
│ 平台层    │ 装车机器人     地磅无人值守                  │
│           │ 我找车   e仓储   ERP                         │
├─────────────────────────────────────────────────────────┤
│ 基础设施层│ 基础网络    数据中心    虚拟化平台           │
├─────────────────────────────────────────────────────────┤
│ 边缘层    │ 监控视频   编码系统   北斗定位   地图应用    │
└─────────────────────────────────────────────────────────┘
```

总体架构图

实施内容与路径

借助"e客商"电商平台及配套自助应用满足各合作角色的业务办理需求，提供销售管理、质量管理、运输管理、盘点管理、结算管理、客户满意度调查回馈等功能为一体的多种服务应用模式。系统将线上、线下业务有机结合，实现B2B和B2C的应用模式，满足不同市场环境下的电商应用。合作伙伴借助平台实现网上下单、车辆调度、收发货、核对账务、信用控制等业务，提货卡办理、进门、过磅、装车实现无人化，收货验收、出入库管控、散袋装与包机散装机全部通过人工智能控制。

智能装车系统的工业机器人能够模仿人工装车的动作，通过分解人工装车动作及搬运路径，实现水泥智能装车。控制系统根据车型、装载量，通过有自主学习功能的垛型数据库软件为机器人提供最优的码垛方案，保证码垛的稳定性。依靠3D数字扫描绘制三维图像，结合算法软件处理，精准定位车辆尺寸和位置，包括车体内外的非标支撑物的尺寸，优化机器人抓取路径，适应各种车型。配备高精度的工业机器人移动轨道，多关节协同动作使机器人抓手在高速运行中稳定地抓取袋装水泥。

智能发运系统与"我找车"平台无缝对接。公司与百度进行合作，利用移动互联网、大数据、云计算等现代新信息技术手段，构建公路物流信息化服务平台网络。完善物流企业、承运商、货车车主和生产端的服务，实现社会车辆整合优化、定位追踪、证件核查、金融支付等，实现物流服务交易、物流过程管理和协作流程对接一体化。加速车辆资产的运转，提高运作效率，构建国内公路物流信息化服务平台网络。挖掘社会资源，拓展"车后市场、共享货车、供应链金融、管家服务、生态圈服务"等增值服务，加快推进打造综合性现代物流信息化平台，构建"双主业"发展新格局。

"e 仓储"无人共享库房打造的是企业间、企业与客户共享库房，共享库房和物资的实物资源，减少不必要的基础设施建设，与"e 客商"对接，供应商实时掌握企业采购需求、物资库存情况，实现短缺告警、保质期报警等，实现主动备货、调配、在线派车的良性合作模式，为实现"零库存"管理奠定了基础。借助二维码管理体系，促进公司管理模式的转变，实时管理账内物资，盘活库存资产，降低库存成本，提升供应链响应速度，增强公司的整体管理能力和竞争能力。

➡ 案例特点

与传统库房管理相比，首先是仓储管理的本质区别，传统库房管理依靠人力完成，效率低下，管控点环节易出问题，仓储管理平台以物资主数据编码、条码、二维码等数字技术为基础，形成高效可控的管理链条。尤其是成熟的二维码管理体系，将促进公司管理模式的转变，从传统的依靠经验管理转变为依靠精确的智能数字分析管理，从事后管理转变为事中管理、实时管理，让入库、查找、领用变得简单直接，可视化自助管理代替人为操作，让任何地方都可以成为库房，减少了物料反复搬运的情况，对所有物资进行了全生命周期的监管。借助二维码、智能搜索等新技术，采购、领用、出入库、盘库等业务都在 App 完成，自助化、无人化库房成为可能。

与"e 客商""我找车"等平台对接，为供应链管理中存在的客户对账、结算、质检信息反馈等问题提供了个性化的自助服务，供应商实时掌握需求、库存，实现主动备货、调配，并通过智能传感与控制、智能检测与装配、智能物流与仓储为企业提供定制化、全流程的智能化管控，以此来适应市场需求。将物料领用与设备档案无缝衔接，通过数据分析设备运维周期、内容，构建系统智能下达员工巡检、运维作业指令和制订定检计划，真正实现现场人员的"点检"。

项目规划及定位明确，打造行业化管理平台，在自身摸索和实施阶段持续完善系统体系，突出和强化平台管理能力、预警能力、便携操作能力及无人化管理水平，发挥项目的带动作用和管理价值，为水泥企业提供一体化的解决方案。

▪ 实施效果

宁夏建材已经用工业互联网串联起了企业的生产制造、经营管理和对内对外的服务与支持,企业的内控能力、抵御风险能力得到全面加强,经营质量不断提高。

目前该系统已在宁夏建材集团下属 18 家水泥生产企业和商混企业推广应用,为供应链管理中存在的客户对账、结算、质检信息反馈等问题提供个性化自助服务,采销业务更加便捷,通过移动应用实现自助下单,单车提货时间大幅缩短,袋重控制更为精准。通过对运输业务环节的管理、移动终端的应用、结算单据的自动流转、数据接口对接等实现生产制造企业、货主、物流公司、物流经纪人、货运信息部、车主、司机和收货人信息互联互通,形成一个基于"互联网+物流"的物流网络生态圈。依托物资主数据编码、条码、二维码等技术,形成高效可控的管理链条,企业仓储管理、基础资料管理更加完善、有效;数据信息利用率进一步提高,库存账本数据准确、业务操作效率高、库存成本降低、物料资产使用率提高、仓库与财务的对帐工作效率提高、预算控制严格、退库业务减少,确保企业能够及时准确地掌握库存的真实数据,合理保持和控制企业库存。

无人值守系统及客商自助服务平台,为供应链管理中存在的客户对账、结算、质检信息反馈等问题提供了个性化的自助服务,并通过智能传感与控制、智能检测与装配、智能物流与仓储为企业提供定制化、全流程的智慧工厂,适应了市场需求。

"我找车"平台搭建公路物流信息化服务平台网络,帮助物流企业、承运商、车主和生产端之间完成从叫车、竞价、抢单、物流轨迹跟踪、结算、对账到支付的完整交易业务流程,实现物流资源的智能化调配、运输过程的透明化管理和安全监控。

通过"e 仓储"无人共享库房可及时掌握所有库存货物批次、有效期及当前所在位置,借助二维码技术,将传统台面式库房管理转变为实时性移动管理,物资领用人员也可通过 App 在线办理出库申请,大幅提高仓库的无人化、智能化管控水平。

45

面向玻璃新材料的数智制造、协同生产解决方案

——中建材智能自动化研究院有限公司

企业简介

中建材智能自动化研究院有限公司成立于 1979 年，是一家集科研、开发、生产、经营为一体的国家级综合性科研机构，是国家高新技术企业、国家级专精特新重点"小巨人"企业。

公司致力于数智工厂的"制造执行与运营管理系统、自动化控制系统、装备与生产线、检测系统与设备"等关键技术的研发应用及产业化，融合智能制造与"互联网+"等物联网技术，开发研制了 MES 制造执行系统、EMS 能源管理系统、WMS 仓储物流管理系统、PVS 生产视频监控系统等智能化软件系统，以及适合千级洁净环境作业的以 AGV 为主体的生产物流智能化输送系统等，服务于中国智能制造建设，实现了企业生产制造的数字化、网络化和智能化，为我国自动化装备产业向智能化转变做出了贡献。

案例实施情况

总体设计

本解决方案以制造执行系统和生产物流管理系统为核心，构建数智制造管控平台，从工艺装备智能化、工厂工业软件平台和公司工业互联网平台三个层面，通过工单排程、生产监控、设备管理、质量管控、物料配送、物流调度、数字仿真等 App，使人、机、料、法、环等环节相互协同配合，实现玻璃新材料的精益生产、绿色制造、大规模柔性制造、供应链协同、产品全生命周期管理的目标。同时，提供了整套关键工艺装备智能化改造升级技术路径和优化算法，包括熔窑、压延、退火、优化切割、镀膜、钢化等工艺装备。

具体如下：

（1）研究"最佳工艺带"解决热工装备智能化问题；应用 AI 视觉识别和在线检测实现关键工艺环节智能巡视；应用 SPC 分析解决关键设备部件全生命周期管理的问题。

（2）打造基于工业互联网标准的数智制造管控平台，运行 MES、WMS、数据分析、质量监控、视频、报警、视图管理等多个工业 App，实现精益生产和大规模柔性制造。

（3）开发公司工业互联网平台，集成 ERP、CRM、SCM、财务、OA 等系统，重组业务流程，实现供应链协同生产和产品全生命周期管理。

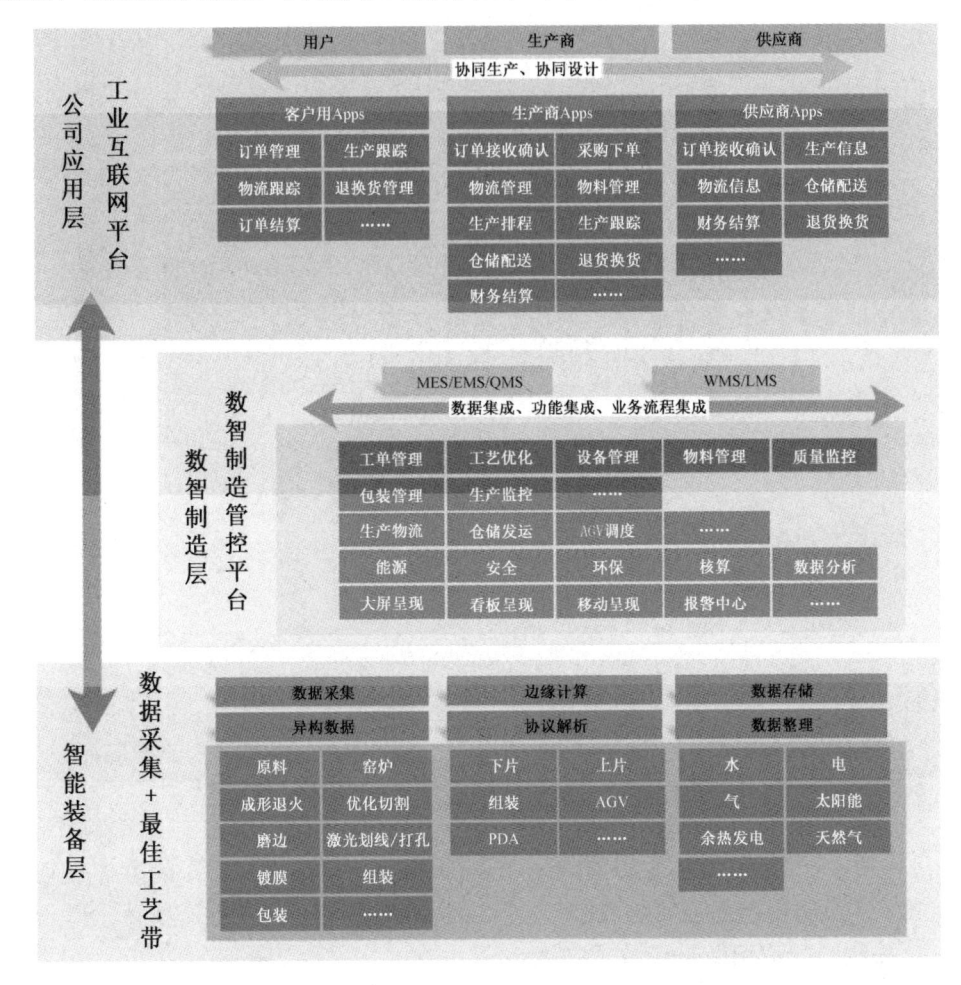

总体架构图

⇒ 实施内容与路径

本解决方案的实施路径是从玻璃新材料数智工厂整体规划出发，将数智制造的整体要求分解成智能装备层（车间）、数智制造层（工厂）、公司应用层（公司）三个层级，突出装备智能化，针对新能源玻璃工艺特点，研究工艺装备智能化的技术路径和核心算法，获得了一系列软件著作权，从下往上逐项落实了完整的面向玻璃新材料的数智制造整体解决方案。

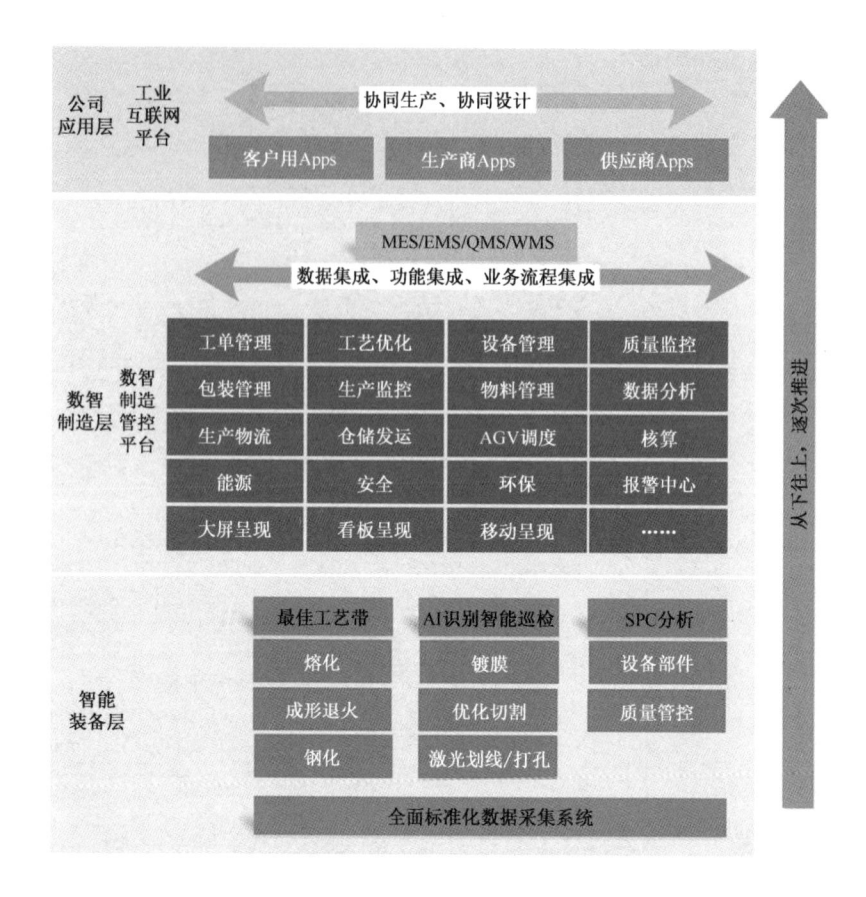

实施路径图

具体如下：

（1）提出了以装备智能化为重点的玻璃新材料数智工厂的整体规划方案，涉及智能装备层、数智制造层、公司应用层等三个层级，实现了基于工业互联网的玻璃新材料数智制造。

（2）采用数据采集、边缘计算和大数据分析等技术得出"最佳工艺带"，实现了玻璃新材料熔化、退火、钢化等工序的热工装备智能化。

（3）采用 AI 视觉识别和在线检测等技术，解决关键环节巡检难的问题，实现玻璃新材料镀膜、钢化工序的工艺装备智能化。

（4）采用 SPC 分析手段，解决了玻璃新材料生产关键设备易耗部件的生命周期管理问题，推动了设备管理智能化。

（5）打造基于工业互联网标准的数智制造管控平台，运行 MES、WMS、数据分析、质量监控、视频、报警、视图管理等多个工业 App，实现精益生产和大规模柔性制造。

（6）开发公司级工业互联网平台，集成 ERP、CRM、SCM、财务、OA 等系统，重组业务流程，实现供应链协同生产和产品全生命周期管理。

（7）目前公司致力于制定统一、开放的玻璃新材料行业数据标准，将平台推广到客户、专家、供应商和制造商，最终建立完善的互联网服务平台。

（8）未来，公司将在云平台上建设虚拟工厂，作为玻璃新材料协同制造云平台，在云平台上完成研发设计仿真、工艺仿真、产线平衡仿真、物流仿真，实现虚拟设计、协同生产和快速创新。

⋯➡ 案例特点

1. 分层实施

数智生产整体解决方案分为设备层、工厂层和公司层。

设备层：通过设备改造，构建全厂统一的数据采集系统，采集生产、质量、设备、安全、环保、物流等数据，建立工厂数据湖和数据中台。

工厂层：建设数智工厂集控中心，实现订单驱动生产，实时监视订单执行情况和能耗、投料、质量等数据，为成本核算提供精确数据，提升管理水平。同时实时监控生产参数和质量参数，通过 SPC 分析，提前预警，提升工艺和质量水平，减少浪费，提高工厂盈利能力。

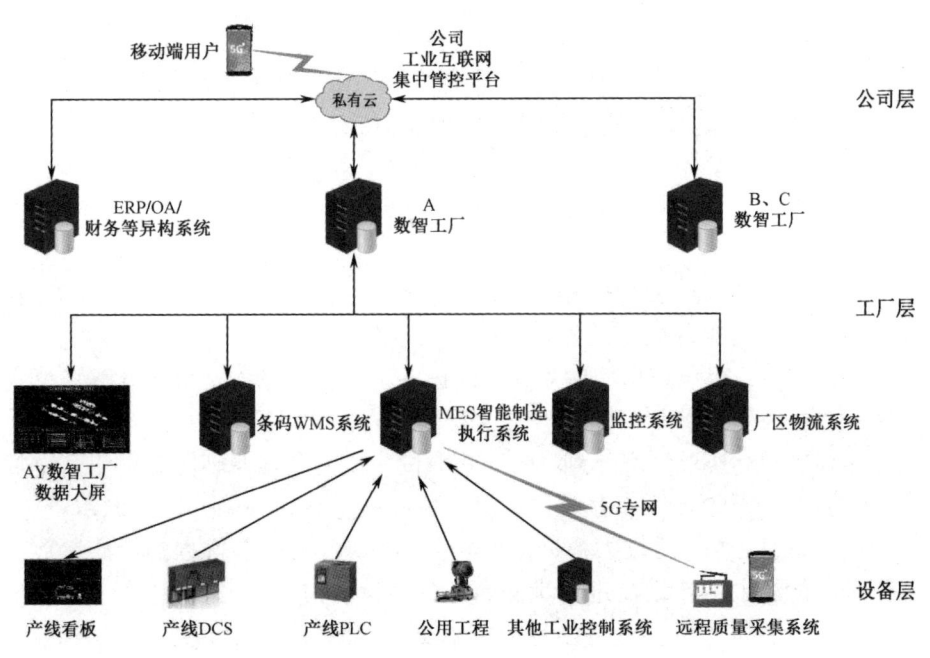

数智生产整体解决方案示意图

公司层：建设工业互联网集管平台，实现 ERP 等各个业务系统和数据的高度集成化、可视化、移动化，提升管理效能和决策的科学性，推进供应链协同生产。

2. 特色业务场景

场景一：订单透明化管理

公司工业互联网平台运行着订单透明化管理 App，客户登录后可自助创建订单。公司销售和客户可查看相关订单信息，如订单完成度、预计交期、结算金额等。系统自动对接库存和生产工单，实时跟踪订单的生产、发运、签收、结算、发票等数据，实现端到端的订单协同。

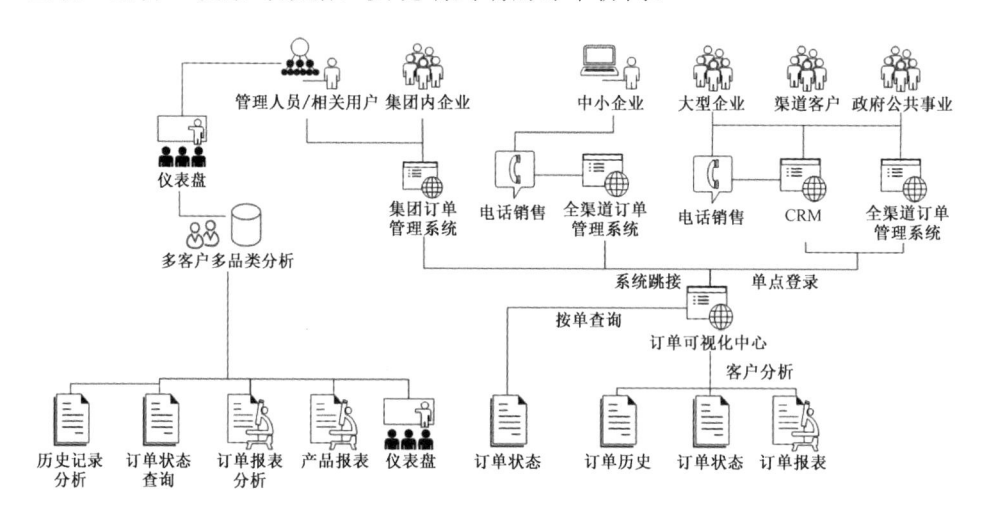

订单可视化应用场景

场景二：多工厂智能排程

该场景主要实现以下功能。

敏捷响应：客户订单实时承诺，根据各工厂生产情况，快速分解订单到各工厂并生成生产计划，工单开立流程完全自动化。

计划协同：基于生产计划，同步获取供应商交货信息，协调供应商交货与生产调度，大幅降低库存成本，提高供应链及时、准确、交付的水平。

智能模拟分析：通过大数据、机器学习实现自主调整排程的最佳参数，以获得最优的生产计划，进一步提高订单交付能力。

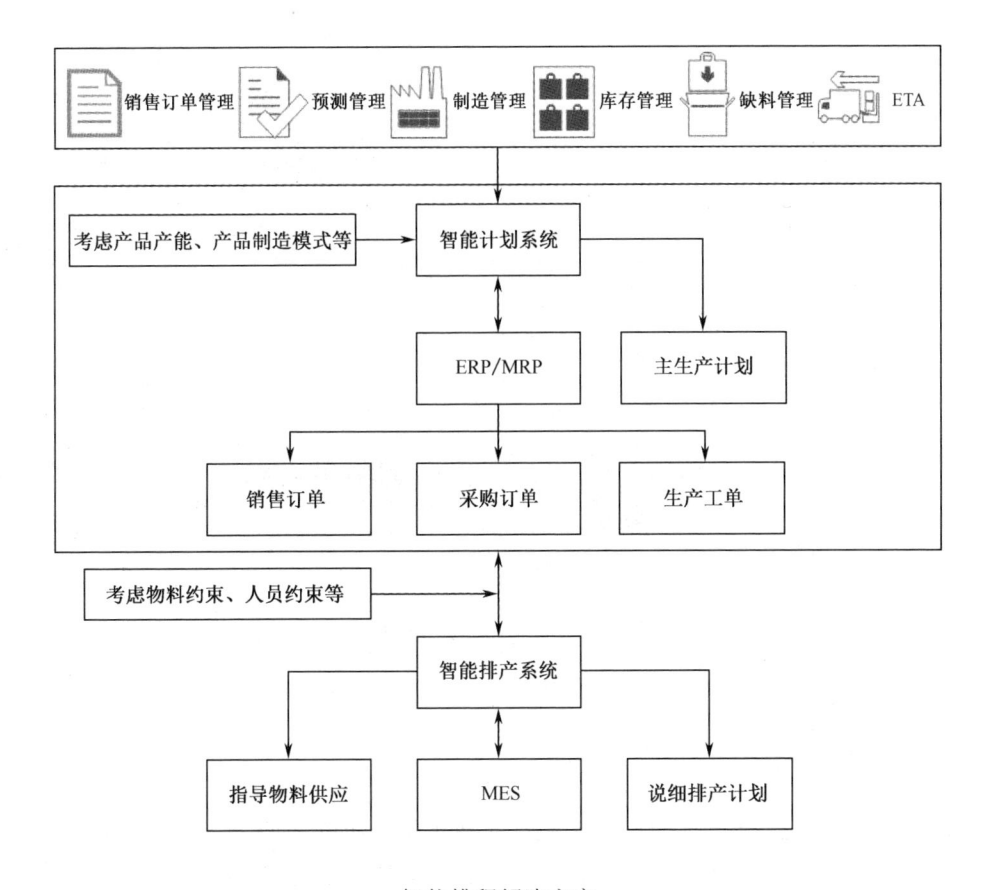

智能排程解决方案

场景三：生产装备的数智化升级

（1）针对复杂多变的热工设备，构建完整的装备数据采集系统，实时采集设备、质量、工艺和能源数据，分析存储最佳质量时的工艺参数组合，自主学习总结出"最佳工艺带"，实现对熔窑、压延、退火、钢化等工序的工艺参数智能优化和精确控制。

（2）对配料设备进行智能化改造，做到多组分计量准确、设备状态检测和报警实时监视、历史数据统计分析及预测。

（3）运用工业高清监控设备，结合AI视觉识别技术，持续监视涂布胶辊和网纹辊之间的辊间液槽储液量，同时在镀膜机出口增设在线膜厚检测和均匀度检测设备，实时监测镀膜质量。

（4）基于AI视觉识别技术、质量数据和生产计量数据，实时分析设备关键部件损耗情况，及时做出预警。

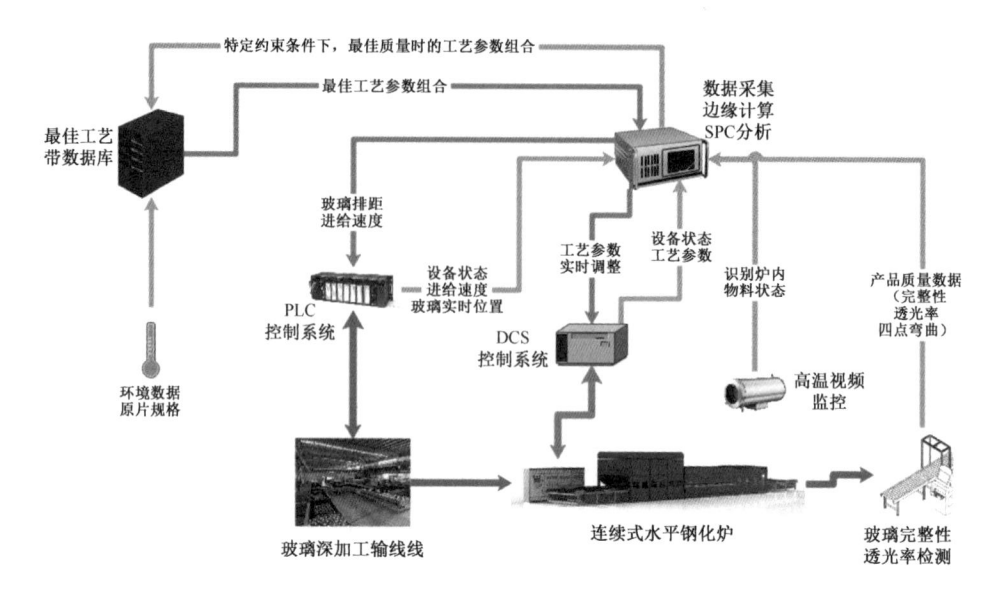

"最佳工艺带"流程图

■ 实施效果

公司使用该解决方案可降低成本、提高效率和创新价值，具体效果如下。

一是实时高效协同周期长订单、计划、送货、账务等，确保供应商可以及时响应，缩短交付时间，平均交付周期从2周缩短至5天。

二是解决了信息传递不及时、错误率高等问题，减少原材料、半成品等的安全库存，降低企业维护成本，综合成本降低5%。

三是依托工业互联网平台，根据市场、厂区、库房的动态信息协同制订生产计划，及时调整生产所需的人、机、料、法、环等配套供给，保障按质、按量、按时交付产品，增强了业务功能弹性，提升柔性制造生产能力。

四是通过智能仓储平台，有效保证了货物仓库管理各个环节数据输入的效率和准确性，合理保持和控制企业库存，对库存货物的批次、保质期等方面进行有效管理。

该解决方案的推广对玻璃新材料行业有以下影响。

一是推动玻璃新材料行业从单机自动化向装备智能化转变。

二是促进玻璃新材料生产从大批量生产的传统模式向多品种、小批量的定制化生产转变。满足光伏发电工程对玻璃新材料的规格、尺寸、安装方式等参数的定制化需求。

三是推动玻璃新材料工厂生产物流系统从粗放式管理向精细化管理转变。结合工业互联网相关技术，打破数据孤岛，大量缩短生产过程中的寻找、等待和搬运时间，提高生产效率。

四是实现客户、承建商、玻璃生产商、原料供应商间的高效数据互通，有效减少牛鞭效应，实现全供应链的产品生命周期管理。

目前该方案已部分或全部复制推广至以下企业。

（1）发电玻璃：成都碲化镉 MES 系统、邯郸碲化镉 MES 系统、株洲碲化镉 MES 系统、瑞昌碲化镉 MES 系统、眉山铜铟镓硒 MES 系统、徐州铜铟镓硒 MES 系统、眉山铜铟镓硒中央仓储及 WMS 系统、徐州铜铟镓硒中央仓储及 WMS 系统。

（2）显示玻璃：蚌埠中光电 MES 系统、蚌埠中光电 WMS 系统及智能生产物流系统。

（3）光伏玻璃：旗滨（绍兴）光伏玻璃 MES 系统、合肥新能源光伏玻璃 MES 系统、旗滨（郴州）数智工厂（包括装备智能化升级改造、工厂数智制造平台）。

46 智慧矿山一体化解决方案

——天瑞集团信息科技有限公司

企业简介

天瑞集团信息科技有限公司（简称天瑞信科）是一家专业从事信息技术服务、软件开发的国家高新技术企业，先后被认定为河南省科技小巨人（培育）企业和人工智能创新型企业、河南省专精特新中小企业，入选河南省智能制造解决方案、企业上云服务和中小企业数字化供应商、河南省首批数字化转型促进中心和河南省博士后创新实践基地。天信工业互联网平台智慧矿山一体化解决方案入选第三届中国工业互联网大赛·青岛赛站原材料行业一等奖、"基于智能算法的水泥生产线智能控制创新应用案例"入选工信部 2021 年工业互联网平台创新领航应用案例。天瑞信科"天信工业互联网平台"获选 2022 年工信部跨行业跨领域工业互联网平台，这是河南省获选的第一家"双跨"平台，实现了河南工业互联网跻身"国家队"的新突破。建有河南省市两级工程技术研究中心，在郑州、汝州设立了两个研发中心，截至目前，公司拥有自主研发 123 款软件著作权和 5 项实用新型专利。我们源于企业，更懂企业，致力于打造成为中部地区优秀的国家级工业互联网平台运营商。

案例实施情况

总体设计

国内矿山数字化技术约有 20 年的历史。近年来，在煤炭、冶金、有色金属及黄金等行业，相当一部分企业已经实现全面数字化，但国内水泥行业矿山数字化起步较晚，在地测数字化、采矿生产优化、调度自动化、品位在线监测、现场可视监测及统一通信等方面才刚刚起步，目前还没有真正意义上的成功案例可以借鉴，也没有具体的行业标准。大多数矿山的升级改造还停留在以自动化设备升级，基础网络及通信设施升级及生产类设备升级为主要内容的初级阶段，局部改造虽然可以在一定程度上提高生产效率，减少人力成本投入，提高生产的安全性，但建成的各个系统有一定的独立性，变成了一个个"孤岛"，无法将矿山全流程串联在一起，无法发掘各生产环节中的数据价值和最大程度地发挥矿山效益。

天瑞信科针对矿山实际管控痛点，将矿山作为一个有机整体，以稳质、提效、增产、降本、安全等要素为目标，从宏观上对生产流程进行再造，构建矿山作业全流程的统一平台，打通开采设计、3DGIS、配矿管理、调度平台等系统，形成了智慧矿山一体化解决方案，实现从计划、爆破、配矿、调度、计量及基于 3D GIS 展示的矿山统一平台。

本项目打通矿山各系统及业务环节后，将矿山的所有数据关联起来形成数据资产，从数据分析中挖掘数据价值，使数据能够服务于生产。同时通过"一张图"管理，直观高效地总览厂区的生产情况、设备情况等，并通过这些实况信息指导生产、调度或处理其他异常。

通过该项目对矿山实施改造后，矿山规划管理具有了更高的效率、更丰富的表现手法、更多的信息量、更强的分析能力和准确性，从而提高矿山生产和管理的时效性、有效性、资源优化配置水平，提高矿山整体效益、提高市场竞争力及适应能力，促进矿山的可持续发展。

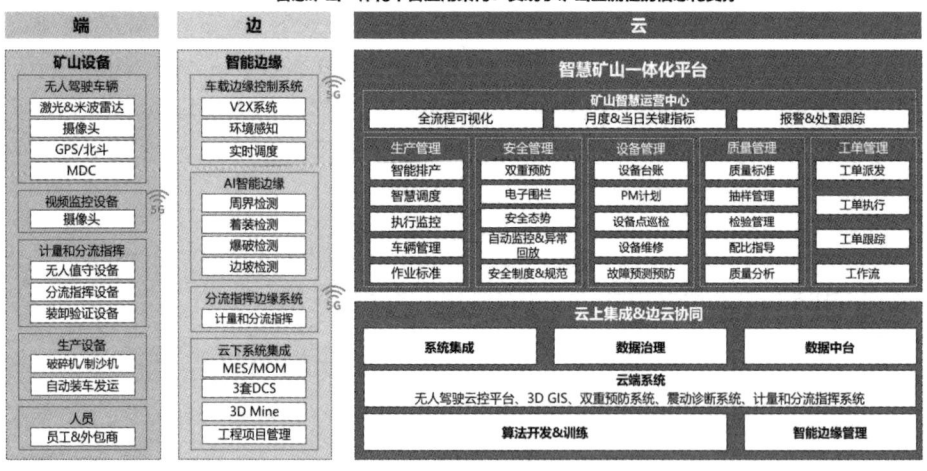

总体架构图

⇢ 实施内容与路径

1. 矿山一体化平台

利用天信工业互联网平台矿山云服务，可以将数字采矿系统生成的长短期开采计划自动提取到矿山集中管控平台的生产管理调度系统，自动生成采区和爆堆信息。生产管理调度系统根据生产需求和爆堆信息进行最优化搭配，并将配矿信息以任务的形式下发到计量云服务和无人驾驶管控系统，任务下发完成后同步将任务和车辆信息推送到矿山集中管控平台的

WEBGIS系统。WEBGIS系统可以实时显示爆堆任务信息和车辆运行信息，每一趟运输任务完成后，可以实时将计量结果进行同步，减少WEBGIS系统上的爆堆任务数据，实现整个作业流程的数据驱动。

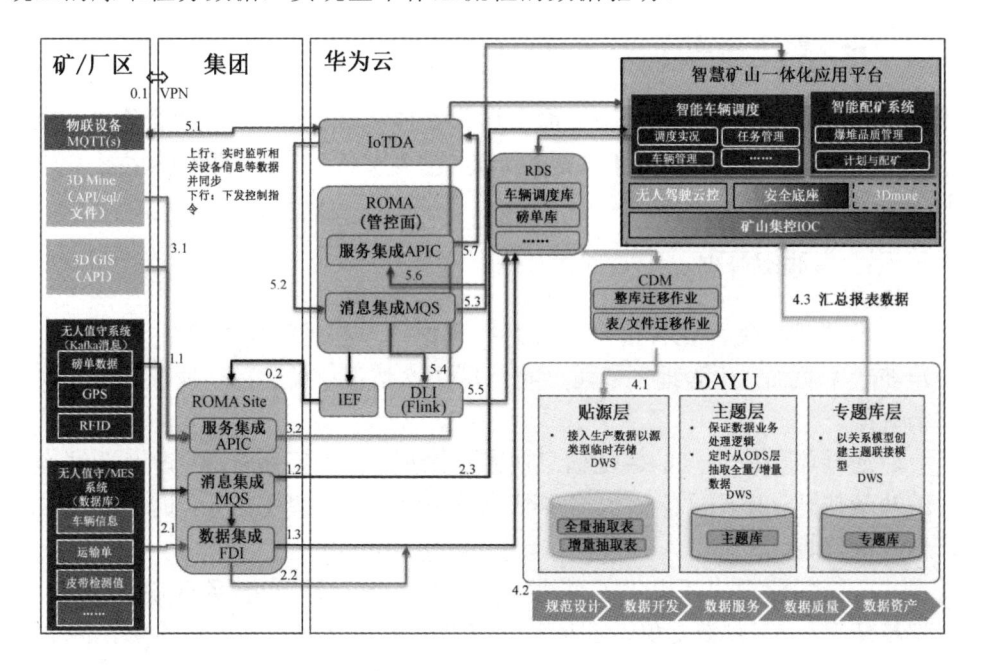

集中管控平台

该平台主要由3DGIS、无人值守数据服务（自研）、任务调度、生产管理、质量管理、资源管理、设备管理、工单管理、智能装卸验证、车辆高精定位、无人驾驶、无人机巡检、云平台和双预防信息化平台组成。

2. 无人驾驶

项目包含无人运输功能，可将运输任务指派给无人车辆进行运输。通过对无人车进行编组，实现无人车编组运输功能。系统能够监控无人车运行状态，自动调度车辆充电、装车、过磅、卸矿，整个过程不需要人工干预。

该平台主要由云控平台、无人驾驶系统、路测单元、无人值守、5G通信等组成。

3. 矿山安全底座

智慧矿山安全底座主要通过AI+视觉、图像识别技术、5G技术的应用，即时反馈矿山运行可能存在的安全隐患，做到提前发现，提前预防，减少事

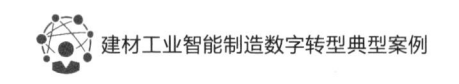

故的发生。

该平台主要由算法模型训练平台、安全态势和工单管理组成，通过 AI 算法和安全态势为客户提供安全分析和预警，提升安全管理水平。

➡ 案例特点

智慧矿山一体化解决方案面向运营管理，通过管理对象的全连接、数据的全融合，实现矿山可视、可管、可控，打造安全、智能、高效的运营模式，主要亮点如下。

1. 一张图管理

本项目将硬件设备信息及各系统数据统一在地图中进行展示，确保用户在一个页面、一张地图即可一览厂区生产情况、设备运行情况、任务执行情况等。

通过将不同维度的关键信息实时汇聚展示，为厂区管理、调度提供可靠的决策依据，使厂区能够依据实况快速调整生产、调度任务，提高业务实时性及准确性。

一张图管理中还提供了其他实用功能，如查看巡检任务，实时了解厂区巡检情况；AI 预警提醒，在检测到异常信息时及时在地图中告警，降低人工巡检的强度。

2. 任务全流程管理

平台可对生产全流程进行管理、管控，包括并不限于计划编排、爆堆设计爆破、矿石装卸、矿石计量、矿石运输等。

可视化图

3. 智能配矿

系统提供了强大的自动配矿功能，可以依据矿区的实际情况，自动推荐爆堆配矿配比，解决了传统人工配矿不准确导致的资源浪费问题，减少了调度员的工作压力。

4. 无人驾驶

传统矿山因为招工难，以及人工工作强度问题及天气问题（如夏季或冬季），每天的生产时间有限，无人驾驶功能可解决此类问题，能够实现 24 小时不间断运输，保证厂区的生产任务。

平台的无人驾驶功能能够实现编队运行，通过内置的路径规划自动寻找最优路线，并通过车车协同、车云协同实时更新任务信息及位置信息，有效缩短了卸矿点排队等待的时间及过磅等待时间，降低了发生拥堵的概率。

5. 安全底座

安全底座由天瑞信科与解放军信息工程大学实验室合作研发，使用在岗监测、边坡监测、非法入侵等 AI 算法模型对厂区全流程进行监管，提高了监管效率。

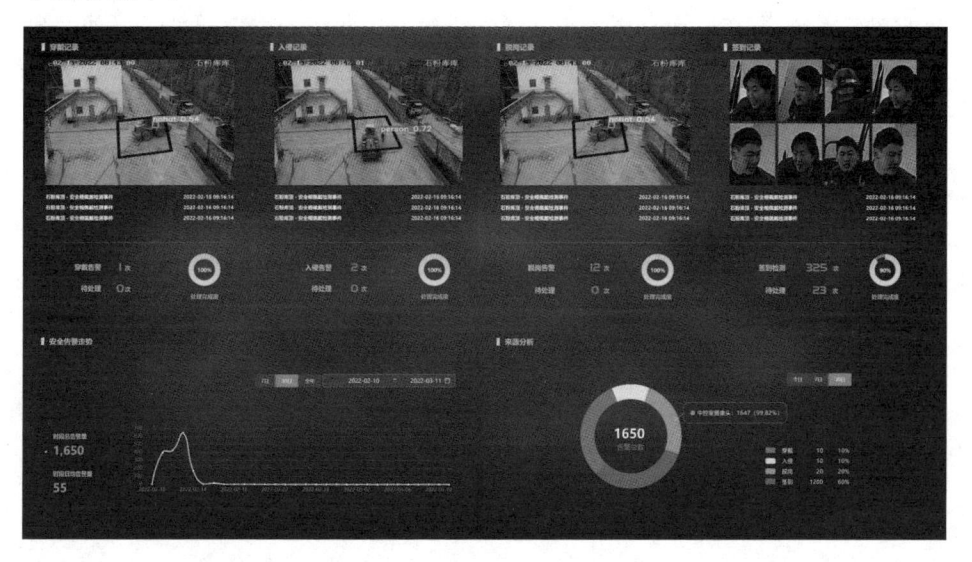

安全底座

实施效果

该方案已在天瑞水泥集团 4 家矿山企业实现了应用试点和复制推广，其中 900 万吨/年产能 1 家、220 万吨/年产能 1 家、160 万吨/年产能 1 家、90 万吨/年产能 1 家，部分矿山已正式运行一年，经过数据比对和总结，依据目前实际生产数据统计，本系统上线后效果良好：

资源综合利用率提升 30%；产能提升 5%；入厂石灰石品质波动率降低 3%以上；电耗降低 1.5%以上；油耗降低 7%以上；骨料投入产出比提高 5%；作业效率提升 10%。

其中综合收益为 1 元/吨的有两家企业，综合收益为 0.8 元/吨的有两家企业，为 4 家客户总计创造了 1308 万元的经济效益，获得了良好的经济效益和社会效益。在方案的推广应用过程中，也积累和沉淀了一些创新成果，为方案的全面推广奠定了坚实的基础。

项目的应用，为客户矿山管理进行了流程再造和优化，矿山生产计划、钻孔、爆破、质检、铲、装、运、计量、生产、发运等各业务环节实现了闭环管理，各业务由之前的"孤岛运行"转变为由业务、数据驱动，帮助客户实现了一体化精细管理流程，为客户提升生产管理价值。

天瑞信科一直在努力创新，依托多年在建材行业的方案能力优势，项目团队在推广过程中能够精确定位客户的管理痛点，以创新的思维结合数字化、智能化技术，积累了丰富的经验。

47

工业玻璃（特种玻璃）柔性生产智能一体化系统解决方案

——福州新福兴玻璃科技有限公司

企业简介

福州新福兴玻璃科技有限公司（简称新福兴玻璃）原名福州新福兴浮法玻璃有限公司，是福建新福兴集团全资子公司，成立于 2017 年 8 月，注册资金 7 亿元，占地面积 1192 亩，坐落于福清市江阴工业区。

公司主要生产高端电子玻璃、产业玻璃及建筑玻璃。电子玻璃主要客户有 TPK、东莞创世 AG 玻璃、上海翔实、银泰丰等；汽车玻璃主要客户有福耀、安徽大河；光伏产业主要客户有南玻、台玻；高端建筑主要客户有金螳螂、沈阳远大、江河幕墙、武汉凌云、中建幕墙、浙江亚厦等。

公司凭借自主设计研发能力及规模化、智能化生产线，以江阴港为依托，立足国内、放眼全球，致力于成为电子玻璃、光电玻璃、自洁玻璃、光伏玻璃、节能特种玻璃的全球供应商，创造出更多的社会效益。

福州新福兴玻璃科技有限公司厂房

案例实施情况

总体设计

国内外新兴电子、光电子、微电子基板玻璃方兴未艾、蓬勃发展，具有较好的发展前景。新福兴集团看到了这一美好的前景，组建以副总裁陈小华为负责人，集团总工程师兼总经理刘沐阳为首席玻璃技术专家，总助方云飞为技术带头人的技术团队，建成一条日产千吨级一窑两线浮法电子玻璃基板生产线，一条日产千吨级一窑一线浮法光伏玻璃生产线。公司向"大片、厚板、超薄、至白"四个方向发展，致力于成为零缺陷高端 AG 电子玻璃、零自爆高端"高层幕墙玻璃"、高端双银/三银低辐射 LOW-E 节能玻璃、自洁玻璃，高端汽车玻璃和光伏玻璃的全球行业领先者。

三条高端玻璃生产线采用先进的移动工业互联网技术、云计算、大数据、人工智能等高科技手段和先进的高精度在线检测设备、智能仪表、高温监控、PDA、工业机器人等智能装备对生产工艺进行精准控制，采用行业领先的智能数采与调度平台实现对生产全过程的自动化控制；通过 MES 系统、LE 物流系统、NC 系统的生产制造、仓库管理、移动扫码、资产管理等模块实现对生产的智能管理；通过 SRM、CRM、ERP、OA 系统实现企业的智能运营管理。从精确的七个质量等级门类、几十种细分产品的玻璃基板成品入库与分销、终端客户市场意见反馈和客诉，帮助公司在数字营销、智能制造、供应链、财务与人力资源管理等焦点领域建成企业互联网化、商业创新管理平台。

▶ 实施内容与路径

三条高端生产线于 2017 年 8 月正式启动建设，总投资 19 亿元，于 2019 年 4 月点火投产，现已稳定量产 1.6mm～4mm 高品质 AG、AR、AF 等高端电子玻璃基板，以及 4mm～12mm 高端光伏玻璃基板，新福兴新能源玻璃产业园项目目前已经成为国内玻璃行业的一颗璀璨明珠。

厂区内有三大块集中的信息化和智能化工程控制与应用，分别是浮法玻璃生产线过程控制与应用、低辐射 LOW-E 镀膜节能玻璃生产线过程控制与应用、公用工程方面的过程控制与应用。浮法玻璃生产线包括源头的上料、称量、配料、混合、传送的原料控制系统，投料、天然气、助燃风、燃烧换向、池壁冷却的熔化过程控制，玻璃液流量、温度控制、拉边机、保护气体、水包的成型过程控制，电加热、风机、辊道的退火过程控制，辊道测速、缺陷检测、优化分选、切割、掰断的切割过程控制，防霉处理、分选、机器人堆垛的收片过程控制。低辐射 LOW-E 镀膜节能玻璃生产线过程控制包括传动控制部分、机械泵控制部分、分子泵控制部分、流量/真空部分、阴极控制部分、上位机监控部分、配电部分、传感器部分。公用工程方面包括采用西门子 SIMATIC S7-300 系统对天然气裂解装置进行高度自动化管理和控制实现制氢气保护锡槽，实现空气低温分离工艺制得氮气和氧气，其中氮气作为保护气，氧气进入窑炉进行富氧燃烧；采用北京和利时 K-CU01 系统对烟气余热进行回收利用发电；采用西门子 SIMATIC S7-1500 系统对烟气进行脱硝除尘处理；同时，通过烟气在线监测系统对处理过的烟气进行监测，根据监测数据及时调整工艺以提高能源利用率和避免环境污染。

原料车间

原料中控室

工业玻璃（特种玻璃）柔性生产智能一体化系统解决方案——福州新福兴玻璃科技有限公司

格林策巴赫切割生产线

格林策巴赫堆垛机器人

镀膜中控室

脱硝除尘和余热发电设备

公司通过能源管理系统实现对水、电、天然气等能源的实时在线监测；通过无线扫码系统实现对仓库物料的入库、调拨和发货的管理，数据与ERP系统对接；通过LE系统实现对原料进厂和发货出厂的无人过磅，数据与ERP系统对接；通过ERP系统、CRM、OA系统对生产和企业经营管理系统进行数据集成，最后通过BI系统实现对企业经营管理数据的分析和可视化展示，为企业经营提供决策支持。

屋面光伏发电

从生产过程来看，通过先进的智能装备、智能数采和智能调度平台实现从玻璃原料到玻璃成品全过程的自动化精确控制，实现智能柔性生产。公司以往的生产依靠大量工人，劳动强度大，通过智能装备和智能平台，可以减轻劳动强度，大幅提高生产效率和品质；从经营管理来看，通过MES系统、

LE 系统、NC 系统的生产制造、仓库管理、移动扫码、资产管理等智能生产管理平台，以及 SRM、CRM、ERP、OA 系统等智能运营管理平台帮助公司在数字营销、智能制造、供应链、财务与人力资源管理等焦点领域建设面向未来的企业互联网化、商业创新管理平台；从节能环保来看，从水、电、天然气能源使用的在线监测、氢气和氧气的制备、对烟气的余热发电利用和脱硝除尘、烟气在线监测到屋顶的光伏发电，对能源充分利用，减少环境污染，为行业设立标杆。

案例特点

新福兴玻璃三条高端玻璃生产线，按照国际标准设计，原料系统、熔窑、锡槽、退火窑按照国际先进、国内一流水平配置和建设，关键设备装备主要从德国进口，采用大量的高度自动化系统、智能化仪器仪表，整体智能化、自动化水平达到行业前列。

热端的 3 套过程控制系统应用工业互联网技术、智能仪表，以及世界先进的德国西门子研发的自动化过程控制系统 PCS7，对热端复杂的工艺技术过程进行全面、系统的调节与控制。

冷端全套进口德国格林策巴赫设备和德国申克博士在线计算机缺陷检测仪，将视觉检测系统与冷端切割优化（PPC）有机结合起来，从而实现对生产的精细化管理。

在公司生产、运营各个环节，比如保护气过程控制、NC6.5 ERP 系统、库存条码系统、厂区场景视频监控、天然气制氢控制、制氮控制、压缩空气控制、余热及环保工程控制、能源管控、无人过磅、无人加油站等系统，将大量工业互联网技术应用于工艺、技术、产品的感应、探测、监控等各个方面。公司把采集的信息、数据传输至计算机站，运用大数据、人工智能等关键技术实现精确控制和稳定生产，充分体现了智能制造、高科技检测监控及完善的产品质量体系。

实施效果

新福兴玻璃将西门子 PCS7 DCS 系统成功应用于一窑两线的热端控制，工艺技术成熟、工艺稳定、优质高产，成功量产超薄电子玻璃基板，在行业内起到了示范引领的作用。

公司将德国格林策巴赫冷端系统与德国申克博士在线计算机缺陷检测

分类优化切割完美结合，将产品等级细分为 7 个等级，细分了高端电子玻璃、高端光伏玻璃基板、高端汽车前挡、高端镀膜制镜等，产品功能更齐全，附加值更高，减少了资源浪费。该模式可以引导更多工业企业在生产产品时，更多地考虑用户需求，细分市场、细分产品、细分客户，让产品真真切切地满足客户的需求。

公司将场景视频监控应用于热端，服务于熔化工段，用高温特种内部摄像镜头，监控大窑内料陇、泡界线、泡沫区、镜面区等情况，避免操作工长期在高温环境中工作，同时，也利于熔化的"四小稳"的实现。再如，公司将视频监控与热成像测温结合起来，用于生产监控，为行业起到了很好的示范带头作用。

公司自行设计、自行制造、自行安装调试的具有知识产权的（公司专利 ZL202120613433.X）350 米镀膜线包含 53 个阴极，产能 1200 万平方米/年，节拍时间最短、电耗最低、靶材消耗最少的全自动智能深加工超级连线，连线后生产线全长 880 米，是目前国际国内、玻璃行业内最长的玻璃生产及加工超级连线之一，对国内外行业起到较好的示范引领作用。

. # 48

可扩展组合式预制构件数字化生产线解决方案

——上海建工建材科技集团股份有限公司

企业简介

上海建工建材科技集团成立于1953年，作为上海建工集团股份有限公司全资子公司（简称上海建工集团），拥有预拌混凝土和预制构件两大核心产业，两大产业在上海的市场占有率均处于前列，所属预拌混凝土生产企业横跨上海各区，预制构件生产基地辐射上海多个重点区域。公司配套有湖州新开元石矿、外加剂厂、机运分公司等产业链，是国家装配式建筑产业基地，预制混凝土构件年产量60余万立方米。2016年1月20日，上海建工集团响应"绿色建筑发展"，在上海建工建材科技集团正式揭牌成立"上海建工集团建筑构件产业化基地"，研发可扩展组合式PC构件生产线，标志着上海建工建材科技集团装配式预制构件生产揭开了新篇章。

案例实施情况

总体设计

上海建工建材科技集团第一构件厂是上海建工集团下属的建筑构件生产基地，该基地通过应用可扩展组合式预制构件数字化生产线成套技术，将老厂房原有的空间和设施改造成生产基地。

上海建工建材科技集团第一构件厂约120亩，建成年生产预制构件能力不低于7万立方米。该基地由旧厂房改造而成，该厂区之前主要生产的管桩构件，水、电、汽的供应可以满足PC工厂的相关需求。现有一个四跨车间厂房，布设三条固定模台生产线和一条可扩展组合式预制构件生产线，共计118个模台，固定模台生产线车间尺寸分别为18米×118米、21米×120米、21米×189米，可扩展组合式预制构件生产线车间尺寸为24米×189米，起吊高度均为9米，钢筋加工车间面积为2736平方米，厂区已建有相关办公实验楼、餐饮宿舍楼、锅炉房、搅拌站、构件堆场、原料堆场等配套设施。

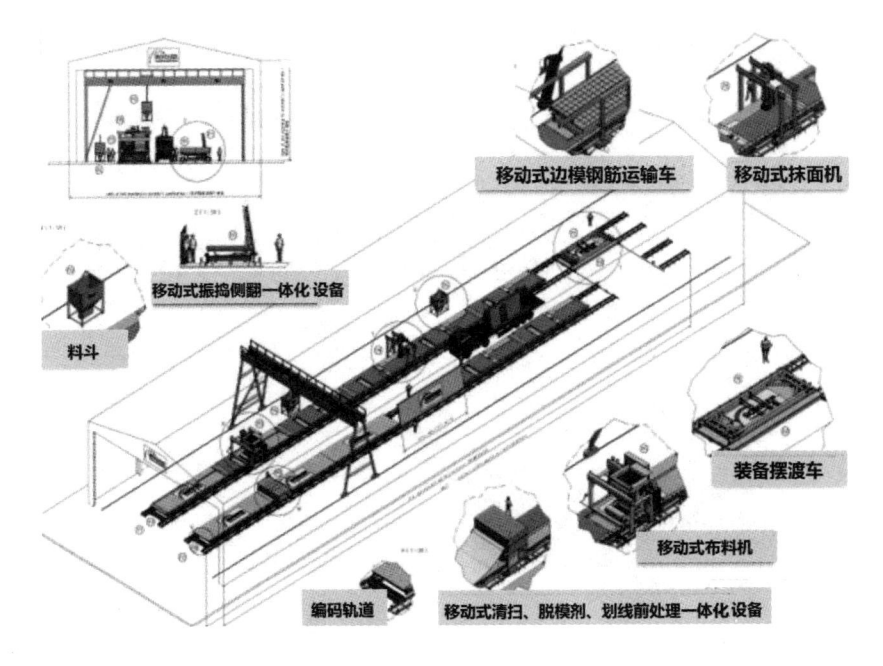

生产线设备布局示意图

➡ 实施内容与路径

1. 基于老厂房构建适应预制构件产品需求的高效布局

该基地案例由旧厂房改造而成，该厂区之前主要生产的管桩构件，水、电、汽的供应可以满足 PC 工厂的相关需求，根据市场需求建设 3 条固定模台生产线和 1 条可扩展组合式预制构件数字化生产线。分别利用固定模台生产线生产各类非标构件，如楼梯、阳台、空调板、梁柱等异型构件，利用可扩展组合式生产线可生产标准构件，如标准模数构件叠合板、内外墙板、梁柱等，以满足市场需求。

2. 可扩展组合式长线台预制构件生产线布局

该基地可扩展组合式长线台预制构件生产线布设 3.7 米×9 米固定模台 30 个，纵向两条线分三组布设，每组 5 个模台，每条线布设 15 个模台，两条线之间可通过横向摆渡轨道运输关键装备完成连接。整个生产线布局灵活，适应性强，生产线可按构件产品类型及产能需求扩展投入生产设备并可灵活优化组合，从而实现生产线的高效生产。

可扩展组合式预制构件数字化生产线

3. 可扩展组合式长线台预制构件数字化生产

该基地联合相关单位通过对构件进行拆分、对设计图纸进行深化、对模具数字化加工，利用中央控制系统对构件进行信息化识别，做到总体把控。该系统可实现对混凝土原材料的数字化控制，保证构件材料性能及配比满足要求。生产系统还通过识别构件图纸类别，与划线装置系统对接，进行预制构件自动化生产加工。

4. 实施路径

首先通过建立可扩展组合式 PC 构件数字化生产线示范应用基地，针对生产线主要功能与特点进行示范应用，在上海建工建材科技集团第一构件厂建立生产线，掌握生产线功能与技术后，进一步推广应用，结合建设、生产经验，并自主研发生产线关键装备，优化形成完全国产化的可扩展组合式预制构件数字化生产线，大幅降低投资成本，提高工厂生产效率，为生产线更大范围推广奠定基础。上海建工建材科技集团陆续在江苏南通、常熟等地推广应用该生产线技术，同时向社会各界提供参观，展示可扩展组合式数字化生产线，在全国各地进行大量推广和应用。

第一构件厂生产线

●→案例特点

1. 可扩展组合式预制混凝土构件生产线系统

针对国内装配式建筑预制构件生产效率不高、生产线布局不合理、产品生产能耗较高等问题，本案例结合中国建筑结构特点，创新研发了一种生产线模台纵横双向可扩展布局、生产装备沿轨道移动、预制构件原位生产养护的新型预制构件生产线等系统技术，解决了传统固定模台生产线和平模流水生产线常规难题，有效提高了预制构件劳动生产率，降低了产品能耗，减少了数字化生产线投资运营成本。

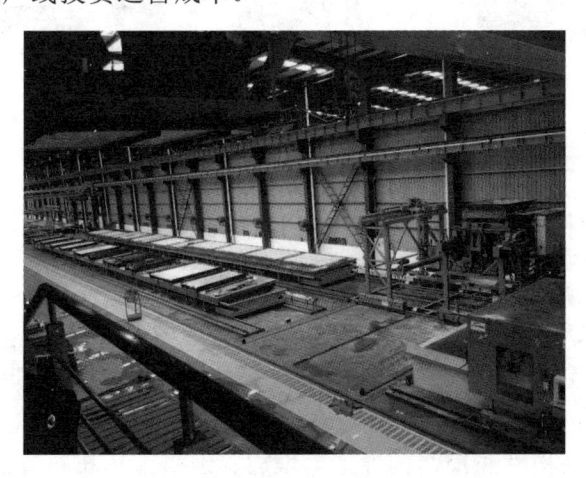

生产线建设实物图

2. 生产线成套功能装备及其智能协同生产控制技术

针对该新型预制构件生产线系统，本案例研发了适用于该生产线高效生产的成套功能装备，主要功能装备包括移动式振动侧翻设备、移动式前处理一体化设备、装备摆渡车、移动式边模钢筋运输设备等，并根据预制构件生产工序等特点，研发了功能装备智能协同生产控制技术，实现预制构件自动化柔性高效节能生产。

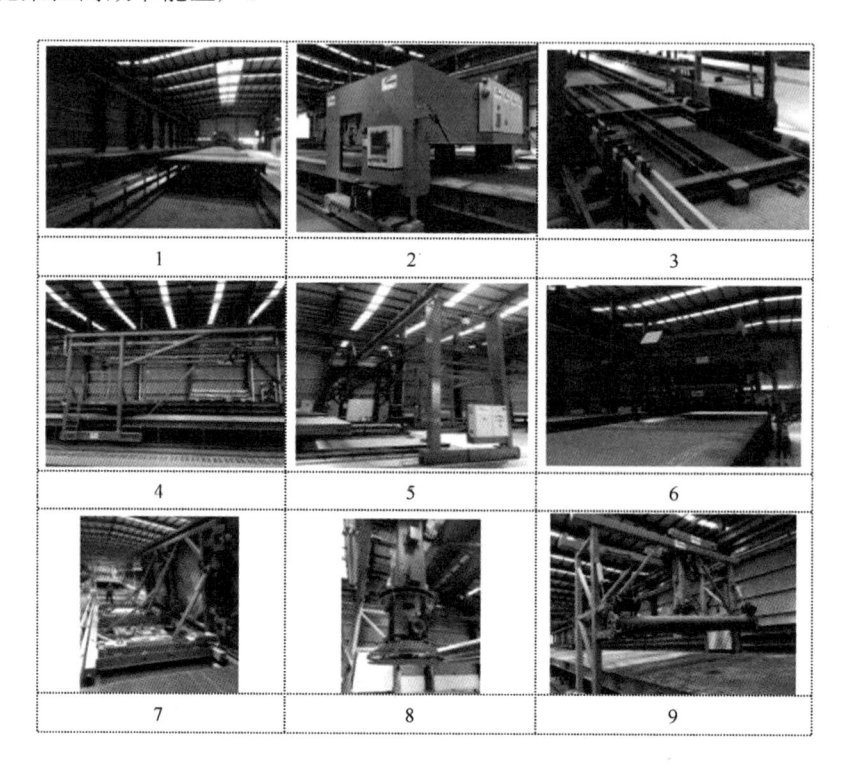

生产线各功能装备实物图

3. 预制构件生产线数字化生产与管理技术

针对传统预制构件生产数字化水平较低、生产效率不高、设计生产协同水平低等情况，本案例结合该生产线生产特点，研发了基于预制构件设计图纸的数字化加工转换技术，智能识别、统计待生产构件尺寸埋件等信息，并通过生产系统进行虚拟优化布模、堆场物流管理、混凝土自动化运布料控制，有效提高了预制构件布模、构件运输堆放、混凝土运布料等的生产效率。

实施效果

企业效果优化

可扩展组合式 PC 构件数字化生产线成套技术，具有投资少、可扩展性强、劳动生产率高、适应性强、能耗低等优势，相比传统平模流水生产线，在上海建工集团建筑构件生产基地中建设初期投资可减少 50%以上，劳动生产率提高 61.5%，多类型构件组合生产劳动生产率提高 107%，预制构件单位养护能耗为 DB31/T-1092 标准先进值的 32%，其他工艺能耗是先进指标值的 62%。基于生产线生产的构件产品在华发华润静安府工程、嘉定 F04-2 地块、浦江镇 S8-01 地块市属保障房项目、宝山区顾村镇 F-4 地块安置房项目等近几十项工程进行了示范应用，取得了良好的工程应用效果。近三年，新增产值 147800 万元，新增利润 4800 万元，新增税收 7630 万元，节省成本 1800 万元，申请上海市高新技术成果转化 2 项，取得了显著的经济效益。

行业示范作用

本案例研发了可扩展组合式 PC 构件数字化生产线规划、设计、装备、建设等成套技术，生产线相关技术在上海建工建材科技集团第一构件厂、南通上建建筑构件生产基地、常熟上建生产基地等基地进行建设应用示范，取得了良好的应用效果。可扩展组合式 PC 构件数字化生产线对提高构件厂的生产效率、提高生产适应性、减少投资等具有显著优势，是推广住宅产业化建设的核心技术，生产线所在建筑构件产业基地已获评住建部"国家装配式建筑产业基地"，已有媒体、设计院、科研院所、高校等单位四万余人到基地参观报道，该生产基地已成为多个高校的实习基地，以及众多知名房企和总包的战略合作伙伴及指定供应商。公司取得了良好的社会效益，项目研究成果有着强大的生命力和显著的市场竞争优势，对加快我国建筑工业化发展有着深远的意义。

复制推广情况

生产线相关技术在上海建工集团建筑构件产业化基地、南通上建建筑构件产业化基地、常熟上建生产基地、常州建亚等基地进行建设应用示范，取到了良好的应用效果。近年来，生产线相关技术在江苏、湖北、河南、天津、山东、四川等十余个省市，上海建工、中建三局、天津远大、武汉建工、湖南国信、河南水建等众多知名企业生产基地中得到广泛的推广应用。

49

砼智造工业互联网解决方案

——贵州兴达兴建材股份有限公司

企业简介

贵州兴达兴建材股份有限公司是国家高新技术企业、国家绿色工厂、国家级高性能混凝土推广应用试点企业、工信部两化融合管理体系贯标试点企业、贵州省新型建材业示范企业、贵州省"专精特新"中小企业，是工业互联网产业联盟贵州分联盟副理事长单位、贵州省建材联合会会长单位。公司注册资金1062.5万元，建设了贵州省级砼智造工业互联网及产业化人才基地、贵阳市级企业技术中心，主营业务包括建材制造和砼智造科技大数据两大产业板块。公司在建材智能化转型工作中成果突出，取得了工信部智能制造试点示范项目、服务型制造示范项目、工业互联网App优秀解决方案、新一代信息技术与制造业融合发展试点示范项目、智能制造优秀场景等荣誉。

案例实施情况

总体设计

砼智造工业互联网平台将物联网、大数据、云计算、区块链等新一代信息技术应用于商砼制造，通过数据的采集、汇聚和集成应用，实现各环节的互联互通，为生产要素的整合和协同制造奠定基础。同时，平台通过共享体系的建立，加快数据、信息流动，推动新技术、新工艺、新成果的共享和应用，整体提升商砼产业的制造水平和服务能力。

平台通过数据云集成MES制造执行、智能物流管理、C2F智能订购等核心系统，并通过App、微信小程序等丰富和延伸平台功能，建立面向商砼全产业链供应链的"互联网+"协同制造云服务支撑平台。平台通过商砼企业数字化、网络化、智能化融合升级和上云用云，将原材料、生产制造、物流运输、质量管控、施工服务全过程数字化，构建了完善的企业信息化生态体系，实现智能制造、大规模个性化定制和供应链协同。

平台总体架构基于虚拟化、分布式、微服务、组件技术，采用B/S结构，具备技术平台、业务平台、应用平台层次结构，能够应对业务逻辑和客户应用需求的变化。

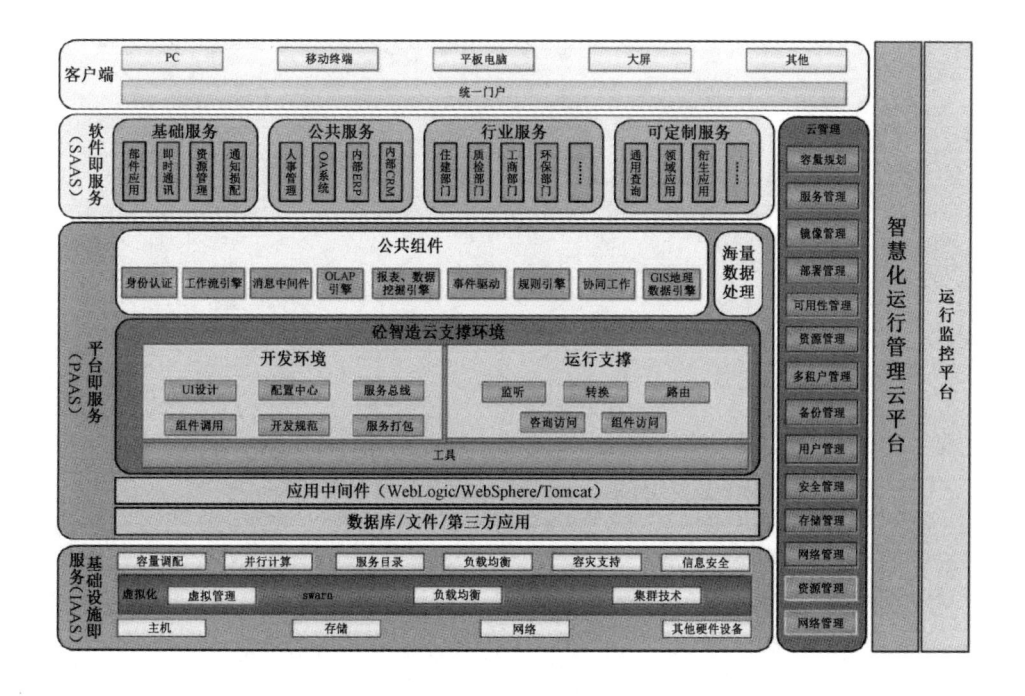

砼智造平台总体架构图

⇒ 实施内容与路径

该平台对生产线和各业务环节实施数字化升级改造，以云端数据连接设备和原料、产品，建立全连接智能工厂，将原材料供应、产品设计、生产制造、质量监测、物流运输、施工服务全过程数字化，通过生产实时数据的采集、监测、分析和综合集成，以数据链串通产业链，形成网络化协同和C2F智能订购、MES制造执行、智能物流管理等典型应用，推动内外部信息的对接、交互和人机料法环等生产要素的高效集成，实时优化生产流程，形成智能制造、大规模个性化定制、供应链协同及产品全生命周期质量监测整体解决方案。

主要实施内容如下。

（1）MES智能执行系统：MES是面向企业车间执行层的智能化管理系统，主要由生产监视、PLC数据采集、工艺管理、品质管理、仓库管理、生产排程、装卸料管理、OEE指标即时分析等模块组成。

（2）C2F智能订购系统：C2F是客户及产业链上下游主体的商务订购系统，包含客户订单模块、订单智能派发模块、资金结算模块。

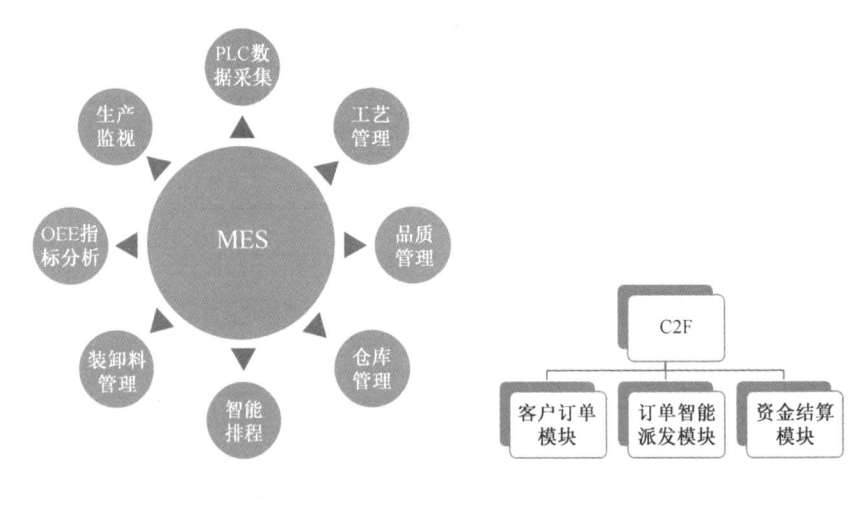

MES 架构图   C2F 架构图

（3）智能物流系统：结合 GPS/北斗定位、车载终端、智能派发等系统，在生产排程的同时规划运输方案，实现物流的智能化管控。

智能物流系统流程图

⇢ 案例特点

混凝土生产具有典型的流程型制造特征，在产业链供应链中，混凝土生产企业是中间和核心环节，上游连接了水泥、砂石、掺合料、外加剂等原材料企业，下游连接了质量监测、物流运输、工程机械、建设施工等企业。预拌混凝土是一种半成品材料和大运输量产品，其质量受原材料品质、生产方式、运输距离、交付时限、施工方法、振捣方式及气候、温度、施工连续性等众多因素影响，且时效性、专业性要求高。

结合混凝土行业机理模型和流程型制造特征，砼智造工业互联网平台通过全流程生产实时数据的采集、汇聚和综合集成，以数据链打通产业链，实现各环节的互联互通，推进信息共享和反馈，开展质量优化、供应链优化、供应链早期介入、原材料价格实时反馈等应用，实现内部生产计划与外部供应计划的精准对接，提供智能决策与智慧管理。围绕订制、生产、物流等主要应用场景，建立以平台为协同的生产制造和供应链协同机制。

聚焦供应链结构复杂、信息不对称、协作效率低等问题和短板，本方案以平台为核心，通过云端数据连接产业链各业务环节，推动关键数据和资源要素的聚集优化，形成商务订购、快速设计、协同优化、质量监测、统计汇总、交付结算等平台化服务，通过场景业务闭环管理保障产业链、供应链的稳定和高效。

实施效果

砼智造工业互联网平台秉持"以智赋能、以智增效"的核心价值，立足于"互联网+"协同制造服务体系的构建，完善从研发设计、生产制造到售后服务的全链条协同体系。切入典型应用场景，集成了 C2F 智能订购、MES 制造执行、智能物流管理等核心系统，串通产业链上下游重点环节，建立全产业链、供应链协同机制，实现产品需求的动态响应和供应链的实时优化，助力产业链、供应链的稳定高效和成本效益的提升。该项目于 2018 年 7 月投入生产应用，于 2019 年在省内外同步推广，2020 年完成了系统 2.0 升级，目前拥有平台应用企业 30 余家，获得省部级数字化转型类称号 5 个。

（1）将物联网、大数据、人工智能、区块链等新一代信息技术与混凝土实体产业深度融合，形成了智能制造生态整体解决方案，大幅降低企业应用的技术门槛和研发建设投入，加速实现企业的数字化、网络化、智能化融合升级和上云用云，整体提升行业技术能力和服务水平，保障产业链、供应链的稳定和高效。

（2）基于网络化协同，推动信息互通和资源共享，强化内外部生产计划与供应计划的精准对接，快速响应客户需求，解决信息不对称、交易成本高、供应不及时等问题。通过平台协同及移动 App、微信小程序等应用，提高供应的及时性，降低 50%交易成本，并通过线上定制与交付，数据实时在线，明确各方主体责任。

（3）建立无人化智能工厂，以云端数据连接生产装备、原料、产品及服务，以订单触发生产，将材料、生产、运输、施工、服务全过程数字化，推动生产要素的高效集成，强化装备设施的自主感知、自主控制能力，提高生产控制精度，以柔性化生产组织保证供给，提高生产效率10%，降低综合制造成本10%。通过集成化远程操控减少各类安全事故及现场危害因素对员工健康的影响。

（4）建立HPC智能配比模型和优化配比数据库，结合质量控制技术规范、原材料检测指标和客户定制要求，实现产品快速设计和全流程质量过程管控，缩短产品研制周期60%,减少研发成本40%,产品一次性合格率≥98%,并以可溯源的数据评价产品和服务。

信息技术供应商

50

智慧商砼站内协同平台

——中联重科股份有限公司

企业简介

中联重科股份有限公司（简称中联重科）创立于1992年，总部设在中国工程机械之都湖南长沙，是集工程机械、农业机械等高新技术装备的研发制造和产业金融服务、工业互联网于一体的全球化高端制造龙头企业，2021年工程机械在全球、国内均排名靠前，先后在深圳、香港上市，是业内首家A+H股上市公司。

公司持续高质量发展，2019年实现营业收入433.07亿元，利润50.34亿元；2020年，实现营业收入651.09亿元，利润86.52亿元；2021年上半年，实现营业收入424.49亿元，利润58.30亿元，银行信用等级为AAA。

公司产品销量持续增长，建筑起重机械汽车吊、履带吊，混凝土机械板块处于行业领先地位；在挖掘机械、高空作业机械、干混砂浆设备、矿山机械、智慧农业等新兴板块全面发力。

案例实施情况

总体设计

业务标准化、可复制，大幅提高工作效率。

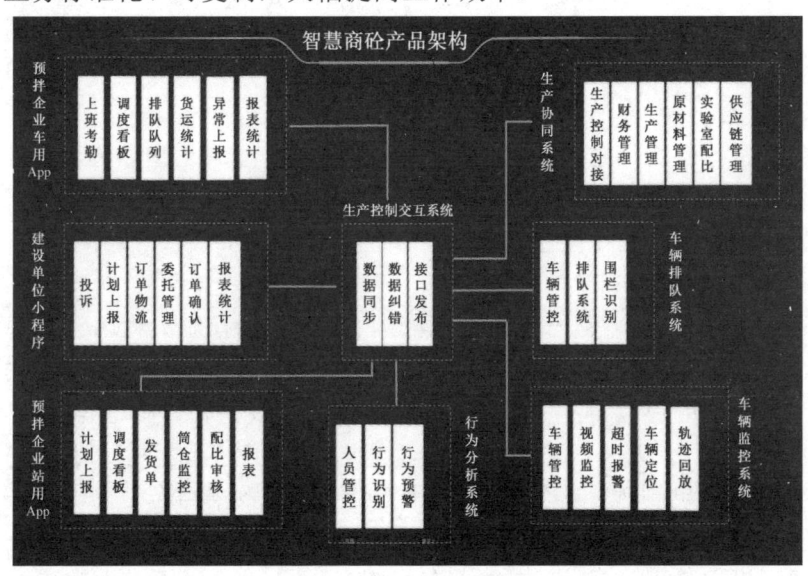

智慧商砼产品架构

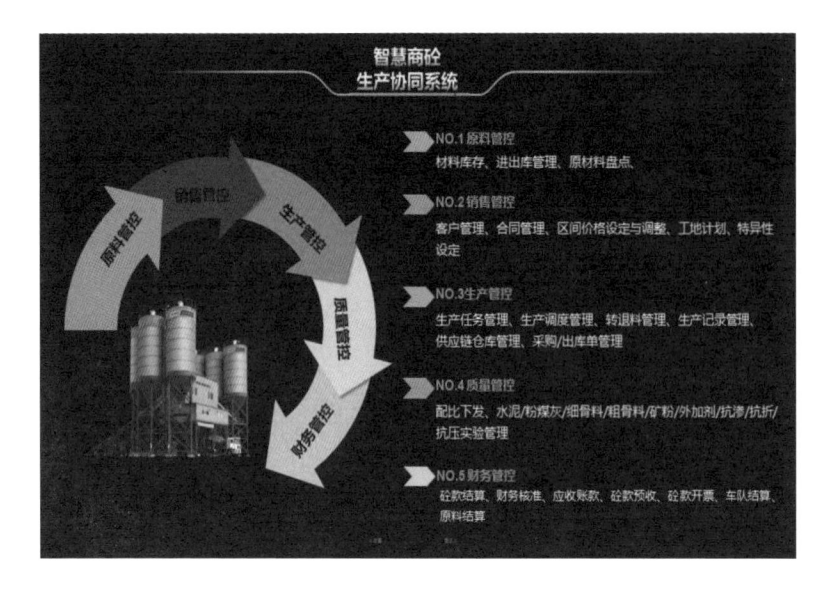

智慧商砼生产协同系统

实施内容与路径

2019 年，山东临沂儒辰集团（简称儒辰集团）是智慧商砼产品的重要客户，旗下 3 家搅拌站顺利接入智慧商砼管理系统，为产品提供最接近真实场景的业务需求，帮助产品不断进行完善。最近 1 年，儒辰集团实现了线上、线下管理一体化，企业的技术创新和工作效率产生了质的飞跃。

（1）业务板块：主要包含客户管理、合同管理、任务管理、生产调度管理、配比管理、原材料进出库管理、车辆管理等，最大限度地确保客户生产有序、高效。

（2）财务板块：主要包含应收、欠款、回款、开票、退款等，并且对接用友财务系统，确保财务数据在基本层面上准确无误。

（3）服务板块：主要包含仓储、车辆维修、产品质检等功能。

具体路径如下。

通过对接地磅传感器，在简化操作的同时也能控制人为因素对系统输入、输出的影响；通过对接控制系统消耗数据及采集地磅称重订单，动态计算各个粉料仓的料位，以图表的形式直观展示，让材料管理员能够第一时间增补材料；系统新增原材料销售模块，通过科学的库存销售管理模式，将预拌和搅拌站的机制砂生产线消耗数据及销售订单数据结合，提供丰富的报表供管理员参考。

通过设立站用 App 端来控制工地计划报单，适用于销售员与客户自行报单的情况，通过搅拌站审核，避免了因传递偏差造成的责任认定不清的问题；通过合同管控模块录入阶梯价格，以及参数控制来自动生成结算报表，降低了客户人力成本，提升了结算单的效率；通过系统提供自动短信功能，可以将结算数据以短信的形式发送到客户手机上，提前自动进行结算沟通，后期将通过建设单位端 App 进行订单确认。

通过数据交互，将职责划分清楚，能够减轻生产操作手的压力，让他们更加专注于生产，有利于把控搅拌质量。通过可视化、人性化的生产调度控制界面，调度人员能够随时查看车辆排队情况、生产情况、任务情况，更加有利于全盘指挥，间接提升公司的生产效率。

通过预录入理论配比，自动下发按仓位生成的施工配比，避免了因手动计算产生的失误，在核心材料及偏差范围内进行系统约束，新手实验员配比控制更加精准。通过审核机制，将责任定位清楚，审核通过直接上传到搅拌楼，信息进行无缝传递，操作手专心生产，更好地控制产品质量。

通过财务管控模块，在系统启用之时将繁杂的财务各项单价、数量、费用、税率、付款分散在销售、生产、财务等各个环节，数据环环紧扣，保证了数据的可追溯性，同时也减轻了财务人员的工作压力。通过对接市面主流的 NC、金蝶等专业的财务软件，一键式的数据传递，简化了录入操作，减少了企业的财务工作成本和可追溯成本，更有利于企业的信息化发展。

公司指派一名项目经理，协调有关信息化系统的设计、开发、实施和安装调试的全部活动。项目经理是我方与用户间的唯一联系人，总体协调与用户间的所有信息化活动。项目经理组建并领导一个专项执行小组，为客户提供商砼管理平台系统的解决方案，包括程序管理、设计工程、系统工程、安装、调试、试运行和启动支持。

同时，我司指派系统架构师和技术专家参与项目的技术设计开发和实施工作，系统架构师是该项目的唯一技术负责人。

➡ 案例特点

公司内部普遍存在跨部门信息化、外部跨行业信息化交互能力落后的问题，传统业务交互模式普遍存在，不利于经营数据交互，影响企业间经营和沟通效率。

经营大数据分析预测能力薄弱，系统很难为管理者决策提供强有力的数据支撑，影响企业管理效率。

针对以上现象，中联重科通过智慧商砼系列产品进行信息化设计、大数据分析，推动混凝土企业管理向信息化技术升级、向自主技术创新。智慧商砼系列产品不仅完善了混凝土搅拌站信息化管理的解决方案，还重构了混凝土企业业务模式。除了覆盖预拌企业各个环节，还在车辆调度、上下游信息交互、经营大数据分析上进行了创新。

通过智慧商砼管理软件与混凝土生产企业运营管理相结合，赋能混凝土生产企业高效率、大规模、精细化管理。通过智慧商砼上线实施，帮助客户更顺利地管理整个集团搅拌站的运作，为客户端提供下达订单、查看订单流程等一系列功能，保证客户与集团搅拌站的有效联系，使公司运营效率化、模块化、流程化、可复制化，提高了自身管理能力，增强了核心竞争力，走上了高质量发展之路。

实施效果

儒辰集团通过信息化建设，在公司内部的流程化管控中实现了对原材料的精细化管控、业务人员的移动化办公、生产环节的自动化操作智能化控制、实验室的流程化管控、业务与财务的业财融合，使管理的各个环节流程化、信息化，在降低企业人力成本的同时，在区域内起到了很好的示范与推广作用。

智慧商砼的上线实施，帮助客户更顺利地管理整个集团搅拌站的运作，保证集团站内 100 余名员工，200 台车辆设备的基本运营；同时包含了 100 多个工地客户，近 100 个合同，提供客户端下达订单、查看订单流程等一系列功能，保证客户与集团搅拌站的有效联系；财务板块统计各个工地的计算费用，为用友财务系统提供基础保障。

智慧商砼系列产品已经在全国范围进行推广，带来一定经济价值的同时，也解决了传统中小混凝土企业的信息化问题。

2017 年，智慧商砼系列解决方案签订客户 71 家；2018 年，智慧商砼系列解决方案签订客户 126 家；2019 年，智慧商砼系列解决方案签订客户 137 家；2020 年，智慧商砼系列解决方案签订客户 195 家。

截至 2020 年年底，智慧商砼系列解决方案签订客户达 529 家，儒辰集团搅拌站只是 2021 年众多部署企业中的一家。下一步公司会更加紧贴市场，完全覆盖产业上下游，打破上下游信息壁垒，降低企业成本，进一步推动整个产业的信息化、智能化发展。

未经许可，不得以任何方式复制或抄袭本书之部分或全部内容。
版权所有，侵权必究。

图书在版编目（CIP）数据

建材工业智能制造数字转型典型案例 / 建筑材料工业信息中心主编．—北京：电子工业出版社，2023.2
ISBN 978-7-121-44015-1

Ⅰ．①建… Ⅱ．①建… Ⅲ．①建筑材料工业－智能制造系统－案例－中国 Ⅳ．①F426.91

中国版本图书馆 CIP 数据核字（2022）第 132627 号

责任编辑：黄 菲　　文字编辑：刘 甜　　特约编辑：马箫童
印　　刷：河北迅捷佳彩印刷有限公司
装　　订：河北迅捷佳彩印刷有限公司
出版发行：电子工业出版社
　　　　　北京市海淀区万寿路 173 信箱　邮编：100036
开　　本：720×1 000　1/16　印张：21.75　字数：461 千字
版　　次：2023 年 2 月第 1 版
印　　次：2023 年 2 月第 2 次印刷
定　　价：168.00 元

凡所购买电子工业出版社图书有缺损问题，请向购买书店调换。若书店售缺，请与本社发行部联系，联系及邮购电话：(010) 88254888，88258888。
质量投诉请发邮件至 zlts@phei.com.cn，盗版侵权举报请发邮件至 dbqq@phei.com.cn。
本书咨询联系方式：1024004410（QQ）。

反侵权盗版声明

电子工业出版社依法对本作品享有专有出版权。任何未经权利人书面许可，复制、销售或通过信息网络传播本作品的行为；歪曲、篡改、剽窃本作品的行为，均违反《中华人民共和国著作权法》，其行为人应承担相应的民事责任和行政责任，构成犯罪的，将被依法追究刑事责任。

为了维护市场秩序，保护权利人的合法权益，我社将依法查处和打击侵权盗版的单位和个人。欢迎社会各界人士积极举报侵权盗版行为，本社将奖励举报有功人员，并保证举报人的信息不被泄露。

举报电话：（010）88254396；（010）88258888

传　　真：（010）88254397

E-mail：dbqq@phei.com.cn

通信地址：北京市万寿路173信箱
　　　　　电子工业出版社总编办公室

邮　　编：100036